소통2

소통 2

문화 · 사회 · 과학 속에서

고려대학교 학문소통연구회

고려대학교출판부
KOREA UNIVERSITY PRESS

| 머리말 |

이 책은 고려대학교 학문소통연구회가 진행한 학술 연구 활동의 성과를 모은 두 번째 단행본이다. 첫 번째 단행본은 2007년부터 2011년까지 4년간의 연구 활동을 담아 《소통—학문 사이의 경계를 넘어》라는 제목으로 출간했다. 지금의 두 번째 단행본은 그 후속편으로 2012년부터 2013년까지 우리 연구회의 워크숍과 심포지엄에서 발표된 원고들 중 일부를 추려 수정·보완한 논문들로 구성했다.

2007년 10월 분과학문 간 대화와 토론으로 통합적 연구 주제와 방법을 발굴하고 확산시킨다는 취지로 결성된 학문소통연구회가 어느덧 일곱 돌을 맞았다. 설립 초기 우리 연구회 활동은 교내 여러 학과의 교수들을 모시고 자신들의 당면 관심사를 발표하고 소통하는 데서부터 시작했다. 물론 연구 주제와 그 주제를 보는 관점이 전혀 다른 연구자들이 인문학과 사회과학, 자연과학을 가로질러 상호 소통하는 일은 생각만큼 쉽지 않았다. 그러나 지난 7년 동안 48번의 월례 워크숍, 5차례의 연례 심포지엄, 4차례의 명사 초청 강연을 통해 발표자와 토론자, 청중이 자기 전공 분야의 좁은 시야를 넘어 학문과 세상에 대한 서로 다른 이해를 공유하게 된 것은 우리 연구회의 가장 큰 성과라고 생각한다. 이번 두 번째 단행본은 첫 번째와 마찬가지로 이와 같은 우리 연구회 활동이 시간의 흐름에도 변함없이 기록되어 더 많은 사람들과 공유하고자 하는 바람을 담고 있다.

이 책에는 총 10편의 글이 3부로 나뉘어 구성되어 있다. 제1부 '문화를 향유하다'는 사람들 간 소통과 교류의 토대이자 결실이 되는 문화 영역의 주제들을 다룬다. 유영대 교수는 〈창극의 전통과 새로운 무대〉에서 전통 장르로 인식되는 창극에 대한 새로운 접근을 시도한다. 그에게 창극은 100여 년의 역사를 갖는 우리 고유의 전통 장르임에 분명하지만, 그것이 고정불변의 원형을 가진 고전극에 머무를 필요는 없다. 따라서 창극은 대중 관객과 함께 호흡하는 음악극을 지향하면서 시대적 맥락에 따라 움직이는 장르라는 사실을 인식하는 것이 대안이 될 수 있다고 주장한다. 박유희 교수의 〈한국 대중서사와 웃음의 문제〉는 학문적 논의 주제로는 자주 다뤄지지 않은 대중서사 속 웃음의 의미를 탐구한다. 늘 우리와 함께하는 웃음이 체계적이고 이론적인 분석의 소재가 될 수 있다는 점도 흥미롭지만, 그에 대한 연구가 주는 함의는 자못 진지하다. 박 교수에 따르면, 웃음은 집단성과 정치성을 가지며 시대에 따라 변화한다. 따라서 대중의 기대 속에 형성된 웃음의 서사인 코미디를 시대별 맥락과 효과의 측면에서 짚어보는 것은 역사를 읽어내는 또 하나의 방법이 될 수 있다. 한편 전성기 교수는 〈번역인문학과 화쟁적 학문하기〉에서 우리 학문이 당면한 인문학의 위기와 척박한 번역 문화의 문제를 다룬다. 알다시피 우리 인문학 텍스트의 대부분은 번역된 것들이다. 그럼에도 인문학 번역이나 번역된 인문학에 충분한 관심을 갖지 않는다면 우리 인문학의 토대를 올바로 세우기는 어렵다. 전 교수는 이런 문제 상황을 극복하기 위한 대안으로 '학제적 번역학'을 제시하면서 그에 걸맞은 인문학 성찰의 방법으로 '원효 학문'에 기원을 두는 '화쟁적 학문하기'를 권고한다. 최용철 교수의 〈《홍루몽》의 감성과 소통 세계〉는 중국을 대표하는 장편소설 가운데 하나인 《홍루몽》을 통해 소통의 의미를 다룬다. '붉은 누각에서 꾸는 꿈'이라는 제목이 암시하듯 이 소설은 이루어질 수 없는 사랑, 비극적 죽음, 가문의 몰락 등 꿈들이 사라지는 것을 통해 인생과 우주의 이치를 노래한다. 그리고 최 교수는 이와 같은 대작의 힘이, 귀족가문의 말세에 태어나 어려서 온갖 부귀영화를 누렸지만 곧이어 몰락한 가족의 궁핍한 가장이 된 작가 조설근이 자신의 경험과 회한을 세상과 소통하고자 했던 간절한 바람에서 나왔다고 말한다.

제2부 '한국 사회를 들여다보다'는 정치와 교육, 정보 영역에서 우리 사회가 대면한 문제와 과제를 다루고 있다. 박홍규 교수의 〈안철수 '민란'—민주주의와 민본주의의 융합〉은 지난 18대 대통령선거를 통해 나타난 '안철수 현상'의 의미를 맹자의 개념으로 설명하고자 한다. 그는 여기서 전통 유교와 서구 근대성의 문제에 대한 설명적 접근을 시도하는데, 안철수 현상에서는 '인문화'와 '진정성'이란 개념을 통해 대안적 민주주의관인 '민본민주주의' 개념을 상상해낼 수 있다고 주장한다. 김준호 교수는 〈한국

의 학교폭력, 어떻게 이해할 것인가?〉에서 우리 교육에서 항시적으로 나타나지만 간헐적으로만 주목받는 학교폭력에 대해 근본적인 진단을 제시한다. 그에 따르면, 학교폭력은 우리 사회의 문제를 집약해놓은 현상이다. 그것은 인터넷 음란물에 빠지거나 게임에 중독된 일부 나쁜 학생들이 '일진'이란 폭력집단을 만들어 선량한 학생들을 괴롭히며 금품을 갈취하는 행위가 아니라, 어른들의 어두운 모습을 자기들 나름대로 적용하여 약자를 괴롭히며 그들이 원하는 것을 힘으로 빼앗는 먹이사슬이다. 따라서 힘 있는 어른들이 제자리에 서는 것만이 학교폭력에 대한 근본 대책이라고 할 수 있다. 백두권 교수의 〈빅데이터 시대의 정보와 삶〉은 빅데이터와 관련해 누구나 궁금해하는 다섯 가지 질문에 대한 답을 제시하고 있다. 첫째, 빅데이터란 무엇인가? 둘째, 빅데이터는 오늘날 왜 각광받는 '빅스타'가 되었는가? 셋째, 빅데이터가 우리 사회에 무슨 역할을 할 수 있는가? 넷째, 빅데이터가 우리 생활에서 긍정적인 요소로 작용하는 것은 무엇인가? 다섯째, 빅데이터가 빅브라더와 같은 감시체계로 활용될 수 있지는 않은가? 우리 시대의 새로운 아이콘으로 자리 잡은 빅데이터에 대한 입문으로 추천할 답이 이 글에 담겨 있다.

마지막 제3부의 주제는 '과학'이다. 자연과학은 인문학, 사회과학과 함께 우리 학문의 큰 기둥을 이루지만, 일반인들에게 과학은 여전히 쉽게 접근하기 어려운 영역이다. 이 점에서 과학과 예술, 뇌과학과 교육학, 의학과 성(性)을 접목시킨 세 분 교수의 글은 과학의 의미와 효용가치를 쉽게 이해할 수 있는 글이다. 심광숙 교수는 〈과학과 예술의 맛과 멋〉에서 과학과 예술은 기실 동일한 가치 지향을 갖고 있다는 주장을 제시한다. 심 교수는 과학자가 자연을 연구하는 까닭은 그것이 유용할 뿐만 아니라 아름답기 때문이라고 말한다. 자연이 아름답지 않다면 알아야 할 가치가 없다는 뜻이다. 물론 예술가의 경우도 마찬가지다. 그런 의미에서 예술가와 과학자는 자연의 아름다움을 서로 다른 방법으로 표현한다고 해도 과언이 아니다. 김성일 교수의 〈신경교육학의 출현—신경뇌과학이 교육에 대해 말하는 것들〉은 최근 들어 비약적인 발전을 보여온 뇌과학 및 인지과학 연구와 교육학 간의 융합 가능성을 모색한다. 김 교수는 그 가능성의 접점으로 '교육신경과학' 내지 '신경교육학'에 주목하는데, 이 새로운 학문 분과로부터 학습자 중심의 과학적 접근을 통해 실제 학습자의 뇌에서 발생하는 변화에 초점을 맞춰 각종 교수·학습 방법을 포함한 다양한 학습 환경을 최적화하는 효과를 기대할 수 있다고 말한다. 김해준 교수는 〈건강한 성, 행복한 삶〉에서 자신의 부부생활 경험과 의학 정보를 바탕으로 행복한 부부 성생활에 관한 조언을 제시한다. 여기서 김 교수는 새롭거나 중요한 성 관련 지식을 소개하면서, 더 쉽고 더 빠르고 더 확실하게 만족을 느끼기 위해 남편과 아내가 각각 유념해야 할 사항들을 정리해놓았다.

학문소통연구회가 이처럼 다채로운 주제로 두 번째 단행본을 출간할 수 있었던 데는 많은 분들의 노고와 지원이 있었다. 우선 연구와 강의로 쉴 새 없이 바쁜 일정에도 불구하고 발표 원고의 수정·보안에 수고를 아끼지 않으신 열 분의 필자에게 고마운 마음을 전하고 싶다. 또한 이 단행본에 포함되진 않았지만, 지난 2년 동안 학문소통연구회 워크숍과 심포지엄에서 발표와 토론을 맡아주셨던 교수님들께도 아쉬움과 감사의 마음을 전하며, 다음에는 더 많은 분들의 참여로 더욱 풍성해진 세 번째 단행본이 나오기를 기대한다. 오늘날 학문소통연구회가 교내 연구자 간 교류와 소통의 허브로 자리 잡은 데는 많은 분들의 노력과 지혜가 있었다. 초대 회장 최동식 교수님과 제2대 회장 전성기 교수님, 그리고 본인에 이어서 제4대 회장을 맡은 김한겸 교수님, 워크숍과 심포지엄마다 독창적인 주제를 토론하고 선정하면서 그에 적합한 발표자, 토론자를 섭외하는 데 노력해주신 본 연구회의 운영위원님들 그리고 늘 학문소통연구회 활동을 응원하며 재정과 행정상의 지원을 아끼지 않은 총장님과 연구처장님을 비롯한 학교 당국의 관계자분들께 감사드린다. 이분들의 학문소통에 대한 리더십과 열정, 협력과 지원이 없었다면 오늘날의 학문소통연구회는 상상하기 어려울 것이다. 끝으로 이 책의 취지에 공감하며 출간에 흔쾌히 응해주신 고려대학교출판부에도 고마운 마음을 전한다.

2014년 11월
고려대학교 학문소통연구회
제3대 회장 최용철

| 차례 |

Part
1

문화를 향유하다

창극의 전통과 새로운 무대•

| 국립창극단의 창극 〈청〉을 중심으로 |

유영대(인문대)

1. 문제 제기

구경꾼의 입장에서, 비평가의 입장에서 창극을 대하다가 제작자의 자리에 서게 되면서, 새삼스럽게 창극 전통양식의 무대화라는 명제가 생각보다 쉽지 않다는 사실을 깨닫게 된다. 그동안 〈십오세나 십육세 처녀〉와 〈청〉, 〈춘향〉, 〈산불〉, 〈시집가는 날〉 등을 제작하면서 특히 창극과 전통양식에 대한 연결고리를 두고 부단히 고민했다.

창극의 전통에 대한 전제부터 새롭게 정립해야 했다. 흔히 창극에 대하여 갖기 쉬운 고정관념은 창극에 어떤 원형성이 있다는 것이다. 우리에게는 300년의 판소리 전통이 있고, 100년의 창극 전통이 있다. 100년 전, 판

• 이 논문은 《판소리연구》(27, 2009, 판소리학회)에 같은 제목으로 실린 것을 일부 수정했다.

소리를 대화창 형식으로 나누어 부르면서 서양식 무대에 적응하게 된 시기의 창극이야말로 우리의 전통적 음악어법과 몸동작이 양식화되어 있는 총체라고 생각한다. '원각사'[1]라는 우상이 창극은 고전극이라는 편견을 갖게 만들었다. 창극을 연구하는 사람이나 창극을 연행하는 사람들은 "원각사 시절의 창극이야말로 가장 원형에 가까운 것이 아닐까"라는 생각의 패러다임에서 벗어나기 쉽지 않았으며, 국립창극단이 생기고서 이 같은 편견은 더욱 공고해졌다.

창극의 전통을 모색하면서 내린 암묵적 전제가 몇 가지 있다. 우선 반주의 문제를 들 수 있다. 창자는 노래하면서 적절히 연기하고 수성반주가 그 소리를 따라간다. 전통적인 판소리가 북 반주에만 의지했다면, 이제 몇몇 악기가 소리를 따라서 반주한다. 무대에 선 배우는 스스로를 배우라기보다는 소리꾼이라고 생각하는 경향이 많았다. 물론 분창이 되었기 때문에 움직임의 동선이 커지고 그래서 판소리에서 해온 발림[2]을 조금 크게 하는 것으로 인식했다. 이것이 창극의 원형이라는 생각이 최근까지 창극단을 지배하는, 그래서 원각사 전통의 회복이 창극의 진면목이라는 암묵적 전제가 깔려 있기도 했다. 20세기 전반 협률사[3]와 창극단[4]시대를 거치면서 그리고 국립창극단 시대에 들어서서도 창극의 원형과 전통이 고전극과 일정하게 연결된다는 관점은 유지되었다.

---

1) 우리나라 최초의 서양식 극장을 말한다. 원래 '희대'라고 불렸다가 나중에 원각사로 이름이 바뀌었다.
2) 판소리 광대가 소리를 하면서 보여주는 몸동작과 춤을 말한다. '너름새', '사체', '버슴새' 등의 용어로 광대의 몸동작을 규정한다. 이들은 약간의 의미상의 차이가 있으나 최근에는 '발림'으로 통일되어 있다.
3) 협률사는 전국을 유람하면서 포장을 치고 공연하던 유랑연희집단을 말한다. '김창환협률사'가 대표적이다. 공연의 레퍼토리는 주로 1부에서 민요나 판소리를 불렀고, 2부에서 창극을 보여주었다.
4) 협률사가 1930년대 이후 창극단이라는 이름으로 바뀌고 창극을 전문적으로 공연하는 단체가 되었다. '임방울 창극단', '동일창극단' 등 대표적인 창극단이 1940년대 이후 활동하였다.

그런데 다시 생각해보면, 창극은 우리에게 고전극이라기보다는 근대극으로 다가왔다는 점을 간과해서는 안 된다. 원각사 시절의 창극을 원형으로 삼고 그 원형질을 유지하려는 고정성을 주장하는 대신, 판소리라는 극음악이 새로이 도입된 프로시니엄 무대에 음악극으로 적응해오는 역사와 더 가깝다. 포장걸립으로 다니던 협률사마저도 프로시니엄 무대를 지향했다는 사실을 놓쳐서는 안 된다. 조선성악연구회[5]나 동일창극단, 다양한 여성국극단[6]에서 연행했던 창극들은 대체로 1인창이던 판소리가 서양식 무대에 적응하면서 분창 과정을 거쳐 변화하는 장르였다고 생각한다. 창극은 변화하는 장르이며, 지금도 변화하고 있는, 그래서 양식을 찾아가는 장르라는 방향으로 문제의 시각을 바꿀 필요가 있다.

1970~80년대 연극을 연출했던 이원경과 마당극 연출가인 허규를 통하여 창극은 새로운 시도를 하게 된다. 전통 탈춤이나 마당극의 움직임과 창극을 접합시켜 양식화하고자 한 것이다. 창극에 원형이 있다는 기왕의 생각에서 나아가 전통에 있어온 마당이라는 양식을 창극과 접합시키려는 노력이 그것이다. 무대와 객석의 거리를 최소화하면서 배우와 관객이 묻고 대답하고 노래하고 대화를 나누는 것을 하나의 양식으로 시도해보았다. 극장에서 창극배우가 관객들에게 질문을 던지고 관객이 소리쳐 대답하는 방식은 우리 전통에서 마당이 가졌던 기능을 빌려본 것이다. 공연장에서 관객이 배우를 향해 외치게 만드는 전통은 재미난 것이었고 특히 창극에서

5) 1930년대, 국악인들이 모여서 만든 동호인 연구단체. 송만갑, 정정렬 등을 중심으로 활약했으며, 조선음악과 창극 연구에 힘쓰고, 공연단체를 만들어 활동하였다.

6) 1940년대, 여성들만으로 구성된 창극단을 여성국극단이라고 칭한다. 여성들이 중심이 되어 움직였으므로 독특한 대중적 인기를 누렸다.

유념해야 할 전략이다. 그런데 창극 무대를 마당화하고자 하는 이와 같은 시도는 생각만큼 관객과의 거리를 가까워지게 하지 않았다. 프로시니엄 무대에서의 마당극은 쉽게 양식화되지 못했다. 그래서 '창극의 원형을 찾아서'라는 명제가 '창극의 양식화 방법을 찾아서'라는 명제로 바뀔 수밖에 없는 이유가 여기에 있다.

창극의 관객층이 변화하게 된 것도 창극 양식화의 방법 모색에 대한 요청으로 받아들여야 한다. 창극은 20세기 중반에 가장 인기 있고 대중적인 음악극이었다. 증언에 의하면 협률사나 창극단 혹은 여성국극단이 한번 공연하면 돈이 가마니로 그득 담겼다고 한다. 그렇지만 기왕의 창극 애호가들은 이제 나이가 들어서 극장에 올 기회가 점점 줄어들고 있다. 그리고 새로운 관객들이 충원되지 않아 객석이 생각만큼 차지 않고 관객들도 근친의 범위를 벗어나지 못하여 창극의 장르적 위기감이 팽배해갔다. 그럼에도 창극 공연에서 홍보와 마케팅은 어떤 관객에게 타깃을 맞추어 진행할 것인가에 대하여 심각하게 고민하지 않고 타성에 젖어 있었다. 타깃이 되는 관객층을 정하고 그 관객층의 욕구를 충실하게 반영하면서 그들의 욕망을 작품으로 만들어가는 작업이 어느 때보다도 긴요한 시점이다.

지금 우리는 창극의 오랜 전통과 함께 새로운 무대를 꿈꿀 필요가 있다. 창극은 근대극이자 대중극이며 음악극이라는 사실을 명백히 인식하면서 새로운 담론을 준비해야 할 시점이라고 생각한다. 창극은 고정불변의 원형을 가진 고전극이 아니며 당대의 대중관객과 함께 호흡하는 음악극을 지향하면서 움직이는 장르라는 사실을 분명히 인식하는 것이 하나의 대안이 된다고 생각한다. 우리시대 창극에 대하여 이 같은 문제의식에서 출발하여 새로운 양식화의 방향에 대해 모색을 해본, 하나의 시도인 작품 〈청〉을 중심으로 논의의 실마리를 풀어가보기로 한다.

2. '우리시대의 창극'을 위한 전제

창극이 근대극이자 대중극이고 음악극이라는 전제로 생각을 전환하게 되면 창극에 대한 새로운 전망도 가능할 것 같다. 어떤 종류의 공연예술이든 당대 관객과의 호흡이 가장 중요하며, 관객의 취향에서 멀어지면 장르 자체에 위기가 온다. 동시대의 관객은 동시대의 작품을 보고, 향유하고, 비평한다. 창극을 통하여 관객과 제대로 소통하는 것이 최선의 가치로 여겨지게 되었다. 우리는 창극의 현재 위상에서 그만큼 절박한 위기감을 느꼈던 것이다.

우리는 우리시대 관객을 위한 창극 양식 개발의 예로 '우리시대의 창극'이라는 명제를 내세워 작업했다. 창극 〈십오세나 십육세 처녀〉[7]와 〈청〉 대본의 맨 앞장에 우리는 '〈우리 시대의 창극〉을 위한 전제'라는 제목으로 다음과 같은 메모를 붙였다.[8] (1) 창극의 대중화와 세계화를 위해 우리만의 전통

7) 창극 〈십오세나 십육세 처녀〉는 〈심청전〉의 전반부와 〈춘향전〉의 후반부를 이어 만든 옴니버스 형식의 창극이었다. 처음에 우리는 〈전통창극 다섯바탕전〉을 재공연할 생각이었다. 그 가운데 특히 〈적벽가〉 대목에서 왕기석 명창의 열연이 오래 뇌리에 남아 있어서 그 작품을 다시 한 번 해오름극장의 무대에 올릴까 생각했다. 그런데 토론의 과정에서 '심청'과 '춘향'의 중요한 대목을 보여주는 쪽으로 정했다. 전통창극에서 제목을 정하는 것은 진짜 쉬운 문제다. 우리 창극은 이미 제목이 다 정해져 있으니까 〈전통창극 심청전〉, 〈전통창극 춘향전〉만 넣으면 되었다. 그런데 춘향과 심청이 나오니까 다시 두 인물을 연결 지을 수 있는 제목을 생각하게 되었다. 그래서 제목을 공모했는데 뾰족한 뭔가가 나오지 않았다. 의미 있는 제목을 찾기 위하여 〈심청가〉의 텍스트를 읽어나가다가 남경장사 선인들이 외치는 "우리는 남경장사 선인으로 인당수 바칠 인제수를 구하는데 십오세나 십육세나 먹은 처녀를 구하오니" 대목을 보고는 〈십오세나 십육세 처녀〉로 정했다. 처음에는 탐탁해하지 않던 스태프들도 괜찮다고 동의하여 이것이 제목이 되었다.

양식을 개발하는 한편, 음악극의 보편성을 추구하여 공감대를 넓힌다. (2) 심청과 아버지 사이의 심리적 흐름이 자연스럽게 읽혀지도록 공연을 마련한다. (3) 공연은 음악과 춤이 소리를 감싸주며 진행한다. 우리 고유의 판을 도창[9]이 중심이 되어 진행해 나가는 틀거리로 형상화한다. (4) 시각적 효과를 위해 무대, 의상, 조명, 소도구, 장치 등의 적극적 개발이 필요하다. (5) 코러스와 방창, 다양한 악기의 활용, 정교한 작곡이 요구된다.

(1) 창극의 대중화와 세계화를 위해 우리만의 전통양식을 개발하는 한편, 음악극의 보편성을 추구하여 공감대를 넓힌다. 이 명제는 우리의 전통양식과 음악극의 보편성이 형식논리적으로 상충되는 측면이 있다. 김홍승 연출가[10]와 박성환 대본작가, 그리고 이용탁 음악감독과 가장 많이 토론하여 작품의 방향성을 정한 것이다. 지금까지 우리가 유지해온 창극 전통은 보편적 음악극과는 거리가 있기 때문에 전통양식을 개발해야 한다고 말했다. 오늘 우리에게 의미 있는 양식이 세계성도 아울러 지녀야 한다는 것이다. 지금은 세계화의 시대이며 국제적 감각과 보편성을 띤 작품만이 국제무대에서 통한다는 사실을 철저하게 인식하자는 것이다.

이 점에서 창극은 최대한의 강점을 가지고 있다. 공연예술작품이 국제적

---

8) 이 메모는 필자가 작성하여 붙인 것이지만 김홍승 연출가, 안숙선 작창자, 박성환 대본작가, 이용탁 음악감독, 이문옥 · 정은혜 안무가, 이학순 무대디자이너, 고희선 조명디자이너 등이 공유하여 함께하기로 합의했다. 작품의 진행 과정에서 어느 정도 의견 충돌이 있었으나 전체적인 방향성은 인정되었다고 생각한다.

9) 도창은 창극이 진행될 때, 서사적 진행을 알리는 내레이터의 역할을 하는 배역이었다. '도창'은 〈악학궤범〉에도 보이는 것으로 보아 연원이 오래된 창자이다.

10) 창극 〈십오세나 십육세 처녀〉의 연출을 처음에는 김석만 교수로 정했는데, 단원들과 인사하고 열흘쯤 지난 다음에 김 교수가 한국예술종합학교 연극원 원장이 되는 바람에 진행이 막혔다. 고민하다가 김홍승 교수께 사정이야기를 하고 부탁했더니, 예의 너털웃음을 웃으며, "나야 대타 전문 연출이니깐!" 하시면서 수락해주었다. 김홍승 연출가는 선이 굵은 연출 스타일을 가진 분인데, 우리가 작품에 관하여 의견을 낼 경우 넉넉하게 수용해줘서 작품을 제작하는 동안 즐겁게 토론하면서 함께 만들어가는 즐거움을 누렸다.

맥락을 확보하는 일은 한국적인 것의 진정성을 추구하면서 가능하기 때문이다. 한국적 소리, 한국적 몸짓, 한국적 무대 등의 양식화가 진정성을 확보하면서 세계화의 가능성도 열리게 된다. 동아시아 연극 양식으로 중국의 경극, 일본의 노와 가부키, 그리고 한국의 창극을 예로 드는 경우가 많다. 하지만 창극은 중국과 일본의 경우에 비하여 특수한 지역성을 떨쳐낸 대신 서구 공연예술의 보편적 양식을 받아들였다는 점은 앞에서 말했다.

그렇다면 창극을 보편성 있는 음악극으로 양식화할 방법과 전략은 무엇이었는가? 기왕의 창극 전통을 계승하면서 그것을 우리시대의 예술로 끌어올리기 위하여 우리는 오페라나 뮤지컬 양식을 타산지석으로 삼아 작품을 만들 수 있다는 가능성을 열어두었다. 일단 창극에서 반주음악의 형태를 심각하게 논의하고, 무대와 조명에 대하여 토론했다. 어찌 보면 지금까지 국립창극단에서 경험해보지 못한 새로운 창극 양식이 **음악극의 보편성**이라는 이름으로 조심스럽게 모색되는 장면이었다. **(2) 심청과 아버지 사이의 심리적 흐름이 자연스럽게 읽혀지도록 공연을 마련한다.** 대본은 기왕의 판소리 〈심청가〉 가운데서 소중한 대목을 최대한 살려서 그것이 작창[11]에 연결되게 했다. 창극 〈청〉의 주제 면에서 우리는 작품이 심청과 심 봉사 사이의 심리적 유대를 섬세하게 다루어야 한다는 점을 염두에 두었다. 이 문제는 특히 탁월한 대본작가인 박성환 씨와 가장 많이 토론을 하면서 완성했다. 흔히 〈심청가〉를 창극으로 만들 때 전형적인 제목으로는 〈효녀 심청〉이 제격이었다. 그리고 〈전통창극 심청〉, 〈심청가〉 등으로 작품화되었다. 그

11) 오페라나 뮤지컬 등 서양의 음악극에서는 분명한 작곡자가 있다. 그런데 창극은 서양식 작곡의 개념은 없고, 기존의 판소리를 토대로 편곡해서 사용하였다. 이를 '작창'이라고 부른다.

런데 〈청〉이라고 이름만을 내세워 제목으로 정하면서 기왕의 〈심청전〉이 갖고 있던 효녀라는 아우라를 살리기보다는 열다섯 살 먹은 조선의 처녀가 자신에게 닥친 운명을 어떤 방식으로 주체적으로 선택해가는지에 중점을 두기로 했다.[12]

(3) 공연은 음악과 춤이 소리를 감싸주며 진행한다. 우리 고유의 판을 도창이 중심이 되어 진행해나가는 틀거리로 형상화한다. 이 대목은 미묘한 해석이 필요하다. 도창 문제는 그동안 창극에 관한 논의에서 가장 쟁점을 이루는 부분이며 아직도 명쾌한 대답은 없는 실정이다. 도창은 연극적 맥락에서 보자면 불필요한 존재이기도 하지만 서사연극에서는 중요한 기능을 하기도 한다. 우리는 판소리가 갖고 있는 서사적 성격을 존중하여 도창을 창극에서 중요한 기능을 하는 인물로 상정하고 대본을 짰다.[13]

---

12) 유영대, 〈효녀의 아우라 걷어내자〉, 《미르》, 2006. 9, 국립극장, pp. 6-7. 〈청〉은 국립창극단에서 기획한 '우리시대 창극 시리즈' 두 번째 작품 제목이다. 이 작품의 가장 전형적인 제목은 〈효녀 심청〉이고, 다른 이름으로는 전통창극 〈심청〉이 있으며, 〈심청전〉이라는 이름으로 공연된 적도 있다. '청' 이라고 이렇게 덜렁 한 글자로 작품 이름을 정하는 데는 용기가 필요했다. '청' 은 기왕의 '효녀 심청' 이라는 강렬한 주제어를 덜어내고, 군더더기 없이 그녀의 이름만 제시하고 있다. 제목을 통해서는 어떤 정보나 주제도 주지 않으려는 드라이한, 아무런 선입견 없는 '청' 을 보아 달라는 뜻일까? 사실 생각해보면 우리의 주인공 심청은 늘상 천고의 효녀로 규정되어 있다. 눈 어두운 늙은 아비를 위하여 자신의 몸을 인당수에 던진 우리의 주인공, 효녀 심청, 진짜 효녀 심청, 더할 나위 없이 진실된 효녀 심청. 심청을 둘러싼 '아우라' 는 오직 효녀이다. 열다섯에 검푸른 바다에 몸을 던진 이 처녀의 이미지는 오직 효녀로만 규정되고 있다. 나는 심청을 둘러싸고 있는 이 강력한 규정이 다소간 맘에 걸린다. 그 아우라를 좀 걷어내고 자기 정체성을 확실하게 갖춘 인간 청을 찾아가는 길, 이것이 우리시대의 창극이 추구해야 할 작품의 완성도라고 생각한다. 그러나 그런 인물과 성격을 작품으로 완성해내기는 현 단계에서는 너무 어렵고, 일단 제목에서나마 그러한 시도의 단초가 보인다고 해석해주면 고마울 따름이다.

2006년 봄에 막을 올려 이야깃거리가 되었던 〈십오세나 십육세 처녀〉는 〈심청전〉의 전반부와 〈춘향전〉의 후반부를 이어 붙이면서, 전통사회의 젊은 처녀들이 직면했을 시련과 고난, 그리고 그 도전에 대한 반응을 그려낸 작품이었다. 이 작품에 대하여 우리시대의 관객이 보여준 반응은 다양했다. 많은 관객들은 창극을 처음 대면하였으며, 그래서 그런지 "창극이 이런 것이야?" 라는 다소 뜨악한 반응이 많았다. 전통창극에 익숙한 분들은 재미있으면서도 어딘지 전통적이지 않고 변한 부분에 대하여 걱정해주기도 했다. 어떤 분은 〈심청전〉의 결말에서 너무 막막하여 박수를 칠 수도 없었다고 울먹였다. 이번 작품 〈청〉은 〈십오세나 십육세 처녀〉 전반부에 제시한 절망의 바다에다 살아 돌아와 왕후가 되고 맹인잔치에서 아비와 상봉하는 후반을 붙여 만든 창극 〈심청가〉의 완결편이다.

13) 창극에서 안숙선 명창이 가지고 있는 아우라는 매우 크며, 이 점을 최대한 활용한다는 전략적 계산도 포함되어 있다.

문제는 음악이었다. 앞에서도 언급했지만 수성반주는 고도의 음악적 기량이 있는 반주자들이 판소리 배우들의 노래를 따라서 반주하는 형태이다. 규모가 작은 극장에서는 예닐곱 명의 수성반주가 창극의 음악을 전담할 수 있지만 대극장에서는 40인조 규모의 관현악단이 필요했다. 대극장에서 공연된 창극의 경우, 관현악단이 맡은 기능은 아주 짧막한 서주로 막을 열고 마지막 장면에서 함께 연주하는 것이었다. 중간에 판소리가 나오는 대목의 반주는 6~7인의 수성 팀이 전적으로 맡았고, 중간에 군무가 나올 경우에는 관현악단이 동원되었다. 우리는 관현악단의 기능을 확대시켜 창극 전체 음악을 담당하기로 결정했다. 먼저 중요한 아리아나 노래들을 관현악으로 편곡하여 반주를 하기로 정했다. 편곡은 배우들의 노랫말이 나오는 대목에서는 베이스 악기가 맡아 소리를 방해하지 않는 것이 우선이었으며, 빈 공간(blank)에서는 제대로 채울 수 있게 진행되었다. 그리고 서곡과 배경음악도 정교하게 작곡하기로 했다.[14]

그런데 기존의 창극에서는 쉽게 해결하지 못하는 문제가 바로 청(Key)에 관한 것이었다. 하나의 창극 작품에서 배우와 반주자는 소리의 청을 5관[15]이나 5관 반 등 하나로 통일하여 공연을 해왔다. 청이 낮은 사람의 경우 청이 높게 결정되면 자기 기량을 제대로 발휘하지 못하고 목만 상하게

---

14) 필자는 대본에 서곡을 다음과 같이 작곡해줄 것을 부탁했다. "서곡: 전통적이면서도 모던한 느낌의 서곡. 심청의 비극성이 돋보이는 주제를 담아낼 수 있는 곡으로 작곡되어야 함." 이용탁 작곡자가 '전통적이면서도 모던한 느낌'이라는 방향이 뭔지 도대체 감을 못 잡겠다고 푸념하기도 했다. 이 서곡은 서양식 단조 음계를 이용하여 단락을 여러 차례 변주하면서 진행되다가 중간쯤에서 소아쟁과 함께 구음이 나오면서 전통적 느낌에 사로잡히게 된다. 서곡에서 관객들이 받은 인상은 두 가지로 요약할 수 있는데, 하나는 상여가 나갈 때 쓰이는 요령소리와 함께 구음이 나오는 대목에서 우리 전통의 깊이를 느꼈다는 것이고, 다른 하나는 반복되는 프레이즈가 너무 많아 지루하다는 것이었다. 필자는 이 서곡의 제목을 '그대에게 가는 길'이라고 붙였다. 심청이 자신에게 다가오는 운명의 무게와, 끝날 줄 모르는 행로를 적절하게 그렸다고 생각해서이다.

15) '관'은 청(key)을 순수하게 우리말로 부르는 용어이다.

되기 쉬우며, 반대로 청이 높은 사람의 경우 청이 낮게 결정되면 역시 자기 실력을 충분히 보여줄 수 없게 된다. 이 청 문제의 해결이 〈청〉에서도 주요하게 대두되었으며, 편곡자가 청에 관한 문제의 심각성을 제대로 인식하고 해결해줄 것을 주문했다.

창극 〈청〉은 우리 춤을 장식에 그치지 않고 작품 안에서 중요하게 기능해야 한다는 쪽으로 논의가 모아졌다. 창극 작품 안에서 볼거리를 준다는 의미보다는 창극의 흐름과 춤이 완전히 하나가 되어 조화로워야 한다는 전제에 동의했고, 그런 방향에서 안무가 진행되었다. 안무자는 국립무용단 단원들의 춤뿐 아니라 창극배우들의 동선과 몸짓에도 관심을 기울여주었다.

사진 1. 창극단 배우들이 무용단과 함께 연습하는 장면

(4) 시각적 효과를 위해 무대, 의상, 조명, 소도구, 장치 등의 적극적 개발이 필요하다. 창극 〈청〉의 무대와 조명, 장치 등에 관하여 적극적 해석과 개발이 요청되었다. 이학순 디자이너는 경사가 7도가량 기울어진 무대에 해학적인 심 봉사의 집을 디자인하여 보여주었다. 무대를 기울이면 깊이가 잘 느껴진다. 무대 깊숙이 서 있는 배우들도 원근감을 주면서 제대로 드러나 보인다는 장점이 있다. 심 봉사의 집은 구태의연하지 않고 마치 만화 속에서나 등장할 법한 느낌을 주었다(그림 1 참조).[16]

〈청〉의 무대에서 가장 염두에 둔 것은 인당수에서 심청이 물에 빠지는 대목이었다. 디자이너는 국립극장의 직경 20미터짜리 회전무대를 이용하여 배를 만들었다. 경사진 무대가 돌아 나오면 3미터가 넘는 배가 된다. 특히 물의 이미지를 강조하기 위하여 바닥에 은경을 붙이는 디자인이었는

그림 1. 심봉사의 집(이학순 디자인)

16) 심 봉사가 부르는 아리아 '배는 고파' 대목에서 눈 뿌리는 장치를 준비했으나 다음 장면과 연결이 순조롭지 않아 전주 공연에서 한 번 쓰고, 그 후에는 사용하지 않았다.

데, 실제 공연에서 이 바닥 은경에 조명을 주자 그 효과가 뒷면 막에 환상적인 물빛 이미지를 뿌려줬다. 배가 된 회전무대는 앞에서 움직여서 인당수의 거대한 물결을 일렁거리게 했다(그림 2 참조). 그리고 심청이 환생하여 세상으로 돌아올 때의 장면에서도 강인한 인상을 주기 위한 연꽃을 제작했다.

(5) 코러스와 방창, 다양한 악기의 활용, 정교한 작곡이 요구된다. 이 문제는 앞서 음악 문제에서 언급했지만 그 중요성을 다시 한 번 강조한 것이다. 여럿이서 하나의 소리를 내는 제창이나 방창은 극중 진행의 정서를 풍성하게 고양시키는 기능을 한다. 우리는 창극배우들이 성부를 나눠서 합창할 수 있는 가능성을 먼저 염두에 두었다. 이에 앞서 판소리 창자들이 자신의 음역을 재어보고 그 음역에 적절한 발성을 할 수 있도록 훈련되어야 한다는 전제가 필요했다.[17] 그러나 판소리에는 아직 이러한 개념이 도입되어 있지 않은데, 이는 앞으로 반드시 해결해야 할 숙제라고 생각한다. 서양식 화성

그림 2. 인당수(이학순 디자인)

의 코러스를 필요할 경우 적절하게 사용하여 소리를 입체감 있게 표현할 필요가 있었다. 특히 베이스 영역의 보완을 위하여 서양 악기도 필요할 경우 사용하기로 했으며, 장면의 이음새나 정황을 적절히 표출하기 위하여 정교한 작곡이 필요하다는 사실도 인정했다.

위에서 열거한 전제들을 두고, 연습 과정에서 부단히 토론하여 수정해 나갔다. 지금 우리가 시도하는 창극이 우리시대의 관객에게 어느 정도 다가가서 감동을 줄 수 있는지, 그 가능성에서 명쾌한 해답은 없는 것으로 보였다. 그럼에도 우리는 창극의 새로운 무대 양식을 위해 고민했다. 솔직하게 고백한다면, 시중에 범람하는 뮤지컬에 압도되어 겁이 많이 났다. 뮤지컬이 우리시대의 교양을 상징하여 뮤지컬 표는 영락없이 매진되었다. 무대 앞자락에서는 관객들이 춤도 추고 핸드폰으로 사진을 찍기도 한다. 우리는 그때 아마도 이런 꿈을 꾸고 있었던 것 같다. 머지않은 시간에 창극이 멋진 뮤지컬에 비견할 수 있는 인기 상연물이 되는 꿈, 어떤 의미에서는 뮤지컬보다도 더 진정성을 갖춘 음악극이 될 수 있다는 꿈 말이다.

3. 창극의 전통과 새로운 무대

(1) 창극 〈청〉의 극적 구조

기존의 창극 〈심청전〉과 지금 우리가 논의하고 있는 〈청〉은 〈심청전〉의 줄거리를 따라 흘러가는 대강의 뼈대에서 특별히 큰 차이가 없다. 창극

---

17) 오페라나 뮤지컬의 경우, 창자들은 자신의 음역에 맡는 키를 선택하여 발성하기 때문에 목에 무리를 주지 않고 노래 부를 수 있다. 여자들은 소프라노 · 알토로, 남자들은 테너 · 베이스로 자신의 음역에 맞는 노래를 할 수 있게 작곡되어 있다. 이들이 모여서 합창을 할 경우 화음의 구성이 아름답게 느껴질 수밖에 없다.

〈청〉은 1부와 2부로 나뉘어 있다. 심청이 태어나 인당수에 빠지는 장면까지가 1부이고, 심청이 환생하여 황후가 되고 부녀가 상봉하는 장면까지가 2부이다. 〈청〉은 12장으로 이루어지는데, 판소리가 그러하듯 각 장별로 부분적으로는 독자적인 구조로 이루어진다. 판소리에서 장단을 맺고 푸는 구조는 창극에서 장면을 열고 여미는 구조로 바뀌어 있다. 그리고 각 장면들이 중첩되어 쌓여가면서 정서를 고양시킨다. 그리고 좀 더 크게는 1부에서 열어주고 2부에서 여며주는 기능을 한다고 말할 수 있다. 그리고 창극 〈청〉은 1부와 2부가 여러 면에서 서로 긴밀하게 짝을 이루면서 대위법적으로 짜여 있다.[18] 1부 1장인 '출생과 장례'는 2부 1장인 '씻김'과 한 짝을 이룬다. 심청의 출생과 곽씨 부인의 죽음이 작품의 맨 앞에 배치되면서 자연스럽게 장례 모습이 담기게 되었다.

작품의 서두에 상여소리가 너무 무겁지 않느냐는 반론도 있었으나, 이것은 우리의 의례로서도 멋있고 노래로는 더할 나위 없이 아름답기 때문에 의미 있는 장이 되었다.[19] 우리가 가장 고민했던 부분은 2부 1장 '씻김'이었다. 워낙 1부의 마지막 장면에서 주는 여운이 크기 때문에 2부를 여는 것이 더욱 어렵게 생각되었다. 원래 이 대목의 의도는 당대 최고라 할 박병천 명인과 안숙선 명창을 한 무대에서 만나게 하려는 것이었다. 박병천 명인의 구음[20]과 안숙선 명창의 살풀이춤과 구음이 어우러지면서 심청

18) 대본 작업은 창극단 단원이면서 탁월한 이론으로 무장된 박성환 씨가 맡았다. 박성환 씨는 〈청〉 대본을 30회 이상 수정했던 것으로 기억한다. 사설을 정치하게 다듬는 작업과 함께 작품의 전체적인 구조를 만들어가면서 그의 빛나는 아이디어가 섬세한 베를 짜듯 대본 속에 직조되어 있다.

19) 〈청〉을 지켜본 미국 유펜 대학의 마일란 헤츠마넥 교수는 "세상에서 가장 아름답고 유니크한 장면"이라고 말했다. 마일란 교수는 다음 학기에 서울대 사학과에서 강의한다.

의 혼을 위로한다는 의미에서 '씻김'을 배치한 것이다. 2006년 공연에서는 박병천 명인이 홀로 구음을 하면서 이 장을 이끌어갔다(사진 2 참조). 2007년 이후의 공연에서는 안숙선 명창이 구음과 살풀이춤을 추면서 이 장면을 이끌었다.[21]

1부 2장 '성장'은 2부 2장 '환생'과 한 짝을 이룬다. 심 봉사와 청이 동냥하는('삼베 전대') 대목이 도창의 소리로 전개되면서 무대에는 심 봉사와 청이 동냥하는 장면과 개에 물리는 장면, 시냇물을 건너는 장면이 보인다. 그리고 조명이 들어오면 심청이 동냥하는 노래를 부를 때 장 승상 부인이

사진 2. 박병천의 씻김 장면

20) 입소리라고 부르는데, 특별한 의미 없이 선율에 "아~, 어~" 등 의성어를 붙여 노래하는 것을 말한다.
21) 염경애 명창이 역시 멋진 살풀이와 구음으로 이 장면을 잘 소화했다.

심청을 만나는 장면으로 연결된다. 심청이 성장하는 이 대목은 심청이 연꽃을 통하여 환생하는 장면과 같은 진행 순서에 놓여 있다. 〈심청가〉에서는 '화초타령'이 먼저 나오는데, 〈청〉에서는 고독에 빠진 왕이 탄식하다가, 연꽃 속에서 나온 심청(사진 3 참조)과 만나면서 즐거움을 되찾게 되고 두 사람이 함께 꽃을 보며 즐긴다.

1부 3장 '권선문'은 2부 3장 '뺑덕이네'와 대비가 된다. 다소간 해학적인 역할로 등장하는 몽은사 화주승은 겨울 시냇물에 빠진 심 봉사를 구하고 공양미 삼백 석 시주를 약속받는다. 2부에서 뺑덕어미는 심 봉사의 재산을 노리고 그에게 다가간다. 뺑덕어미가 이미 황 봉사와 그렇고 그런 사이라는 것을 보여주는 장면이 덧붙어 해학적 기능이 배가되었다. 1부의 4장 '공양미 삼백 석'은 2부 4장인 '추월만정'과 연결되고 있다. 공양미 삼백 석

사진 3. 심청, 연꽃에 실리다

을 얻기 위하여 기도하는 심청의 애절한 모습과, 황후가 되어서도 눈 어둔 아버지를 그리워하는 심청의 모습이 서로 오버랩된다. 선인들의 왁자한 모습과 대신들의 노래도 한 짝으로 기능하고 있다.

1부 5장인 '행선날'은 2부 5장 '황성 가는 길'과 조응하고 있다. 1부에서는 심청이 길을 떠나며, 2부에서는 심 봉사와 뺑덕어미 일행이 황성으로 떠난다. 심청은 아버지에게 마지막 아침밥상을 차려주고 인당수로 선인들을 따라 끌려가듯 떠난다(사진 4 참조). 마을 사람들과 이별하는 심청의 모습은 봉사들의 노래와 봉사들의 합창으로 연결된다.

그리고 1부의 6장 '인당수'는 2부 6장 '해후'와 연결지어 짰다. 배는 고요하고 망망한 바다에서 출발하여 비바람 불고 폭풍우 치는 인당수에 이른다. 그리고 심청은 아버지가 있는 도화동을 향하여 절한 다음 바다에 떨어

사진 4. 심청, 선인 따라가다

사진 5. 심청, 인당수에 빠지다

진다(사진 5 참조). 물에 빠진 심청이 깊은 바다 속으로 들어간다. 2부는 심 봉사와 심청이 황성의 궁궐에서 해후하고 심 봉사가 눈을 뜨는 장면으로 대비된다. 심청과 심 봉사는 도화동으로 돌아온다.

창극 〈청〉의 대본에서 짜인 전략들은 음악에서도 그대로 조응하면서 진행된다. '상여소리'와 '살풀이', '화주승의 노래'와 '뺑덕어미의 노래', '심청이 비는 노래'와 '추월만정', '심청, 선인 따라 가다'와 봉사들의 합창, 그리고 '인당수 뱃노래'와 '심 봉사 눈뜨다'는 서로 같은 선율을 사용하거나 비슷한 정서로 편곡되어 대비를 이루고 있다. 1부에서 일어났던 사건의 연쇄는 모양을 달리하여 2부에서도 중첩되어 나타난다. 그래서 2부에서는 극의 내용과 진행에서 익숙한 느낌을 갖게 된다.

(2) 음악의 양식화—작창, 편곡, 작곡의 방향성

창극 〈청〉이 기존의 창극과 완벽하게 대비되는 부분은 음악이다. 작품 전체를 작곡하거나 주어진 작창곡을 관현악으로 편곡하는 것을 원칙으로 삼았다. 40인조 관현악단이 창극의 모든 장면에서 연주를 담당하고, 아주 작은 부분만을 수성에 할당했다. 모든 음악을 악보화하여, 어느 자리에서도 그 음악이 재현될 수 있게 했다. 이 작품의 스코어 악보는 350쪽이 넘는 분량이 되었으며, 본격적으로 지휘자가 이끌어가는 창극으로 변화시킨 것이다. 물론 이렇게 되기까지 창극배우들과 엄청난 갈등을 겪어야 했다. 수성반주에 익숙한 창극배우들은 지휘자를 보면서 노래 부르는 일을 아주 거북해했다.[22] 관현악단의 악기 편성에서 콘트라베이스와 팀파니, 그리고 신디사이저를 함께 사용했다.[23]

두 대의 콘트라베이스는 8대의 대아쟁 효과를 가져와서 배면에 깔리는 저음을 풍성하게 만들어주었다. 2007년 5월 공연부터는 첼로가 보태졌다. 〈청〉의 에필로그에서 심 봉사와 청이 돌아오는 길에 펼쳐지는 음악 '함께 가는 길'은 첼로와 해금의 이중주로 부녀가 돌아오는 정서를 아름답게 만들어주었다.

앞에서도 지적한 바이지만, 기존의 창극 공연에서 청(Key)의 문제가 그동안 해결할 수 없는 난제였다. 창극을 수성반주로 할 경우 대개 악기의 청을 5관 반 정도에 고정시킨다. 남자에게는 높아서 힘들고 되며, 여자에게는 낮아서 부대끼는 음역을 고집하면서 수성반주를 해왔다.[24] 창극 무대에

22) 배우들의 일반적인 반응은 "우리가 북소리 듣고 소리했지, 언제 지휘자 보고 소리했간디?"였다.
23) 처음에 서양 악기를 쓰는 것에 대해서 단체에서는 아주 비판적이었다.

서는 언제나 예외 없이 남녀 배우들 사이에 부담과 갈등이 있어왔다. 이런 연유로 우리 창극배우의 소리 음역을 확정하자는 제안이 나왔으며, 이것에 대한 해결책을 작곡가에게 부탁했다. 우리 명창도 서양 가수의 음역 기준을 정하여 적용할 수 있는 방안을 모색하자는 것이었다. 예컨대, 안숙선 명창은 소프라노에 해당하고, 성우향 명창은 낮은 알토라 할 수 있다. 음역이 넓고 다채롭기는 하지만 그래도 적정의 영역이 있으므로 이를 적극 계발할 필요가 있다. 이 점은 특히 창극에서 청을 고정해야 한다는 강박관념을 이겨내게 해주는 방안이기도 했다. 수성반주로 할 경우 남녀의 창이 교차되는 부분에서 가장 문제가 심각했는데 작곡가는 이 점을 특히 고려하여 청 문제를 아주 적절하게 해결했다. 관현악 반주만이 가능한 작업이었다.

음악극에서 중요한 것은 작창과 작곡의 적절한 균형감이다. 판소리는 극음악 그 자체만으로도 훌륭하지만, 음악극으로 변화하면서 소리의 앞뒤를 충분히 음악으로 채워줘야 한다. 판 소리와 북 반주만으로는 빈 공간이 많다. 소리판에서는 그 빈 공간을 청자의 추임새로 메우고, 그 안에 적절한 판타지를 담으면서 맥락을 따라갈 수 있다. 원각사 이후 허규 시대를 거치고 그 이후의 창극에서도 그 빈 공간을 수성음악으로 채워나갔다. 수성음악은 창극을 음악극에 가까운 장르로 변화시켰다. 창극이 음악극이 되려면 음악극의 문법에 충실해야 한다. 판소리가 철저하게 편곡되어야 하고, 어떤 곡들은 작곡되어야 하며, 빈 공간은 배경음악 이 충분히 채워가야 하

24) 수성으로 반주하는 연주자들은 청(key)을 고정시켜 반주할 수밖에 없다. 다른 창자의 음역에 맞게 조율할 시간이 없기 때문이다.

는 것이다. 이것은 기왕의 수성반주와는 비교가 되지 않는 공간감을 형성한다.[25] 공연이 거듭되면서 배우들이 지휘자를 보는 데도 익숙해졌다. 창극단 기악부와 국립국악관현악단이 함께 연주한 수준 높은 음악이 감동을 배가시켰다. 이것이 창극 〈청〉이 갖고 있는 음악적 변화이면서 새로운 양식으로서의 가능성이다.

(3) 무대에서 보여준 것

〈청〉의 무대는 대체로 너른 무대를 비워간 것이 하나의 특징이 되었다. 판소리 창자에게는 부채 하나가 모든 것을 표현하고 상징한다. 부채는 심청이 인당수에 떨어지는 한 장면이기도 하며, 춘향이가 받쳐오는 술상도 되고, 흥보의 큰 박을 타는 톱이 되기도 한다. 비워둠으로써 오히려 채워지는 역설이 빈 무대를 통하여 일정하게 구현되었다. 심 봉사의 집과 장 승상

25) 이용탁은 청(key) 문제의 해결에 대하여 다음과 같이 말하고 있다. 이용탁, 〈전통음악의 현대화—창극 〈청〉을 중심으로〉, 미발표 논문, pp. 4–5. "이러한 창자의 걱정되는 key(청) 부분을 〈청〉 공연을 통해 말끔히 해결하였기 때문에 공연의 성공 또한 한 몫을 단단히 보았다고 볼 수 있다. 〈청〉 공연에서만 해도 공연이 끝날 때까지 수십 번의 전조를 통해 이루어졌다. 예를 들어 악보를 보면 Eb. dm. Ebm. Db. Bbm. Ab. Fm. Cm. Gb. 등 다양한 전조를 통해 창자를 무조건 맞추어서 편곡 및 작곡을 하였다. 음악의 흐름을 원활하게 하기 위하여 반음계적 전조, 온음계적 전조, 완전4도 전조 등 다양한 화성의 진행 전조로 50번 정도의 전조가 이루어졌다. 창자들은 잘 모른다. 하지만 자기 소리가 지금까지 느껴보지 못했던 것처럼 '왜 이리 편하지' 라는 생각을 할 수밖에 없다. 이것이 바로 많이 세련되고 작곡자에 의해 옛날에는 생각지 못했던 부분들을 서양기법을 빌려 현대화하고 있는 것이다.

그 밖에도 다양한 코드(화성)를 통해 단순한 멜로디를 고급스럽게 포장하여 관객과 소리꾼들의 감동을 좌지우지할 수 있는 것이다. 위에서 언급했듯이 이전의 창극은 수성반주가 고작이었다. 수성반주란 창자의 소리를 악기가 따라서 연주해주는 형태를 말한다. 물론 장단점은 있겠지만 감동이 약하고 일반 뮤지컬이나 오페라 등을 어떻게 대적할 수 있느냐가 관건이었다. 또 하나의 성공 요인은 다양한 화성을 섞어서 음악을 풍성하고 화려하고 애절하면서도 절제된 표현으로 인한 감동이 있었기에 한 편의 오리지널 한국적 뮤지컬을 보는 것처럼 만들어진 것이 관객을 자극하지 않았나 본다.

악보 표기 또한 정간보나 암보로 연주하던 옛날 기법을 탈피해서 세계의 공통언어인 오선보로 만들어진 것이 또 하나의 현대적인 작업이다. 이전에는 자료가 거의 있지 않아 공연을 똑같이 재현하기란 상상조차 하기 힘들다. 〈청〉의 경우는 책자, 음반, DVD 그리고 컴퓨터로 깨끗이 작곡된 스코어, 연출 노트 등 언제 어디서든 공연을 재현할 수 있다는 것도 큰 업적이라 할 수 있다. 지금까지 이렇게 공연 자료가 하나도 없었는데, 〈청〉 공연을 통해 처음으로 만들어진 것 또한 큰 수확이라 할 수 있다."

사진 6. 심 봉사의 절규

부인의 집이 등장하고, 궁궐은 둥글게 처리했다. 장승이나 솟대나 주안상 등을 오브제로 이용하기는 했으나 판에 박힌 리얼리티를 구현하는 데 사용하는 일은 지양했다. 텅 빈 무대는 심 봉사가 선인들을 따라가는 청이를 향하여 절규하는 넉넉한 공간이 되기도 하고(사진 6 참조), 심청이 빠지는 너른 바다 인당수로 변하기도 한다.

특히 인당수 장면에서 푸른빛의 조명이 경사진 무대의 은경에 반사되어 극장 전체를 깊고 푸른 바다로 만들어 객석을 사로잡았다. 인당수에 심청이 떨어지고 난 다음에 심청의 춤이 이어진다. 우한용은 심청이 춤추면서 무대 안으로 들어가는 장면(사진 7 참조)을 다음과 같이 재현하고 있다.

청이 물에 빠지는 장면은 명품이다. 통곡과 아수라장 같은 휜소와 그 뒤에 이어지

사진 7. 심청의 춤

는 정적. 그 정적 한가운데를 섬세하게 가로질러 나아가는 오케스트라의 선율, 이들의 절묘한 조합은 극적 긴장과 이완을 조절하는 데에 크게 기여한다. 제1막 마지막 장면은 창극의 연출력 측면에서 압권이다. 무대 양편에서 흰 구름이 조용히 밀려나와 바다에 깔리면서 소복을 한 청이 천천히 걸어 나와 무대 저편으로 걸어서 소실점을 향해 나아가는 장면, 거기에 하늘에서 내려주는 꽃비. 꽃이파리가 팔랑거리며 영혼의 마른 잎새처럼 떨어져 내리는 가운데, 오래 보여주어서는 안 될 비의를 들키기라도 한 듯 급히 막이 내려온다. 환상에 빠져 있던 관객들은 조였던 가슴에서 후유 심호흡을 뱉아낸다. 이러한 아이디어는 제2막의 마무리에도 변형되어 나타난다. 맹

인간치에서 눈을 뜬 아비 손을 잡고 무대 왼편에서 오른편으로 가로질러 건너 무대 저편으로 사라지는 이 장면에서 우리는 인생의 두 길을 생각하게 된다. 청이가 간 이승에서 저승으로 가는 길이 하나이고, 다른 하나는 청의 아버지가 걸은 고단한 삶의 길이다. 이 장면에 와서 관객은 〈청〉을 보는 과정이 자신의 삶의 길과 어떤 연관이 있는가 하는 화두를 지니고 극장을 나서게 된다.[26]

한 기자는 "인당수에는 15세의 '청'이만 빠져든 게 아니"[27]라고 말했다. 〈청〉은 '우리시대의 창극'이라는 타이틀을 달고, 창극의 '양식화'와 '현대화'를 동시에 지향하면서 젊은 관객들의 참여를 이끌어냈다. 창극에 익숙하지 않은 관객들이 뮤지컬을 보는 듯한 느낌을 받았다고 소감을 말했다. 그러나 창극의 본질에 해당하는 판소리는 오히려 더 잘 살려냈다고 생각한다. 물론 이 작업은 아직도 미진한 부분이 있으며 그런 점에서 창극은 예전의 원형을 찾아가는 작업이 아니라 부단히 앞으로 나아가는 장르라고 생각된다.

(4) 관객, 비평, 가능성

〈청〉은 2006년 가을 전주 소리문화의 전당에서 초연되었다. 이후 국립극장의 국가 브랜드 작품으로 선정되어 공연이 반복될 수 있었다. 특히 신

---

26) 우한용, 〈창극의 소통구조와 언어미학—국립극장 공연 창극 〈청〉을 중심으로〉, 《국어국문학》 145, 2007, p. 16.

27) "글랑은 염려 말고 어서 물에 들라!" "아이고 아버지!" '첨벙' 심청을 잡아 삼킨 물결이 요동친다. 심청이 정적 속에서 하얀 빛으로 아주 느리게 진공상태처럼 바닥으로 떨어진다. 무대 중앙에서 물에 젖은 심청이, 슬픈 해금 선율에 따르면서 무대 깊숙이 천천히 걸어 들어간다. 무대 중앙에는 꽃잎이 떨어진다. 천천히 막이 내린다. 1막이 끝난다. 관객석에 정적이 흐른다. 관객의 눈에 이슬이 맺혔다. 인당수에는 15세의 '청' 이만 빠져든 게 아니었다 (현마리아, 《고대 교우회보》, 2006. 10. 19).

선희 국립극장장은 중요한 공연은 1회성으로 그칠 일이 아니라, 거듭 다듬고 고쳐서 레퍼토리로 만들어 브랜드화시켜야 한다고 역설했다. 이 점이 〈청〉을 갈고 다듬을 수 있는 계기가 되었다. 국립극장에서 11월에 공연을 마친 〈청〉은 12월에는 인천문화예술회관에 초청되었다. 이듬해 2007년 5월에 국립극장 해오름극장에서 13회 공연 기록을 세웠다.[28] 그리고 같은 달에 고양 아름누리 오페라하우스 개관 기념작으로 초청받아 공연했다. 그리고 9월에는 중국의 난퉁과 상하이에서 막을 올려 중국 관객들과 만날 수 있었다. 10월에는 세계국립극장 페스티벌의 폐막작으로 국립극장에서 다시 공연했고, 성남아트센터의 초청으로 오페라하우스에서 공연을 펼쳤다. 2008년 3월에는 대구오페라하우스에서 초청공연이 있었다. 그리고 10월 제2회 세계국립극장 페스티벌에서 다시 무대에 올랐다. 〈청〉은 40회가 넘는 공연을 했으며, 연인원 4만 명 이상이 관람했다.[29] 공연이 거듭되면서, 기왕에 수성반주였던 노래들이 다시 편곡되어 관현악곡으로 탈바꿈했다.[30] 노랫말이나 음악이 새로 무대에 오를 때마다 조금씩 새롭게 다듬어지고 변화했다. 창극 〈청〉의 관객들 연령층이 큰 폭으로 낮아졌다. 처음 〈십오세나 십육세 처녀〉를 공연할 때 전반부는 대학생 관객들이 거의 보고서를 쓰기 위하여 관람했다.[31] 그런데 대학생 관객들은 창극을 처음 보는 이가 대부분이었고, 보고서를 쓰려고 억지로 관극한 느낌이 완연했다.

---

28) 창극을 대극장 무대에 13회 공연을 하겠다고 하자 모든 사람들이 반대하고 나섰다. 한 공연 전문가는 우리 오페라 시장의 경우, 8천 명 정도가 적정하여 4회 공연을 넘지 않는다고 말했다. 그런데 우리는 이 13회 공연을 잘 마무리했다. 물론 관객이 많이 몰려왔으며 마지막 3일의 반응은 그야말로 매진 사례를 할 정도로 폭발적이었다.

29) 공연 횟수와 관객 수는 〈십오세나 십육세 처녀〉를 포함한 것이다.

30) 2008년 10월 공연에서는 왕의 노래가 '외로운 달'이라는 제목으로 새롭게 작편곡했다. 처음에 관현악 반주에 익숙하지 않아 불편해하고 불평하던 단원들이 이제는 많이 익숙해져서 적극적으로 임하게 된 것도 하나의 변화라 할 수 있다.

그런데 1부를 본 후 이들의 표정이 달라졌다. 그리고 이 젊은 관객들은 빠르게 창극 마니아가 되어주었다. 공연이 입소문을 타는 법인데, 이 대학생 관객들은 인터넷을 이용하여 자신들의 감상을 진솔하게 털어놓았다. 인터넷에 실린 그들의 반응을 묶으면 족히 책으로 한 권 분량이 넘는다.[32] 그동안 창극은 국악 분야에 속해서 보도되었다. 국립극장 측에서 기자간담회나 프레스 리허설을 할 경우에도 주로 국악 분야의 기자들을 대상으로 삼아 홍보했다. 필자는 국립창극단 권혜미 PD에게 창극을 연극이나 뮤지컬 쪽 기자에게도 홍보를 확대시켜달라고 부탁했다. 창극 〈청〉에 관하여 간명하면서도 적절한 평가를 해준 분들은 주로 연극평론가들이었다. 연극평론가인 유민영 교수는 〈청〉을 관람한 뒤 "창극의 수준을 가장 높이 올려놓은 작품" 이라고 언급했다.[33] 연극평론가 장성희는 《한국일보》의 리뷰에서 "청의 노정이 스스로 선택한 길과 황후로 간택받는 것을 거쳐 다시 스스로의 삶을 선택하는 것"이라고 하면서, 본격적인 리뷰를 통해 "그동안의 공연물들이 주제를 전달하기 위한 도구로서의 '심청'에 머물러 있었다면, 창극 〈청〉은 주인공의 내면에 다가가고자 의도"했다고 기술했다.[34] 《세계일보》의 조정진 기자와 《오마이뉴스》의 김기 기자는 특히 창극 〈청〉에 큰 지면을 할애하여 보도했다. 김기 기자는 '창극, 이제 뮤지컬과 붙어라'

31) 이것은 순전히 필자가 대학에 재직하고 있어서 가능한 것이었다. 고려대학교 학생들뿐 아니라, 단국대학교, 배재대학교, 서울대학교, 수원대학교, 연세대학교, 이화여대, 중앙대학교, 한국예술종합학교 등에서 교양과목 수강생이나 국문학, 국악 전공 학생들이 많이 왔다. 이 자리를 빌려서 해당 대학에 재직하고 있는 선배와 동료들에게 감사를 전한다.

32) 인터넷에 올라온 〈청〉의 관극평과 반응들을 아래 주소의 블로그에 모아놓았다. 주로 2006년의 반응들이 많이 스크랩되어 있다. http://blog.naver.com/2yyyy 참조.

33) 필자는 유민영 교수와 함께 〈청〉을 보았다. 이 언급은 〈청〉 1부를 보고 나오면서 한 것이다.

34) 장성희, 〈창극의 새로운 영역을 탐사하다〉, 《미르》, 2007. 11, 국립극장.

라는 선정적 제목으로 리뷰를 했다.[35] 조 기자는 제목에서 판소리와 관현악의 어우러짐이 황홀하다고 말하고 있다.[36] 국악평론가인 윤중강은 "〈청〉의 이야기에서 새로운 판타지와 로맨스를 만들어내고 있다. 재현(再現)보다 현재(現在)에 무게 중심을 둔 창극이 아름답다. 창극 〈청〉은 효(孝)를 가르치지 않고, 생(生)을 바라보게 한다"[37]고 되돌아보았다. 전북대 영문과의 이종민 교수는 "창극의 가능성과 판소리 현대화"의 전망을 할 수 있다고 말했다.[38] 이렇게 〈청〉은 다양한 관객으로부터 주목을 받고 사랑을 받았다.

창극 〈청〉은 자막을 사용했다. 판소리의 내용 가운데는 워낙에 고사성어와 한문과 고어체가 많기 때문에 한글자막이 꼭 필요했다. 그리고 영어자막을 동시에 만들어 함께 띄웠다. 한글자막에 한자까지 병기했는데도 젊은이들은 번역된 영어자막을 통하여 판소리 사설의 내용을 파악했다는 반응이 많았다.[39] 〈청〉은 실황음반 1장과 녹음음반 3종으로 출시되었고,

---

35) 김기, 〈창극 '청' 이제 뮤지컬과 붙어라〉, 《인터넷 오마이뉴스》, 2007. 4. 19. 기사 참조 http://www.ohmynews.com/NWS_Web/View/at_pg.aspx?CNTN_CD=A0000372995

36) 조정진, 〈공연리뷰 '창극의 세계화'를 열다-판소리와 관현악의 황홀한 조화〉, 《세계일보》, 2007. 9. 13.

37) 윤중강은 리뷰 〈무대가 보이고 연출이 읽힌다〉에서 "지금까지의 창극은 소리만 들렸고 배우만 보였다. 창극 〈청〉은 다르다. 무대가 보이고, 연출이 읽힌다" (《조선일보》, 2006. 11. 10)고 썼다.

38) 이종민, 〈안수련의 '먼 길 떠나는 사람은 뒤돌아 본다'〉는 본인의 블로그 〈이종민의 음악편지〉(2007. 5. 31)에 쓴 기록이다. http://blog.ohmynews.com/leecm/entry/

39) 한 예로 Frozenblue님의 글 〈대사, 자막, 번역〉을 소개한다. 처음 창극을 보는 사람으로서의 느낌을 잘 기록하고 있다. "사실 제가 가장 관심을 두었던 건 영어로 번역된 대사들입니다. 일전에 번역에 대한 교양수업을 들으면서 임권택 감독이 〈춘향전〉을 영어로 번역한 버전을 본 적이 있는데, 고전을 영어로 번역하는 것이 얼마나 어려운 일이면서도 비난받기 쉬운 일인지를 깨닫게 되었죠. 여필종부나 장유유서를 영어를 사용하는 사람들에게 대사 한 마디로 전달하는 것이 과연 가능한 일이긴 할까요. 하지만 이 작품을 번역하신 두 분은 정말 최선을 다했다는 것이 자막 곳곳에서 느껴집니다. 많은 곳에서 놀라고 기뻐하고 아쉬워하기도 했지만, '북망산천이 머다드니 저 건너 안산이 북망이로구나'가 'River Jordan is known to be far away, but it's streaming right aside our street'으로 번역된 것이 제일 기억에 남았고 감명 깊었습니다. 북망산천의 의미와 요단강의 의미가 우리와 그들에게 각각 익숙하다는 것을 알고, 이 대사의 의미를 한눈에 알 수 있는 형태로 관객들에게 전달하고자 하는 노력이 없었다면 이것처럼 영어 경구와도 같은 대사는 절대 나올 수 없다고 생각하니까요. 연극이라는 매체의 한계를 극복해서 원어를 모르는 사람들에게 가장 많은 것을 전달하고자 한 영어자막을 보고 제가 왜 번역에 관심을 두기 시작했는지 다시금 되새기게 되었습니다."

DVD로도 제작되었다. 그리고 작품을 만드는 과정과 연출노트, 악보 등을 수록하여 자료집으로 출간했다.

4. 창극의 양식화 전망

지금까지 창극의 전통 안에서 〈청〉을 무대화하는 과정을 기술했다. 이와 같은 방식으로 국립창극단에서는 언제라도 무대화할 수 있는 고정 레퍼토리를 여러 종류로 확보하는 일이 진정으로 필요하다. 완벽한 창극 전통의 힘은 〈춘향가〉, 〈심청가〉, 〈수궁가〉, 〈흥보가〉, 〈적벽가〉 등 판소리 5대가에서 비롯된다. 창극의 자양분은 전통 5대가에 있기 때문에 이들을 〈청〉과 같은 방식으로 양식화하여 제작하는 일이 최우선이라고 생각한다. 한편 창작창극이나 번안창극 쪽에도 깊은 관심을 기울여야 한다. 우리시대의 주제와 우리시대의 내용으로 환골탈태하는 작업에 대하여 항상 관심과 주의가 긴요하기 때문이며, 이를 통하여 창극의 동시대성을 담보할 수 있기 때문이다. 현대는 고전 그 자체보다, 고전을 변용하고 재해석하고 재창조하는 시대이다. 여기에 맞춰서 특히 요즈음의 추세는 뮤지컬이므로 뮤지컬의 번성을 타산지석으로 삼아 우리 창극단이 함께 타고 넘을 필요가 있다고 본다. 이와 관련하여 하나의 가능성으로 주목할 작품으로 창극 〈산불〉을 들 수 있다. 창극이 현대적인 주제를 대상으로 삼아서 차범석 선생의 의표를 찌르는 창극 대본으로 구성된 것이 첫 번째 주목해야 할 지점이다.[40] 안숙선 명창의 멋진 작창을 이용탁 음악감독이 상황에 걸맞게 편곡

40) 마일란 교수는 창극 〈산불〉이 "19세기 언어로 20세기의 사건을 비극적으로 노래한 작품"이라고 평한 바 있다.

했으며, 서곡이나 사랑의 테마 등 정밀하게 작곡된 음악을 사용했다는 점이 두 번째 주목을 요하는 대목이다. 그리고 15인조 실내악단이 아름다운 음악으로 달오름극장을 채운 것이 세 번째의 가능성이다. 이 요소들이 원작 〈산불〉의 음악극으로서의 가능성을 열었다는 점이 주목을 요하는 대목이다. 이보다 더 작은 규모의 창극에서도 작곡의 개념을 도입한다면 우리시대의 창극이라는 전제에 걸맞게 우리시대의 관객들에게 사랑을 받을 것으로 전망할 수 있다. 국립창극단은 전통 5대가와 주목할 작품을 어떤 방식으로든 정형화시키고 레퍼토리로 만들어야 한다. 창극단 배우들이 두 팀 혹은 세 팀 정도로 나뉘어 누구나 주인공 역할을 할 수 있는 몇 개의 레퍼토리를 보유함으로써 언제나 필요한 시점에 바로 무대화할 수 있어야 한다. 5대가는 워낙에 원작의 탄탄함이 있기 때문에 웬만한 실험적인 작업을 한다고 해도 원작의 향기가 쉽게 훼손되지 않는 미덕이 있다. 창작창극으로는 〈황진이〉, 〈제비〉, 〈용마골 장사〉, 〈시집가는 날〉, 〈산불〉 같은 작품을 레퍼토리화해야 한다. 한편으로 실험성이 강한 젊은 창극이 다양한 방식으로 전개되어야 한다. 국립창극단에는 뛰어난 기량을 가진 배우들과 안목이 좋은 연출을 맡을 수 있는 재원들이 있다. 30분이나 한 시간짜리 창극을 짜서 경제적이면서도 멋진 무대를 선보일 수 있다. 이 창극 무대는 출연배우와 악사와 스태프를 합쳐서 10명 정도의 규모로 아주 간단한 장치만으로 이루어진다. 담고 있는 내용은 누구나 다 알지만 또한 아주 현대적인 것이어서 오늘날의 관객에게도 감동을 줄 수 있다. 앞으로의 창극은 잘 편곡된 판소리와 적절하게 작곡된 음악으로 창극의 공간을 채워가면서 전통적인 몸놀림을 양식화하는 방향의 운동이 되어야 한다. 발림과 버슴새 그리고 연희를 창극의 공간에 양식화하여 배우의 몸짓으로 수용하면서 작품 속의 인물로 노래 부르는 것이다. 앞에서 말했듯 필자가 작곡가에게 요청한 서곡은 "전통적이면서 모던한" 것이었다. 전통이라는 형식이 지닌 역사성과 지역성에 더해 현대적 보편성을 요청한 것이다. 국가브랜드로서의 창극을 구상한다면 창극의 전통을 현대적 맥락으로 재해석하여 구현할 필요가 있다. 이것이 '우리시대 창극'의 이념적 기반이다.

| 참고문헌 |

우한용, 〈창극의 소통구조와 언어미학—국립극장 공연 창극 〈청〉을 중심으로〉, 《국어국문학》 145, 2007.

유영대, 〈효녀의 아우라 걷어내자〉, 《미르》, 2006. 9, 국립극장.

윤중강, 〈무대가 보이고 연출이 읽힌다〉, 《조선일보》, 2006. 11. 10.

이용탁, 〈전통음악의 현대화—창극 〈청〉을 중심으로〉, 미발표 논문.

장성희, 〈창극의 새로운 영역을 탐사하다〉, 《미르》, 2007. 11, 국립극장.

현마리아, 《고대 교우회보》, 2006. 10. 19.

국립창극단 간행 창극 대본집 《십오세나 십육세 처녀》, 2006.

국립창극단 간행 창극 대본집 《청》, 2007.

한국 대중서사와 웃음의 문제●

박유희(미디어문예창작학과)

1. '웃음' 을 둘러싼 문제들

'코미디'란 '웃음의 서사' 즉 웃음을 유발하는 서사 장르를 말한다. '코미디'[1]라고 말할 때 그것은 서양의 서사양식에 국한되거나 현대 영화나 드라마에만 적용되는 협소한 것으로 오해되기도 한다. 한편 코미디가 포괄적인 '극'의 의미로 쓰일 때 그 외연은 '웃음의 서사'보다 더 넓을 수도 있다. 다만 한국에서는 '웃음의 서사'를 '코미디'로 지칭해도 무리가 없을 정도로 그 의미가 형성되어왔다. 이에 여기에서는 '웃음의 서사'로서의 '코미디'라는 이름 아래 전근대의 골계담(滑稽談)과 소화류(笑話類)부터 근대의 소화와 유

● 이 글은 《대중서사장르의 모든 것: 4. 코미디》(박유희 기획, 대중서사장르연구회 저, 이론과실천, 2013. 4)의 〈총론〉을 일부 수정한 것이다.

1) 한국에서 '코미디'라는 용어는 1930년대 초반부터 신문에서 '코메디 프랑세즈', '테아트르 코메디', '코메디 좌' 같은 형태로 '코메디 프랑세즈'를 소개할 때 쓰였다. 그리고 1938년부터는 '라디오 코메디'라는 형태로 라디오 방송 용어로 사용되었다. 이후 1960년대 영화 장르를 일컬으면서 널리 일반화되었다.

며, 재담이나 만담, 코미디 영화와 소극(笑劇), 명랑소설과 명랑만화에 이르기까지 '수용자의 웃음을 유발하는 구조를 주축으로 하는 서사물'을 폭넓게 논의하고자 한다.

웃음의 서사로서의 코미디를 연구한다는 것은 지난한 작업이다. 가장 먼저 부딪히게 되는 난점은 웃음의 종류와 기능이 매우 다양하다는 것이다. 국어사전에 따르면 '웃음'은 '웃다'의 명사형으로 '웃는 일 또는 그런 소리나 표정'을 가리킨다. 그리고 동사 '웃다'는 '기쁘거나 만족스럽거나 우스울 때 얼굴을 활짝 펴거나 소리를 내다'로 정의되어 있다. 그러나 우리는 기쁘거나 만족스러울 때만 웃지 않는다. '웃다'와 관련된 속담을 보면 그렇지 않다는 것이 단적으로 드러난다. '웃는 집에 복이 온다'거나 '웃는 낯에 침 뱉으랴' 같은 속담은 웃음의 긍정적 기능을 말해주는 반면, '웃고 사람 〔뺨〕 친다', '웃느라 한 말에 초상 난다', '웃음 속에 칼이 있다' 같은 속담은 웃음이 지닌 위험성을 경고하고 있다. 또한 웃음을 뜻하는 한자 '소(笑)' 앞에 다른 글자가 붙어 이루어진 말들—미소(微笑), 홍소(哄笑), 대소(大笑), 폭소(爆笑), 냉소(冷笑), 조소(嘲笑), 비소(誹笑), 고소(苦笑) 등등—은 웃음의 종류와 효과가 다양함을 다시 한 번 보여준다.

둘째, '웃음'은 웃는 주체와 대상이 맺는 관계와 맥락에 따라 원인과 효과가 매우 다를 수 있다는 것도 논의를 어렵게 하는 지점이다. 예컨대 전시 상황에서 아군이 적군을 조롱하면 아군의 웃음을 유발할 수 있지만 적군에게는 분노를 일으킬 것이다. 이때 웃음소리는 분노를 한층 더 부추길 수도 있다. 또한 서민의 집단적 웃음을 자아내던 '병신춤'은 장애인 차별에 대한 문제의식이 사회에 퍼지면서 불편하고 슬픈 춤이 되기도 했다. 이와 같이 동일한 행동이나 말도 수용자의 조건이나 그것이 수용되는 상황에 따라 효과가 달라지는 것이다.

셋째, 웃음의 종류가 다양하고 웃음을 둘러싼 맥락이 복잡한 만큼 웃음의 서사는 일정한 형식으로 정형화되지 않는 특성이 있다. 멜로드라마는 사랑과 혼사 장애를 기본 요소로 하여 사랑하는 인물들의 결합 여부에 대한 관심을 몰입의 줄기로 삼아 진행되는 서사이고,[2] 추리물은 '탐정', '범인', '희생자'라는 인물 유형을 등장시켜 불가사의한 범죄의 발생과 그 해결 과정을 중심 플롯으로 삼는 이야기[3]로 정의될 수 있다. 그러나 '웃음의 서사'는 그저 처음부터 끝까지 웃음을 유발하는 서사이기 때문에 코미디는 여타 장르의 서사를 빌려 웃음을 유발하는 행복한 결말로 구성하는 특성이 있다. 따라서 그 연구 범위가 다른 장르에 비해 더 넓을 수밖에 없다.

넷째, 전통적으로 웃음은 진지한 논의 대상이 아니었기 때문에 아카데미즘의 맥락에서 논제를 구하고 연구방법을 구축하기가 어렵다. '우습게 여기다', '웃음거리', '우스갯소리' 같은 표현에서 드러나듯이 웃음의 대상이 된다는 것은 가볍고 하찮게 여겨진다는 의미를 내장하고 있다. 아울러 전근대 사회에서는 대상을 우습게 만들며 웃음을 유발하는 것은 점잖지 못한 일로 간주되었기에 자연히 문필집단에서 권장되지는 않았고 심도 있게 논의되지도 않았다. 편자가 소화집(笑話集)을 편재할 때 많은 변명을 늘어놓은 것은 우스운 이야기에 대한 문필집단의 태도를 드러낸다 하겠다.[4]

---

2) 대중서사장르연구회, 《대중서사장르의 모든 것: 1. 멜로드라마》(이론과실천, 2007) 참조.
3) 대중서사장르연구회, 《대중서사장르의 모든 것: 3. 추리물》(이론과실천, 2011) 참조.

이에 비해 서양의 문학과 철학에서는 웃음에 대한 논의가 상대적으로 많이 이루어졌으나 비극에 비하면 소략하다. 비극이 본격적인 예술로 분류되는 데 반해, 웃음을 유발하는 서사양식들은 언제나 비극에 비해 피상적이고 열등한 것으로 취급되며 예술의 반열에 제대로 들지 못했기 때문이다. 웃음을 유발하는 서사 중 가장 상위로 평가되는 희극(comedy)에 대한 논의조차 비극과의 비교 속에서 이루어졌고, 얼마나 비극적인 특성을 보이느냐에 따라 평가가 달라지기도 했다. 프로이트의《농담과 무의식의 관계》와 함께 웃음에 관한 대표적인 근대 저작으로 꼽히는 베르그송의《웃음—희극성의 의미에 관한 시론》에서도 '예술 일반과 희극의 차이'를 논함으로써 '웃음의 서사'가 갖는 위계를 보여준다.

웃음에 대해 충분한 논의가 이루어지지 못한 만큼 논자에 따라 아쉬운 지점을 남기고 있기도 하다. 웃음의 원인을 설명하는 것으로는 '우월이론'과 '대조이론'이 대표적이다. '우월이론'에 의하면 자신이 상대방보다 우월하다고 확인하는 데서 웃음이 발생한다. 즉, 우월이론은 자신이나 주위 사람들에게 심각한 피해를 주지 않는 어리석은 대상에 대해 심리적으로 우월한 지위를 확인할 때 웃음이 발생한다는 것으로, 아리스토텔레스를 비롯한 많은 철학자들이 이를 주장했다. 한편 '대조이론'에 의하면 예상과 결과의 불일치, 그 어긋남에서 비롯되는 놀람과 의외성이 웃음을 유발한다. 이 이론을 대표하는 논자로는 칸트와 프로이트가 있다. 두 이론은 각각 웃음의 중요한 지점을 짚어내지만 웃음 유발의 다양하고 복잡한 이유

4) 정환국, 〈초기 소화의 역사성과 그 성격〉(《한국학문학연구》 49, 한국학문학회, 2012) 참조.

들을 모두 해명하지는 않는다. 그리고 웃음의 효과를 설명하는 데 대표적인 교정(敎正)과 유희(遊戲) 개념도 무수한 계기와 맥락에서 발생하는 웃음의 다기한 효과를 포괄하는 것일 뿐 그 세부와 맥락을 설명하기 위한 것은 아니다.

아울러 서양 이론은 서양 고전 텍스트에 대한 분석을 바탕으로 하고 있기 때문에 기본적으로 웃음의 구조와 맥락에 대한 논의도 서양의 전통적인 문학양식에 기반을 두고 있다. 물론 그 안에서 유용한 참조 사항을 발견하기도 하고 웃음의 일반론으로 확장할 수 있는 통찰과 추론을 만나기도 한다. 그러나 앞서 언급했듯이 웃음에는 어떤 감성 표현에서보다도 그것을 둘러싼 구체적인 관계와 맥락이 중요하게 작동한다. 비극에 비해 희극에서 민족, 시대, 분위기 등 텍스트의 상황성이 변수로 작용하는 경우가 많다는 점에서도 그것이 드러난다. 동아시아만 하더라도 대중비극으로서의 멜로드라마는 폭넓게 향유되는 데 비해 코미디는 훨씬 제한적으로 유통된다. 따라서 한·중·일 합작 멜로드라마보다 합작 코미디의 성공률은 현저히 낮다. 중국이나 일본의 코미디를 보면서 웃기는 상황이라는 것을 충분히 알면서도 차마 웃을 수 없어 당황해본 사람이라면 이것을 이해할 수 있을 것이다. 우리가 웃음의 서사를 연구할 때 풍부한 텍스트를 대상으로 웃음을 유발하는 수사학적인 구조와 그것을 둘러싼 사회적인 맥락을 세심하게 고찰하면서 귀납해갈 수밖에 없는 것은 이 때문이다.

2. 웃음의 집단성과 대중문화

2004년 이라크의 아부그라이브 감옥에서 미군들이 포로들을 고문한 사진이 유출되었다. 사진 속에서 미군들은 포로들을 발가벗겨 인간 피라미드를 쌓아놓고는 엄지손가락을 치켜세우며 해맑게 웃고 있었다. 그들의 웃음은 어린아이와 같은 '뒤센 웃음'[5]이었고 그들이 진정으로 즐거워하고 있다는 것을 보여주었다. 그리고 유사한 여타 사진들과 정보로 미루어볼 때 그들은 '특별한 미군'이 아니었다.

여기에서 '웃음'은 개인의 성격이나 그가 처한 개별적 상황을 넘어 민족·인종·국가와 연관된 보다 복잡한 문제를 제기하며, 그 웃음을 둘러싼 맥락에 대한 신중한 고찰을 요구한다. 한 개인의 웃음은 그의 특성이나 상황의 문제로 돌려버릴 수도 있지만, 그러한 개인이 여럿이 거나 동조하는 개인이 많다는 것은 그가 속한 집단의 정신 상황, 그러한 웃음을 가능케 하는 사회 상황을 가늠해볼 수 있는 자료가 된다. 이러한 맥락에서 대중의 기대지평을 드러내는 대중문화를 통해 '웃음'의 문제를 고찰하는 것은 우리가 사는 사회를 이해하는 데 유용하고 의미 있는 작업이 될 수 있다.

현재 웃음을 유발하는 대중서사 텍스트는 코미디 영화, 코믹 만화, 코미디 드라마, 그리고 소설 등이다. 그중에서 우선 영화에 눈을 돌려보면 코미디 장르가 부상하고 있음을 쉽게 알 수 있다. 2013년 설 대목에 개봉한 〈7번방의 선물〉(이환경)이 코미디 드라마로는 이례적으로 천만 관객을 동원한 것은 주목할 만한 현상이다.[6] 되짚어보면 이러한 현상은 2011년부터 본격화되었다. 2011년에 〈써니〉(강형철), 〈완득이〉(이한), 〈조선명탐정—각시투구꽃의 비밀〉(김석윤)이 관객 동원 순위에서 각각 2, 3, 4위를 차지했고,

5) '뒤센 웃음(Duchenne smile)'은 긍정적인 감정을 표현하는 밝은 웃음을 가리키며, '진정한 웃음'이라고도 불린다. 마리안 라 프랑스, 《웃음의 심리학》, 윤영삼 옮김, 중앙books, 2012, p. 28.

6) 〈7번방의 선물〉에 대해서는 박유희, 〈선물이 주는 눈물의 진실〉(《웹진 문화 다》, 2013. 3. 5) 참조.

〈퀵〉(조범구), 〈오싹한 연애〉(황인호), 〈위험한 상견례〉(김진영)가 각각 6, 8, 9위로 그 뒤를 따랐다. 시리즈의 생명력이 다해 보이는 〈가문의 영광 4—가문의 수난〉도 12위로 선전했다. 그리고 2012년에는 코미디 요소가 강한 범죄 액션물 〈도둑들〉(최동훈)이 단연 1위를 차지했고, 〈바람과 함께 사라지다〉(김주호), 〈내 아내의 모든 것〉(민규동), 〈댄싱퀸〉(이석훈)이 각각 4, 6, 9위에 올랐다. 이러한 경향은 2010년과 비교하면 차이가 드러난다. 2010년에는 〈이끼〉(강우석)나 〈하녀〉(임상수)와 같이 한정된 공간을 배경으로 하는 스릴러, 〈아저씨〉(이정범)나 〈부당거래〉(류승완) 같은 액션 스릴러가 관객 동원 면에서 모두 10위권 안에 들었다. 그리고 11위를 차지한 SF 스릴러 〈초능력자〉(김민석)를 비롯해 〈악마를 보았다〉(김지운), 〈심야의 FM〉(김상만), 〈베스트 셀러〉(이정호), 〈용서는 없다〉(김형준) 등이 20위권 안에 들었다. 이로써 2010년에는 2007년 이후 부상한 스릴러 장르가 계속 강세를 보이고 있었음을 알 수 있다.

그러면서도 한편으로는 〈시라노연애조작단〉(김현석) 같은 로맨틱코미디와 〈방가방가〉(육상효) 같은 새로운 소재의 코미디,[7] 〈육혈포강도단〉(강효진) 같은 저예산 코미디가 선전하기 시작했다. 또한 코미디 장르로 분류되지 않은 〈의형제〉(장훈), 〈전우치〉(최동훈), 〈방자전〉(김대우)과 같은 영화도 코미디 코드를 지니고 있었다. 그러다가 2010년 말로 갈수록 로맨틱코미디가 다수 개봉하면서 흥행 장르의 주류가 변화하는 징후를 드러냈다.

이후 2011년부터 현재까지 이어지고 있는 경향은 코미디가 가장 흥행

7) 〈방가방가〉는 한국 사회에서 뜨거운 이슈로 떠오르고 있는 외국인 노동자 문제와 실업 문제에 기존의 차별적 인식을 뒤집는 방식으로 접근해 유쾌하게 풀어낸 코미디 영화이다.

하고 있는 장르임을 확연히 드러내는데, 그 특징은 크게 두 가지로 정리해 볼 수 있다. 첫째, 로맨틱코미디의 부상이다. 즉, 1990년대 한국 영화의 중흥을 주도했던 로맨틱코미디 장르가 다시 부상하며 한국 영화의 수익률을 높이고 있는 상황이다. 둘째, 역사물, 추리물, 액션물, 공포물 등에서 모두 웃음 코드가 중요해지고 있다. 범박하게 말해, 멜로드라마의 기본 서사에 웃음을 결합해 희극적 결말 구조로 전환한 것이 로맨틱코미디라고 한다면, 웃음 코드가 중요해지는 것은 장르 전반에 걸쳐 나타나고 있는 현상이라고 해도 과언이 아니다.

돌이켜보면 IMF 이후 코미디는 명절 때 선호되는 장르였다. 〈가문의 영광〉 같은 시리즈가 계속 추석 즈음에 개봉해 나름대로 성공을 거둔 것이 좋은 예이다. 이러한 현상을 설명하는 데는 '우월이론'이 설득력을 발휘한다. 〈가문의 영광〉은 사회 풍자나 모순된 정서의 아이러니를 내장하고 있는 복잡한 코미디가 아니다. 바보나 광대와 같이 미숙하고 열등한 것의 돌발성이나 어색함을 통해 웃음을 유발하는 코미디이다. 우리는 우리에게 심각한 피해를 주지 않는 악덕이나 추함, 실수를 보면서 대상에 대해 심적인 우위를 점할 때 웃음을 터뜨릴 수 있다. 여기에서 IMF 이후 대중은 평소에는 자신보다 화려해 보이는 연예인들이 코미디 영화 속에서 너절하게 망가지는 모습을 보면서 심리적 위안을 얻고 명절로 인한 억압과 스트레스를 풀고자 했다고 말할 수 있다.

현재 코미디 장르의 부상도 이러한 관점에서 분석해볼 수 있다. 그런데 이러한 분석을 통해 도출된 결과를 해석할 때 고려해야 할 것은 텍스트의 관계망이다. 다시 말해 코미디 장르 하나만으로는 최근 코미디 경향의 의미를 읽어낼 수 없다. 또한 영화라는 매체 하나만으로도 마찬가지이다. 여기에서 '서사', '매체', '장르'가 준거 틀이 된다.[8] 즉, 코미디 서사를 공통분모로 하는 다양한 매체와 장르의 관계망 안에서 일정한 시기의 코미디 경향이 갖는 의미를 밝힐 수 있다.

예컨대 로맨틱코미디의 부상을 해명하고 그것을 보고 웃는 대중심리의 다층적 면모를 이해하려면, 한편으로는 '병맛 만화'[9]와 같이 로맨틱코미디와는 상반되는 특징을 보이는 부조리 만화[10]가 청년층의 일상이 되고 있는 현상을 함께 고찰할 필요가 있다. 또한 다른 편에서 〈도가니〉(황동혁, 2011)나 〈부러진 화살〉(정지영, 2012)과 같이 사회의 부조리를 고발하는 영화가 관객의 열렬한 호응을 이끌어낸 현상을 참조할 필요가 있다. 그리고 그것들이 통시적인 흐름 안에서 조망되어야 현재의 좌표가 드러날 수 있다. 다시 말해 지금 부상하고 있는 로맨틱코미디가 1990년대 한국 영화의 중흥을 이끌었던 로맨틱코미디와는 어떻게 같고 어떻게 다른 것인지, 1960~1970년대의 청춘영화들과는 어떤 관계를 맺고 있는지, 그리고 2007년 이후 스릴러 장르에 이은 코미디 장르의 부상을 어떻게 해석할 수 있는지를 묻고 대답하는 가운데 현재 로맨틱코미디의 특징과 사회적 의미가 제대로 드러날 수 있을 것이다.

---

8) 전근대 소화(笑話)에서 근대 소설, 그리고 영화, 드라마, TV쇼에 이르는 문화 산물들은 모두 '이야기'라는 공통점을 가지면서 '매체'를 달리하는데, 그 이야기들은 다시 '장르'로 유형화될 수 있다.

9) '병맛 만화'는 '병신의 맛', '병신스러운 맛'을 보여주는 만화라는 의미로 조악한 그림체와 이른바 '기-승-전-병'이라고 하는 개연성을 파괴하는 서사구조를 특징으로 하는 웹툰을 가리킨다. 이수현, 〈웹툰의 서사와 웃음〉(대중서사장르연구회, 《대중서사장르의 모든 것: 4. 코미디》, 제5부 4절) 참조.

10) 박인하, 〈한국명랑만화 장르의 형성 과정과 발전 연구〉(《애니메이션 연구》 vol. 8 no. 4, 한국 애니메이션 학회, 2012) 참조.

3. 코미디의 매체와 유형

웃음의 필수적인 조건은 '대상과의 거리'이다. "이 세상은 생각하는 자에게는 희극이요, 느끼는 자에게는 비극이다"라는 표현은 웃음을 가능케 하는 '심리적 거리'에 대해 말해주고 있다. 그래서 코미디는 지성적인 장르인 동시에 표피적인 장르이기도 하다. 웃음을 만들어내는 주체는 가슴이 아닌 두뇌로 놀이를 벌일 수 있고 놀이를 가장해 대상을 공격할 수도 있다. 그러나 그것은 '놀이'인 만큼 책임으로부터 상대적으로 자유로울 수 있는 것이다.

모든 매체의 시초에 웃음의 서사가 있었다. 전근대 문자가 그랬고, 근대 활자가 그랬으며, 음반이나 영화도 그러했다. 웃음은 인간의 원초적인 감성 표현이자 고유한 지성을 전제로 하는 놀이의 효과이기 때문에 어쩌면 당연한 일이라 하겠다. 사마천의 《사기열전》에 들어 있는 〈골계열전〉이나 《삼국유사》의 〈영재우적(永才遇賊)〉은 웃음이 저류하는 문자서사의 원형적인 형태를 보여준다.

웃음의 서사는 근대 매체에서 더욱 분명하게 드러난다. 초기 신문에서는 독자의 관심을 끌기 위해 소화를 동원하고 그것을 계몽적으로 해석한 논평으로 마무리하곤 했다. 1899년 3월 20일 《매일신보》에서 첫날밤에 옷 벗는 문제로 소박맞은 세 딸의 이야기를 실으면서 옷을 벗으려 하지 않은 큰딸은 '완고'요, 미리 옷을 벗은 둘째 딸은 '개화'요, 벗을까 입을까 했다는 셋째 딸은 '중도'라 논평한 것[11]은 그 예를 잘 보여준다.

11) 김준형, 〈근대 전환기 패설의 변환과 지향〉(《구비문학연구》 34, 한국구비문학회, 2012) 참조.

음반이나 라디오 같은 청각 매체에서 가장 우세한 것은 물론 유행가였지만, 만담과 같은 '우스운 이야기'는 순간적으로 청중의 주의를 끄는 데 효과적이었다. 제작자들은 그것을 놓치지 않았고 〈익살맞은 대머리〉 같은 히트 음반이 생산되었다.[12] 그리고 라디오에서는 그것이 지속적인 대중의 호응에 힘입어 연속극으로 발전해 코미디 드라마 장르를 형성했다. 서사를 갖추기 시작하는 초기 영화는 대부분 코미디라 해도 과언이 아니다. 뤼미에르나 에디슨의 영화들은 일상의 재미있는 순간들을 포착하고 있는데, 그것은 대개 웃음을 자아낸다.

앙리 베그르송에 의하면, 사회가 소속된 인간에게 요구하는 것은 긴장, 유연성, 균형 감각이다. 이것이 둔화되거나 경직되어 있을 때 인간은 고립되거나 위험해질 수 있다. 그런데 우리가 그러한 상황을 자신의 일이 아닌 것으로 거리를 두게 되면 그것은 희극성의 원천이 되며 웃음을 유발한다. 일반적으로 희극성은 집단적으로 모인 사람들이 감성을 침묵시키고 지성만을 행사하는 가운데 그중 한 사람에게 주의를 집중하는 것에서 나온다.[13] 이러한 희극성의 일반적 원리에 동의하고 나면 왜 많은 초기 영화가 코미디적인 특성을 지녔는지 쉽게 이해할 수 있게 된다.

영화는 삶을 기계화시킨 재현 매체이다. 특히 지금의 영화보다 프레임 수가 적은 초기 무성영화에서 대상화된 삶의 모습은 경직되고 둔화된 양상으로 나타나기 쉽다. 버스터 키튼이나 찰리 채플린의 영화에서 드러나는

---

12) 이승희, 〈배우 신불출, 웃음의 정치〉《한국극예술연구》 33, 한국극예술학회, 2011) 참조.

13) 앙리 베르그송, 《웃음》, 정연복 옮김, 세계사, 1992; Henri Bergson, *Rire: Essai Sur la Signification du Comique*, PUF, 1992.

동작들이 그 부자연스러움만으로도 웃음을 자아내는 것은 기계적인 재현과 웃음의 연관성을 잘 보여준다. 게다가 영화야말로 대상에 거리를 두고 집단적으로 웃을 수 있는 가장 효과적인 매체이기도 하다. 따라서 초기 영화에서 일상의 경직성을 드러내는 반전적인 상황이 가장 구성하기 쉽고 보여주기 좋은 제재가 되며 관객의 주의를 끈 것은 우연이 아니다. 본질적으로 초기 영화의 서사는 코미디와 긴밀한 연관관계를 지닐 수밖에 없었던 것이다.

이와 같이 매체 발달 초기에 나타나는 단형 서사가 그대로 유지되거나 장형 서사로 확장되면서 코미디 장르를 구성해갔다. 그러기에 코미디는 형식과 내용 모든 면에서 매우 다양할 수밖에 없는 장르이다. '웃음을 유발하는 요소들'과 '해피엔드'[14]라는 필요조건을 갖춘 코미디가 멜로드라마, 추리물, 환상물 등 어떤 장르와도 자유롭게 혼성될 수 있는 것도 이 때문이다. 또한 다른 주요 장르와 달리 코미디의 서사 관습을 추출하기 힘든 것도 이러한 특성에서 기인한다. 따라서 코미디의 서사는 유형화하기 어려우나, 웃음이 유발하는 효과에 따라 살펴보는 것은 하나의 방법이 될 수 있다.

코미디는 다양한 매체를 통해 웃음을 유발하지만, 웃음을 유발하는 서

---

14) 멜로드라마에서 '해피엔드'는 주인공이 고난을 극복하고 행복하게 되는 결말을 가리킨다. 그러나 코미디에서의 '해피엔드'는 '주인공이 죽는 경우와 같이 명시적으로 실패하지는 않는 결말'로 보다 넓게 설정될 필요가 있다. 이는 웃음이 지닌 다양한 결과 맥락에 기인하는 것인데, 마지막에 주인공이 웃는다고 해서 반드시 행복한 결말은 아니기 때문이다. 예컨대 〈바보들의 행진〉(하길종, 1975)의 마지막 장면에서 병태가 입영열차에 몸을 싣고 연인의 배웅을 받는 것은 당시 정권의 눈으로 볼 때는 '해피엔드'이지만 이면에는 꿈을 잃어버린 청년의 눈물보다 진한 슬픔이 숨어 있다. 따라서 병태가 영자에게 보여주는 '웃음'은 시대의 절망을 은닉한 반어적 웃음이며, 이 영화의 결말은 비극보다 슬픈 '해피엔드'일 수 있는 것이다. 이러한 코미디를 '블랙유머' 혹은 '블랙코미디' 같은 용어로 지칭하기도 한다. 〈바보들의 행진〉이 보여주는 반어적인 웃음에 대해서는 박유희, 〈박정희 정권기 영화 검열과 감성 재현의 역학〉(《역사비평》 99, 역사문제연구소, 2012) 참조.

사는 그것이 유발하는 웃음의 효과에 따라 크게 풍자, 해학(유머), 반어(아이러니)로 나뉜다. 풍자는 인물이나 세태에 대한 비판을 담고 있는 웃음으로, 전근대 사회에서는 주로 부덕한 위정자, 승려나 무신(武臣) 등이 풍자의 대상이었다. 풍자에서 주체와 대상 사이의 거리는 멀고 웃음의 온도는 차갑다. 해학은 근대 이후의 외래어 '유머'[15]와 통하는 것으로 인물이나 세태를 희화화하되 결과적으로 그들을 배척하기 위함이 아니라 포용하고 화합하고자 하는 웃음이다. 따라서 이 웃음에는 인간의 보편적 결여의 범위에서 그들을 이해하려는 '공감과 연민의 태도'가 깔려 있으며, 주체와 대상 사이의 거리는 풍자보다 근접하고 웃음의 온도는 따뜻하다. 고려시대의 무신들이 무신정권에 대한 지식층의 반발로 인해 날카로운 풍자의 대상이 되었다면 조선시대의 무신들은 그 무식함이 폭로되기도 하지만 궁극적으로는 포용의 대상이며 해학에 가까운 웃음을 유발하기도 했다.[16] 반어적 웃음 혹은 아이러니한 웃음은 모순된 감정이 긴장을 이루는 양가적인 웃음이다. 〈25시〉(앙리 베르누이, 1967)의 마지막 장면에서 주인공 모리츠(앤서니 퀸)가 보여주는 웃는지 우는지 모를 표정은 반어적인 웃음을 잘 보여준다. 〈복수는 나의 것〉(박찬욱, 2002)에서 '류'(신하균)의 누나(임지은)가 몸이 아파 내는 신음소리를 옆방의 총각들은 교성인 줄 알고 흥분해 자위하는 장면은 관객에게 모리츠와 유사한 표정을 짓게 만든다. 이와 같은 불편한 대조 앞에서 관객은 인물에 대해 연민과 공감을 느끼는 동시에 좁힐 수 없

15) '유머'는 1930년대에 주도권을 갖게 되는 용어이다. 이주라, 〈식민지 시기 유머소설의 등장과 그 특징〉(《현대소설연구》 51, 한국현대소설학회, 2012) 참조.

16) 강상순, 〈조선 전기 성 소화의 향유 양상과 존재 논리〉(《Jounal of Korean Culture》 22, 한국어문학 국제학술포럼, 2013) 참조.

는 거리를 감지하기에 그 웃음은 착잡하다. 주체와 세계의 관계가 조화롭지 못할 때, 서로 동의하고 통합할 수 있는 공동체의 질서가 무너졌을 때, 풍자나 해학보다 불균질하고 반어적인 웃음이 많아진다. 현대로 올수록 웃음이 복잡해지는 것은 이러한 맥락에서 이해할 수 있다.[17]

4. 코미디의 시대성과 정치학

웃음의 집단성은 정치적 함의를 지니며 시대에 따라 변화한다. 따라서 대중의 기대지평 위에서 형성된 웃음의 서사인 코미디를 시대별 맥락과 효과의 측면에서 짚어보는 것은 역사를 읽어내는 또 하나의 방법이 될 수 있다. 전근대 소화 속에서 진지하고 직설적인 방식이 아닌 웃음과 에두름으로 목적을 취하는 인물들의 행동은 정도(正道)가 아닌 권도(權道)로 간주되었다. 권도적인 행동이 긍정적 의미를 가지는 경우는 위정자의 잘못을 넌지시 일깨우는 풍간(諷諫)에 닿아 있거나 세상을 일깨우고 바로잡는 경세(警世)나 교정(敎正)의 기능을 지니고 있을 때였다.[18] 이러한 전통은 근대로 올수록 자체에 균열을 보이기는 하나[19] 근대 초기까지 유지되었다. 초기 신문에서 독자의 관심을 끌기 위해 소화를 동원하고 그것을 계몽적으로 해석한 논평으로 마무리했다는 사실은 앞에서 언급했다.

그러나 '그저 우스운 이야기'가 아님을 알려주면서 교훈을 남기려는 논

17) 웃음의 유형 분류에 대해서는 노드롭 프라이, 《비평의 해부》, 임철규 역, 한길사, 1982; Northrop Frye, *Anatomy of Criticism*, Princeton: N. J., Princeton University Press, 1957; 김인환, 《한국문학이론의 연구》, 을유문화사, 1986; 박유희, 《1950년대 소설과 반어의 수사학》, 도서출판 월인, 2003.

18) 정환국, 〈초기 소화의 역사성과 그 성격〉(《한국학문학연구》 49, 한국학문학회, 2012) 참조.

19) 이주영, 〈조선 후기 서사의 웃음과 지역 공직 사회〉(《대중서사장르의 모든 것: 4. 코미디》, 이론과실천, 2013, 제2부 3절) 참조.

평은 점차 사라졌다. 웃음의 서사는 근대로 올수록 교정 기능이 약화되고 모순을 드러내는 방식으로 변화했다. 신문이라는 뉴미디어를 만나면서 '집'으로 존재했던 패설은 단편적인 이야기로 독립했고, 그것들이 속했던 전근대적 맥락을 벗어나 오락으로 소비되기 시작했다. 웃음 뒤에 있던 목적이 사라지고 웃음 자체에 주목하게 된 것이다. 1910년대에는 '소화'를 비롯해 '우숩거리', '우순소리', '재담', '기담', '익살' 등 웃음을 유발하는 단형 서사물을 지칭하는 다양한 용어가 사용되었다. 그중에서 '소화'와 '재담'이 각각 활자 매체와 구연양식을 대표하는 일반적인 용어로 정착되다가[20] 1930년대에 이르러 '만문', '만담', '유머', '넌센스' 등으로 다시 다원화된다.

외래 용어의 사용과 다양화는 그만큼 매체와 감성이 근대화되고 다양화되고 있음을 드러낸다. 1930년대 '유머 소설'들은 재치와 익살로 신세대의 풍속도를 자유롭고 유쾌하게 보여준다. 특히 당시에 가장 손쉬운 조롱과 비난의 대상이 되곤 했던 신여성이 긍정적으로 묘사되고 있는것은 흥미로운 지점이다.[21] 웃음을 통할 때 허용되는 표현의 수위가 높아질 수 있다. 따라서 코미디는 때때로 매우 급진적인 장르가 되기도 한다.

감성의 변화에서 영화가 끼친 영향을 빼놓을 수 없을 것이다. 영화는 가장 매혹적인 매체로서 새로운 문화의 매개이자 풍속의 교과서로 기능해왔다. 식민지 시기에 수입되어 인기를 끌었던 외국 코미디 영화, 그중에서도 할리우드 영화는 새로운 웃음의 감각을 전파하며 대중문화 전반에 커다

20) 김준형, 〈근대로의 전환과 웃음의 향방〉(《구비문학연구》 34, 한국구비문학회, 2012) 참조.
21) 이주라, 〈식민지 시기 유머소설의 등장과 명랑소설로의 전환〉(《현대소설연구》 51, 한국현대소설학회, 2012) 참조.

란 영향을 미쳤고,[22] 해방 이후 남한에서 미국의 영향이 강화되며 더욱 심화되었다.[23] 현재 우리가 전통적인 연행이나 재담보다 할리우드 무성영화를 보면서 더 웃을 수 있는 것은 이러한 감각이 현재까지도 계속 작용하고 있음을 말해준다.

1940년대에 나타나기 시작한 '명랑소설'은 단편 형식이었던 '유머 소설'을 수용하는 동시에 아동과 청소년까지 독자로 포용할 수 있는 읽을거리로 장르화되어갔다. 1950년대에는 성인, 청소년, 아동을 모두 독자로 하는 많은 명랑소설이 쏟아져 나오다가 점차 아동소설로 한정되었다. 여기에는 장르 역할의 분담과 지면의 특성이 작용했다. 다시 말해 유머 소설이 성인물로 특성화된 것과 명랑소설이 게재되는 지면이 주로 학생 잡지였다는 점 등이 명랑소설의 범주를 결정했다.[24] 또한 1960년대 후반 이후 어린이를 위한 '명랑만화'의 대두와, 정책적으로 '명랑'이라는 말이 지닌 '건전함'이 강조되는 것과도 연관이 있다.

1950년대부터 1970년대까지는 매체의 헤게모니 차원에서 볼 때 매우 역동적인 시기이다. 신문, 라디오, 영화, 텔레비전이 차례로 보편화되었고, 활자 위주에서 영상 위주로 매체의 주도권이 바뀌어가는 시기이기 때문이다. 부상하는 매체는 언제나 이전 매체에서 서사의 내용과 형식을 빌리지만 그것을 자신의 몸에 맞게 재구성한다. 또한 단편에서 출발해 시추에이션 드라마나 연속극 같은 장편 서사로 확장되는 과정 속에서[25] 라디오, 영

22) 박선영, 〈식민지기 '웃음의 감각' 형성과 코미디(성)의 발현: 외화 코미디 수용을 중심으로〉(《영상예술연구》 21, 영상예술학회, 2012) 참조.

23) 오영숙, 〈왜 코미디인가? 1950년대 코미디 영화에 대한 소묘〉(《대중서사장르의 모든 것: 4. 코미디》, 이론과 실천, 2013, 제4부 2절) 참조.

24) 조계숙, 〈명랑소설의 형성과 계보〉(《대중서사장르의 모든 것: 4. 코미디》, 이론과실천, 2013, 제3부 3절) 참조.

화, 텔레비전 드라마의 장르와 관습이 형성되고 정립되어갔다.

특히 이 시기에 핵심적인 역할을 했던 것은 재능 있는 이야기꾼들이었다. 조흔파, 유호, 김희창, 김영수 등은 대중과의 교감 속에서 카멜레온처럼 이야기를 각색하고 자신의 재능에 맞는 장르나 매체에서 두각을 나타내면서 서사 관습을 만들어갔다. 디지털 시대에 이르러 OSMU(One Source Multi Use)가 생긴 것처럼 말하는 사람도 있지만 역사적으로 보면 그것은 편재(遍在)한 현상이었을 뿐만 아니라 오히려 눈에 띄게 활발해지기 시작한 것은 이 시기였던 것으로 보인다.

코미디 장르에서 재능을 보인 대표적인 작가는 조흔파와 유호였다. 언어적인 재치가 뛰어났던 조흔파는 소설과 라디오에서 두각을 드러냈고, 상황 설정에 능했던 유호는 텔레비전 드라마에서 빛을 발했다. 1970년대에 이르러 새로운 세대의 감성이 대두하는 한편 웃을 수 없는 사회 분위기가 조성되면서 그들이 만들어내는 해학적 웃음은 설 자리를 점차 잃어갔다.[26] 그러나 그들이 만들어놓은 서사 관습은 이후 다양한 코미디 매체에서 유효하게 작동해왔다.

해방 이후 1960년대까지 한국 사회가 지닌 낙관적인 국면과 문제점들—경제적 근대화와 대중의 재건 의지, 서구 문화의 유입과 문화 충돌, 도시화와 산업화 속 서민의 애환 등—은 코미디의 제재로서 풍자와 반어, 해학에 속하는 명랑을 만들어냈다. 이러한 경향은 1960년대 영화에 잘 나타나고 있는데, 1960년대까지만 해도 내재된 모순이 심각한 균열을 보이지 않은

25) 문선영, 〈라디오 코미디 방송극의 형성과 변천〉(《어문논집》 51, 중앙어문학회, 2012) 참조.

26) 이영미, 〈텔레비전 코미디 드라마의 형성: 1960년대 후반 유호의 연속극을 중심으로〉(《한국극예술연구》 37, 한국극예술학회, 2012) 참조.

채 봉합되어 있었다. '또순이'가 미래를 낙관하며 환희에 차서 웃을 때 관객이 공감할 수 있다면, '속물 사장'의 행태에 혀를 차고 '삼등과장'의 애환에 고개를 끄덕이면서 윤리와 가족의 가치를 깨닫는다면, 그 웃음은 사회가 원하는 교정과 통합 기능을 수행하고 있는 것이다. 그리고 함께 웃는 대중과 체제의 소통 가능성은 아직 열려 있는 것이다.

1970년대는 경제 성장과 세대교체에 따른 감성의 변화를 정치체제가 억압하던 시기였다. 웃음은 발언의 폭을 넓힐 수 있는 유용한 기제이지만, 그것은 비판과 표현의 자유가 일정 정도 보장되는 것을 전제로 한다. 비판이 전혀 허용되지 않을 때 풍자가 설 자리는 없으며, 그러한 사회체제와 화합할 수 없을 때 '공감과 화해'를 바탕으로 하는 '해학'도 불가능하게 된다. 이 시기에 한국 영화는 표면적으로는 체제가 강요하는 '명랑'과 손잡는 가운데 억압된 욕망을 과장되고 왜곡된 형태로 드러냈다. 그러면서 1970년대 중반 이후 코미디는 점차 힘을 잃고 비인기 장르로 쇠퇴했다.[27]

한편 대중적 호응을 이끌어낼 새로운 코미디 구조는 오히려 대중적이지 않았던 연극계에서 실험되고 있었다. 그것을 주도했던 것은 마당극과 번역극이었다. 마당극은 '전통'과 '민중'을 호명하면서 관제 담론과 대립적 짝패를 이루는 저항 담론을 이끌어낸 자생적 창작극으로서 1980년대까지 번성했다.[28] 이와 달리 번역극은 멜로드라마적인 감정과잉이 있는 한국 코미디에서는 좀처럼 찾아보기 힘든 짜임새 있는 서사구조로 현재까지 인기

27) 송효정, 〈1970년 전후 코미디 영화의 아이콘: 남자 식모에서 여자 운전사까지〉(《우리어문연구》 45, 우리어문학회, 2013) 참조.
28) 마당극에 대해서는 이영미, 《마당극 양식의 원리와 특성》(시공사, 2001) 참조.

를 구가하고 있다. 번역극은 처음에는 상업적인 연극으로 출발하지 않았으나 흥행에 성공하자 배타적인 연극계에 의해 상업적 연극으로 분류되면서 비평적·학술적 관심에서는 멀어졌다. 그러나 1990년대 이후 연극계에 기업화된 공연 기획 시스템이 도입되고 예술과 대중의 경계가 해체되는 상황에서 오랜 세월 대중과 만나면서 우리의 것으로 전유된 번역극의 생명력이 입증되고 있다.[29] 이러한 번역극은 현재 브로드웨이 뮤지컬이나 로맨틱 코미디를 즐기는 대중의 감성 형성에 일조해온 것으로 보인다.

오늘날 웃음의 감성은 복잡하고 변화무쌍하다. 젊은이들 사이에서 폭넓게 유통되고 있는 부조리 만화나 TV쇼는 그것을 잘 보여준다. 웹툰 중에서 '허무 개그'와 유사한 구조를 지닌 '병맛 웹툰'의 조악한 그림체와 황당한 결말, 그리고 개연성을 파괴하는 서사구조가 유발하는 웃음은 그로테스크하다.[30] 합리적으로 설명이 되지 않는 것에 대한 독자들의 적극적인 해석과 평가는 수용자가 창작에 적극적으로 개입하는 인터넷 시대의 서사 구축 방식을 잘 보여주는 동시에 변화무쌍한 웃음과도 연관되어 있다.

그러한 웃음 이면에는 원칙 없는 시대, 그래서 미래를 꿈꾸기 어려운 시대를 사는 젊은이들의 좌절과 냉소가 숨어 있다. 이러한 정서는 TV쇼에서 시청자들이 '리얼'에 집착하는 것과도 연관이 있어 보인다. 여기서 '리얼'은 '사실'이 아니라 '원칙이자 진실'이다. 그래서 그것이 위반될 때 시청자는 진정성을 훼손당한 것으로 받아들이며 분노한다. 〈나는 가수다〉에서

---

29) 김유미, 〈장기 흥행 코미디 연극의 특성 연구: 번역극을 중심으로〉(《한국극예술연구》 37, 한국극예술학회, 2012) 참조.

30) 이에 비해 명랑만화의 웃음은 너무나 순수하고 단순하다. 박인하, 〈한국 명랑만화 장르의 형성 과정과 발전 연구〉(《애니메이션 연구》 vol.8 no.4, 한국 애니메이션학회, 2012) 참조.

프로듀서가 애초에 공표한 규칙을 지키지 않은 것에 대한 네티즌의 성난 반응, 〈패밀리가 떴다〉에 대본이 있었다는 이유로 프로그램 자체가 몰락한 사건은 그러한 정서를 잘 보여준다.

이는 진실을 찾기 힘든 시대에 오히려 사소하고 만만한 영역에서나마 진실이라는 판타지를 구현하려는 대중의 서글픈 안간힘이 아닐까? 코미디는 현대에 이를수록 웃음 이면의 의미보다는 웃음 자체에 집중하게 되면서 점점 더 복잡다단해지고 있다. 전근대 사회의 원리처럼 사회 전체를 통어할 수 있는 규범이 해체되어왔다는 의미이기도 하고, 우리 삶이, 우리의 정서가, 그리고 우리의 사회가 복잡하고 다중적이라는 증거이기도 할 것이다.

번역인문학과 화쟁적 학문하기•

전성기(불어불문학과 명예교수)

1. 머리말

'인문학의 위기'와 '척박한 번역 문화'는 우리 지식사회가 당면한 주요 문제들이다.[1] 그러나 이들이 문제 지적이나 단편적 연구 차원을 넘어, 학제적 탐구 주제로 연계되어 본격적으로 탐구된 적은 없어 보인다. 오늘날 대부분의 우리 인문학 텍스트들은 '번역된 것'이다. '인문학 번역'과 '번역된 인문학', 나아가 '인문학을 한다는 것'에 대한 깊은 자성과 성찰 없이, 특히 인문학 번역들의 '실패'에 대한 우리의 철저한 반성 없이는 올바로 '인문학을 한다'고 말하기 어렵다. 사실 그래서는 우리 인문학이 제대로 설 수도,

---

• 이 글은 《번역학연구》(14-1, 2013, 275-300)에 실린 글을 조금 다듬은 것이다.

1) 박상익(2006:9): "현실을 돌아보면 우리의 번역 문화는 척박하기 그지없다. 예나 지금이나 오역과 비문으로 가득한 번역서들은 독자들에게 좌절과 환멸을 안겨주고 있으며, 동서양의 주요 고전들 중 상당수는 아예 번역 · 소개조차 안 되어 있는 것이 현실이다."

앞으로 나아갈 수도 없다. 인문학자가 번역에 관심이 별로 없다는 것은 인문학의 근본에 대해 관심이 별로 없음을 뜻하는 것이다. 안재원(2007)은 인문학이 로마 시대에 '삶의 한복판에서 사회적 위기와 함께 태어난 학문'이라고 말한다. '인문학'이란 말 자체도 번역된 말이며, 그 기원에 자리하는 로마의 인문학, 즉 'humanitas'에서도 번역이 '처음부터 인문학의 중심'이었다고 한다.[2] 인문학은 태생적으로 '위기의 학문'이요 번역의 한문인 것이다. 번역인문학은 우리 '인문학의 위기'를 번역을 통해 새로운 도약의 기회로 삼자는 것이다.

우리도 '번역을 통해 인문학을 다시 생각'하고, '인문학을 통해 번역을 다시 생각해'보아야 한다. 번역과 인문학의 이러한 긴밀한 상호 '반조(返照)'적 성찰은 '번역인문학'[3] 구축의 토대로서, '인문학의 위기' 문제와 '척박한 번역 문화' 문제를 아울러 풀어나가는 중요한 계기가 된다. 학제적 번역학은 이 상호 반조적 성찰 과정에서 중요한 토대 역할을 한다. 번역인문학이 기대하는 인문적인 깊은 학제적 소통을 위해서는 그에 걸맞은 '학문하기'에 대한 새로운 성찰도 필요하다. 원효의 학문이 '원형'(原形)인 '화쟁적 학문하기'는 이에 대해 우리가 제시하는 하나의 학술적 '기획'이요 전망이다.[4] 이러한 시안적 성격의 인문 기획의 이해를 돕기 위해, 번역인문학의 과제와 탐구에 대한 기술에 이어, '화쟁의 역사적 이해', '원효의 학문과 화쟁적 학문하기', '학문적 깨달음' 문제를 차례로 간략히 살핀 다음, '번

2) 안재원(2010a:218)은 'humanitas'(인문학)이 그리스어의 'paideia'(자유교양학문)를 번역하는 과정에서 생겨난 말이라고 지적한다. '문법학, 논리학, 수사학, 기하학, 음악, 산수와 천문학 등으로 구성된 그리스의 자유교양학문들을 아우르는 명칭'으로 'humanitas'를 '처음 번역-조어한 사람은 키케로였다'고 한다.

3) '번역인문학'이란 표현은 글에서는 전성기(2006)에서 처음 사용된 것으로 보인다.

4) 전성기(2009a, 2009b, 2011, 2012a, 2012b, 2012c) 참고.

역인문학과 소통'에 대해 간략히 기술하며 '에니그마의 수사'의 실천을 권할 것이다.

2. 번역인문학의 과제

문학 · 사학 · 철학과 여기서 확장된 사회, 종교, 예술, 그리고 과학 분야 담론들까지 아우르는 광의의 인문학의 번역 문제들, 번역된 학문으로서의 인문학에 대한 인문학적 성찰 등이 주요 과제인 번역인문학은 우리 인문학의 '번역적 전환'이라는 하나의 새로운 지평을 열어 보이기 위한 하나의 시도이자 기획이다. 이러한 시도가 우리의 '척박한 번역 문화'뿐 아니라 '인문학의 위기'에 대해서도 하나의 극복의 전망이 되기 위해서는 지금까지 서양 인문학에 지나치게 의존해온 우리 인문학 자체에 대해서도 깊은 반성적 성찰이 필요하다. 원효의 화쟁사상에서 우리가 일궈내고자 하는 '화쟁적 학문하기'는 번역인문학 탐구뿐 아니라, 거의 파편화되다시피 한 우리 인문학 분야들 간의 번역을 통한 소통에도 하나의 좋은 '학문적 계기'가 될 수 있으리라 기대된다.

비영어권 서구에서도 번역은 상당한 사회문화적 중요성과 영향력을 갖지만, 인문학의 대량 수입국이자 우리 한문 고전도 번역된 것이 아니고는 대부분 이해하기가 어려운 우리의 현 상황에서, 번역이 차지하는 위상과 그 중요성은 실로 크다. 무엇보다 우리말 자체가 그 어느 나라 말 못지않게 깊이 '번역된 언어'이다.[5] 그간 우리 학계는 번역의 이러한 위상과 중요성에

5) 전성기(2008) 참고.

걸맞은 문제의식을 충분히 갖지 못했다. 오히려 번역을 경시하거나 대단치 않게 여기는 풍조가 여전히 지배적이다. 최근에 나온《영미명작, 좋은 번역을 찾아서》1, 2권과 한국문학번역원이 지원한 한국 문학 작품들의 영역 평가 결과는, 하나의 바로미터로서, 번역의 부실 현상이 광범위하고 심각함을 적나라하게 보여준다. 세 경우 모두 추천본이 10퍼센트 정도에 불과하다는 평가 결과는, 여러 사정을 감안하더라도, 한마디로 매우 심각하다. 이러한 상황에서 많은 인문학자들이 그 필요성을 역설하는 번역을 통한 '신뢰할 만한 인문학 텍스트들의 구축'은 실로 요원한 일이다. 오히려 이대로는 부실 번역 양산이 왜곡된 정보들을 낳고, 이것이 다시 학문적 · 문화적 '부실공사'로 이어지는 악순환이 되풀이될 가능성이 더 크다.[6] 번역인문학은 이러한 악순환의 고리를 끊고, 번역에 대한 깊은 인문학적 성찰을 통해 우리 인문학의 새로운 지평을 열어 보이기 위한 제안이다. 이러한 '지평 열기'가 여타 다른 '지평 열기'들과 조화를 이룰 때 우리 인문학은 더욱 풍요로워질 것이다.

번역인문학은 기본적으로 오늘의 학제적 번역학을 기본으로 삼는 인문학의 한 분야지만, 다양한 분야의 인문학 번역을 비판적 · 성찰적 방식으로 탐구한다는 점에서는 하나의 메타적 인문학이기도 하다. 뿐만 아니라 다양한 인문, 사회, 예술, 과학 담론들과 폭넓게 관련된다 는 점에서는 '수통인문학'이기도 하고, '횡단적 인문학'이기도 하다. 이 과정에서 학제적 번역학은 인문학의 인식론적 성찰의 중심에 자리하게 된다. 번역인문학의 기본

6) 번역평가사업단(2005:35) 참고.

방향은 번역을 통해, 지나치게 전문화되어 파편화되다시피 한 인문학, '번역된 학문'이면서도 번역에 대한 학문적 성찰에 소홀했던 기존 인문학을 '번역적 전환'을 전망하며 포괄적으로 성찰하는 것이다. 물론 그간 번역인문학과 관련된 논의들이 없었던 것은 아니다. 사실 관련된 단편적 고찰들은 결코 적은 수가 아니다. 하지만 '번역인문학을 한다'는 것은 발상의 전환과 인식의 제고, 학제적 탐구를 통해 구체적 방법을 모색하며 인문학 번역과 그 관련 문제들을 인문학적으로 새롭게 탐구하는 것인 만큼, 예전의 단편적 논의나 지적들과는 뚜렷한 인식론적 차이가 있다. 번역인문학은 지나치게 세분된 인문학 분야들이 종적 · 횡적으로 만나고 어우러지는 하나의 큰 장이기도 하지만, '화쟁적 사유, 읽기, 글쓰기'를 지향한다는 점에서는 '인문학을 한다'는 것에 대한 하나의 방향 제시이기도 하다.

번역은 언어 간 소통이고 문화 간 소통이며, 서로 다른 사람들 간의 시공간적 소통이다. 우리의 번역 문화가 전반적으로 오역과 비문 등으로 심하게 얼룩져 있는 것은 이 '소통'에, 그리고 이 '소통'의 행위자들에게 적잖이 문제가 있다는 것이다. 이제 굴곡지고 왜곡된 이 소통의 개선에 대한 진지한 검토, 철저한 분석, 속 깊은 성찰이 필요하다. 위기는 곧 기회이니, 위기 때 바로 발상의 전환이 필요하다. 번역인문학의 문제의식은 우리 인문학 구축의 핵심의 하나인 인문학 번역의 인문성과 그 소통 문제에서 출발한다. 우리 인문학 번역의 문제들은 근본적으로 인문학 번역이 그다지 인문(학)적이지 못한 데에서 비롯되었다는 것이 우리의 기본적 추정이다. 그렇다면 문제 해결의 지름길은 거꾸로 어떻게 우리 인문학 번역이 인문(학)적으로 될 수 있는가 살피는 것이 된다. '번역인문학'은 이 같은 맥락에서 번역을, 번역학을 넘어 인문학의 학제적 소통 차원에서 재성찰해보자는 것으로서, 오늘의 우리 인문학에 하나의 '화두'가 될 수 있으리라 생각된다. 이 화두를 풀어가는 과정이 우리 인문학의 번역적 전환을 이루는 과정이 될 것이다.

기존 인문학은 인간의 '가치', '향기', '무늬' 등에 별로 관심을 갖지 않았다.[7] 하지만 번역의 주체는 인간이고[8] 번역인문학은 오늘의 인문학 번역의 반성을 통해 내일의 인문학을 준비하려는 인문 주체들의 문제이다. '과학성'을 최우선 기준으로 삼은 나머지 인문학에서 인간에게 절실히 필요한 문제들을 제기하지 못한 채 인간과 그 가치가 홀대받는 우를 다시 범해서는 안 될 것이다. 다행히 문학, 언어학, 수사학, 해석학 등 번역인문학과 관련된 최근 연구들은 다양한 연구 방향과 가능성들을 열어 보이고 있다. 번역인문학은 이들에 힘입어 번역에 대한 인문(학)적 성찰과 번역 담론들에 대한 메타적 성찰의 깊이를 더해가야 할 것이다. 우리 인문학의 번역 문화(文化)가 지금까지의 번역 문화(文禍)의 소용돌이를 벗어나 진정한 의미의 번역인문학적 번역 문화(紋和)를 이루도록 하는 것,[9] 이것이 번역인문학의 핵심 과제이다. 로네(1981)는 하나의 현상이 해당 이론과 잘 맞지 않거나 그 테두리를 벗어나는 것은 '변혁(mutation)'이나 포괄적인 이론이 필요하

7) 고영섭(2001a:104): "우리 학문은 지금 '자생학'과 '수입학'의 갈등과 대립 속에서 전개되고 있다. '인문학의 위기' 또는 '인문학자의 위기'라는 담론은 모두 '시대정신(Zeitgeist)'을 지나치게 무시하거나 시대의 흐름을 과도하게 추종하는 것으로부터 비롯된 것이다. 오늘 우리 인문학의 위기는 어학, 문학, 역사, 철학(윤리) 등을 근 간으로 하는 학문의 뿌리로서의 '인문학'이 그 이름과 달리 그 글을 쓴 사람의 '삶의 질'을 기반으로 하는 '인간의 향기', '인간의 무늬', '인간의 가치' 등을 탈색시킴으로써 스스로 소외를 자초해온 측면이 없지 않다."

8) 발라르(Ballard 2004:53-54)는 번역의 주역은 인간이니 이 존재는 번역의 각 과정에서 핵심적으로 고려되어야 한다고 주장한다. 달리 말하면 번역자의 '주관성'이 '읽기'나 '다시쓰기', 오류 분석 등의 고려를 통해 번역론에 포함되어야 한다는 것이다.

9) 이 세 '문화'는 김영민(1998)에서 빌린 것이다.

다는 지표라고 진단한다. 이는 번역인문학이 기획하는 분야에 잘 들어맞는 진단이기도 하다.[10]

3. 번역인문학적 탐구

그간 많은 연구자들이 자신도 모르게 '번역인문학'을 해왔고, 또 지금도 하고 있다. 동서양 고전 번역의 중요성을 역설해온 식자들은 실은 '번역인문학'의 중요성을 역설해온 것이나 다름없다. 굳이 고전이 아니라도 문학, 철학, 사학 등 인문학 분야 저술들의 번역에 힘써온 번역자들 역시 어떤 면에서는 '번역인문학'을 몸소 실천해온 것이다. 번역비평에 대해 간간이 있었던 논의들, 얼마 전부터 비교적 자주 언급되고 있는 고전 번역이나 '번역 수용'에 관한 진지한 논의들도 실은 모두 번역인문학과 '관련된' 것들이다. 번역평가나 번역비평을 한다는 것 또한 번역인문학의 길에 동참하는 것이다. 다만 '의식적으로 번역인문학을 한다'는 것은 '발상의 전환과 인식의 제고를 통해 구체적 방법을 모색하며 새롭게 인문학 번역과 이와 관련된 문제들을 인문학적으로 탐구하는 것'인 만큼, 관련 분야 전반에 대한 문제제기적인 분명한 인식 없이, 막연히 혹은 부분적으로 관련된 작업을 하는 것과는 적지 않은 차이가 있다.

기존 서양 번역학이나 관련 분야의 연구 결과들이 번역인문학 구축에 그대로 적용되지는 않는다. 문제가 같지 않은 만큼 해결 방식도 같지 않다. 우리는 번역인문학 '기획'에 적합한 방법을 우리 스스로 종합적으로

10) 전성기(2009a, 2009b, 2011, 2012a, 2012b, 2012c) 참고.

구축해나가야 한다. '질문의 철학'이라 일컬어지는 미셸 메이에르의 제문론(problematology)[11]과 텍스트 차원의 분석적 번역문법을 바탕으로, 언어학 · 번역학 · 텍스트학 · 수사학 · 해석학 · 일반의미론[12] 등을 주축 삼아, 다양한 인문학 번역 관련 연구들을 '학제적 · 파동적[13] · 실천적'으로 '화쟁 · 융합 · 회통'해 나아가는 것은 하나의 좋은 탐구 방향이다. 번역인문학 구축에는 위 분야들뿐 아니라 문학, 철학, 심리학, 인류학, 인지학을 비롯하여 근자에 번역학에서 논의되는 다양한 분야들이 나름대로 기여할 수 있도록 적극 모색할 필요가 있다. 여기에 더해, '경쟁 · 배제 · 비난' 대신 '대화 · 협력 · 조화'의 선택이라는 큰 인식론적 전환이 번역인문학에 필요하다. 제기된 문제들의 해결을 위해 서양의 '체계의 학문'과 동양의 '수행의 학문'이 조화를 이루도록,[14] '앎과 학문'과 '삶의 학문'이 어우러질 수 있도록 궁리해보아야 한다.[15]

오늘의 번역과 번역학 관련 연구들은 번역과 번역비평, 번역교육이 번역인문학을 옹호하고 선양하는 방향으로 이루어질 수 있는 다양한 다량의 연구 자료들을 제시하고 있다. 이러한 분야들 간의 만남은 제기된 문제에 따라, 해결하려는 방식에 따라, 그리고 구체적 상황이나 목적 등에 따라 상당히 다른 모습으로 나타날 것이다. 그래서 이른바 '편집술'이 번역인문학에서 매우 중요하다. 최재목(2004 : 280-83)은 "쌓여 있는 구슬들을 꿰는" 방법론이 우리에게 빈곤했다고 진단한다. 사실 도처에 쌓여 있는 구슬이

11) 메이에르(2004, 2012) 참고.
12) 전성기(2001) 참고.
13) 전성기(2009c) 참고.
14) 강영안 · 최진덕(1999) 참고.
15) 장회익(2007) 참고.

라 해도, 문제와 문제의식에 따라, 그리고 꿰는 방식에 따라 그 결과는 사뭇 달라질 수 있다. "인문학의 창의성은 편집술에서 나온다"는 그는 퇴계의 많은 저작 중 가장 탁월한 작품으로 평가받는 《성학십도》도 "그의 순수한 저작이 아니라 그때까지 나온 타인의 저작들을 창의적 발상에 의해 열 가지로 훌륭하게 편집해놓은 것"이라 지적한다. 번역인문학도 이러한 '편집술적 창의성'을 적극 활용할 필요가 있다.

'다양성의 조화'라는 우리 전통문화의 특색은 번역인문학에서도 꽃피울 수 있다. 이를 위해 우리의 언어부터 달라질 필요가 있다. 대세가 되어 있는 '입자적 수사'와 대비되는 '파동적 수사'의 적극적 활용이 필요하다.[16] 파동적 수사의 고양된 형태의 하나인 '화쟁적 수사'는 번역인문학이 번역과 관련된 많은 다양한 학문적 성찰의 결과들을 잘 꿰어 하나의 실천 가능한 우리 나름의 창의적 '작품'을 만들어내기 위한, 매우 고양된 소통의 언어이다. 화쟁적 수사와 더불어 번역인문학의 학술적 전망으로 모색된 '화쟁적 학문하기'는 아직 그 틀이 충분히 영글지 못했으나, 원효의 '화쟁정신'을 현대적으로 계승하고자 하는 하나의 법고창신(法古創新)적 '기획'이다. 번역인문학의 알찬 발전을 위해서는 적어도 '언해번역'까지 거슬러 올라가는 우리 글과 글쓰기의 형성 과정에 대해서도 깊은 관심을 가지고, 이를 바탕으로 조화로운 '우리말로 학문하기'의 방향으로 나아가야 할 것이다.[17] 김재현(2007: 64)은 "번역은 단순히 이 나라 말에서 저 나라 말로 낱말의 옮김이 아니라"라고 지적한다. "번역 자체가 이미 번역되는 언어로써

16) 전성기(2010) 참고.
17) 이기상(2006), 우학모(2008) 참고.

행하는 주체적인 철학함이고 창조적인 해석"이라는 것이다. "이러한 기본적인 철학함"이 없이 "주체적인 철학함"은 "요원한 일"이라고 그는 지적하는데, 번역인문학에 대해 시사하는 바가 크다.

번역인문학은 번역이란 공통 주제를 통해 다양한 인문 분야들이 번역에 대한 성찰들을 횡단적으로 공유하는 하나의 장(場)이 되어야 한다. 이 장에서의 깊은 학문간 '횡단적 소통'을 위해, 나아가 우리 인문학의 도약을 위해 '학문하기' 자체에 대한 새로운 성찰이 절실하다. 그동안 인문학과 자연과학 사이에서는 물론, 인문학과 사회과학 사이, 심지어 인문학 분야들 사이에서도 '소통'이 별로 원활하지 못했던 것을 우리는 잘 알고 있다. 번역에 대한 번역인문학적 성찰은 이러한 문제를 풀어가는 좋은 기회가 될 것이다. '원효의 학문'이 그 원형인 '화쟁적 학문하기'는 우리의 학문적 소통이 나아갈 방향에 대해 시사하는 바가 크다. 화쟁적 학문하기는 서양에서 크게 영향 받은 지금의 인문학 탐구 방식을 존중하면서도, 이와 어긋나지 않게 인간의 '가치', '향기', '무늬'의 향유를 우리 나름으로 추구하는 하나의 탐구적 모색이다.

4. 원효의 학문과 화쟁적 학문하기

우선 화쟁의 역사적 이해가 필요하다. 메이에르의 제문론은 언어와 학문을 '문답'의 관점에서 기술하고 설명하는 '질문의 철학'이다. 제문론적 관점에서 '화쟁'이 하나의 답이라면, 우리는 그 답에 대한 원효의 물음이 무엇이었는지 먼저 물을 필요가 있다. 박재현(2009 : 366)은 "원효의 중요한 문제의식은 서로 모순되거나 정합되지 않는 불교 전통 내의 다양한 불교

이론(주장)을 어떻게 이론적으로 무리 없이 소통시킬 것인가 하는 데 있었다"고 말한다.[18] "그동안 학계에서는 원효의 회통 논리가 지향하는 과녁"을 "대체로 통일, 종합, 화해, 협력, 조화 등의 의미에 부합하는 것으로 암묵적 합의를 본 상태"인데, 저자에 의하면 이는 "통섭론을 처음 제기한 에드워드 윌슨이 통섭론을 '지식의 통일'로 규정한 것과 유사한 이해"이다. 저자는 "원효가 말한 통섭(通攝)은 지식의 통일이 아니라 상호소통 내지는 상호이해에 무게를 두고 있는 개념"이라며, 윌슨 식의 '통섭(統攝)'과의 차이를 분명히 밝힌다(393-94). 그는 "원효의 회통과 화쟁 논리를 화해와 종합으로 이해하게 되면, 섭(攝)에 통(通)을 앞세웠던 원효의 뜻을 잃게 된다"고 우리의 주의를 환기시킨다(393).[19] 이와 더불어 화쟁의 역사적 이해에서 중요한 것은 화쟁이 '일심', '무애'와 불가분의 관계에 있다는 것이다. 고영섭(2004)은 '일심'이 원효사상의 "핵심 키워드"이고, 원효의 '사상적 역정'은 '일심-화회(和諍會通)-무애'로 '압축'되며 '화쟁(회통)'은 "일심과 무애를 이어주는 매개항"이라고 말한다. 이효걸(2002 : 20)은 화쟁이 "개합(開合)과 입파(立破)의 경로를 통해 일심의 본래성인 무애를 실현한다"고 표명한다.[20] 제문론은 수사를 "주어진 문제에 대한 주체 사이의 거리 교섭"으로 정의하는데, 일심 · 무애와 분리될 수 없는 원효의 역사적 '화쟁'과 다양하게 이해되고 있는 오늘의 '화쟁' 사이의 거리도 '수사적 교섭'의 대상이다.

---

18) 박재현(2001 : 192-93)은 화쟁론을 '일종의 화해이론'으로 이해해온, 지금까지 '주류'를 이루다시피 해온 해석을 문제 삼는다. 그는 원효의 화쟁을 화해이론으로 이해한 것은 하나의 선입견 때문일 것으로 추측한다. '화쟁(和諍)'의 '쟁(諍)'을 현대적인 의미에서의 논쟁으로 이해하지 않았나 하는 것이다.

19) 박태원(2011 : 191-2)도 같은 맥락에서 원효의 화쟁의 대상을 "불교 이론에 관한 쟁론들로 보는 것이 타당"하다는 견해를 피력한다.

20) 이와 같은 일심-화쟁-무애의 관계는, 비교가 다소 거칠고 층차 문제도 있기는 하지만, 수사학의 에토스-로고스-파토스와 견주어 생각해볼 수도 있다.

이효걸(2002:26)에 의하면, "원효가 설정한 화쟁의 목적은 귀일심원(歸一心源)과 요익중생(饒益衆生)"이다. 즉, "일심의 근원으로 돌아가게 함으로써 중생들을 풍요롭고 이익되게 하는 것"이다.[21] 단순 논리로 보면, "본래의 자기회복 없이 자기를 외적으로 확대하는 것은 불가능하므로 귀일심원이 요익중생에 선행해야 한다"고 볼 수 있다. 그러나 양자는 "사실적이건 논리적이건 일단 선후관계가 되어서는 안 된다"고 저자는 잘라 말한다. 오히려 "요익중생을 실천하면서도 그 안에 귀일심원의 수행을 하고, 귀일심원하는 수행을 하면서도 그 안에 요익중생을 실천하는 바로 화쟁의 목적이요, 그 실천적 방법이라는 것"이다. 저자는 "귀일심원과 요익중생의 핵심고리"는 "이언(離言)진여에 대한 자각, 또는 진여의 공성(空性)에 대한 자각"이라고 말한다. "비록 자기를 정신적으로 풍요롭게 하고(귀일심원) 남을 유익하게 하는(요익중생) 화쟁이라 하더라도, 내적으로 서로 하나임을 완전하게 자각하지 않는다면, 대립자의 공존을 두고 참된 화쟁이라 할 수 없다"고 그는 잘라 말한다. 한쪽에 비중이 더 주어질 수는 있으나, 양자가 하나임을 알아야 한다는 것이다. 학문을 함에서도 진리의 추구와 사회적 공헌은 둘이 아니어야 할 것이다.

고영섭(2002b:506-07)은 일심은 "원효에게 있어 모든 것의 근거이자 인식의 근원"이라 말한다. 조수동(2009:167)도 원효가 "불교 교학에 대한 여러 쟁론의 인식적 토대를 모두 포용할 수 있는 원리를 일심"으로 보았고, 그래서 "일심은 화쟁의 근본정신"이라는 견해를 표명한다. 일심의 근원적 성

---

21) 이효걸(2002:26)은 "화쟁의 목적에 귀일심원의 다른 측면인 요익중생을 명제화시킨 것은 원효사상의 특징이자 진수라고 할 수 있다" 고 말한다.

품을 잘 인식하고 있는 김원명(2008a:259) 역시 화쟁이 "일심에서 전개된다"고 천명한다. 문제는 "일심의 근원에 되돌아간 보살이나 부처는 일심의 근원으로 되돌아갈 방법으로 화쟁"이 필요치 않은데, "일심의 근원에 돌아가기를 원하는 중생에게는 일심의 근원에 되돌아갈 방법으로서 화쟁이 불가능"하다는 것이다(263). 부처에게 화쟁은 '일심의 귀결'이나 중생에게는 '목적'이고 '목표'이니(263-64), 이 괴리를 해소하기 위해서라도 중생에게 '수행'은 불가피하다.[22] 원효의 '각(覺) 사상'은 화쟁의 역사적 이해에서 매우 중요하다. 바로 '일심의 경지'에 이르는 방법이기 때문이다. 박태원(2011:19)은 일심이 '원천'인 "'원효 사상이 보여주는 통섭[23] 기능'이 현실화될 수 있는 구체적 통로"가 '각(覺) 사상'인데, 이는 "종래의 연구에서 간과되고 있는 부분"이라고 지적한다.[24] 이제 화쟁과 일심/무애와의 관계, 일심의 해석, 화쟁의 언어관, 일심에 이르는 방법으로서의 '각 사상', '귀일심원 요익중생' 등이 원효의 불학이 아닌 여타 학문적 차원에서는 어떻게 이해되고 구현될 수 있는가 등이 중요한 문제들로 부각된다.

박성배(2009:94)는 "동양철학의 가장 보편적이고도 또한 가장 중요한 논리형식이라는 體用의 논리로 풀면 원효의 학문은 용이요 그의 삶은 체"라고 말한다. 그래서 "체인 그의 삶을 이해함이 없이, 용인 그의 학문만"

22) 김원명(2008a:264)은 화쟁이 "일심에의 귀원을 위한 방법이 될 수 있"다고 주장하는데, 목표가 어떻게 동시에 방법이 될 수 있는지 납득하기 어렵다.

23) 박태원(2011:15, 각주1): "필자는 통섭의 한자로서 '統攝'과 '通攝'의 두 가지를 병용한다. '統攝'은 '분열의 극복'이라는 의미가 우선하고, '通攝'은 '서로를 향해 열려 서로를 받아들임'의 뜻으로서 존재의 상호 소통적 포섭 관계가 핵심이다."

24) 박태원(2011:21-2)은, 일심을 "언어와 사고를 넘어 있는 것에 대한 언어적인 잠정적 표현"으로 보는 이효걸(2010:587-88)과 달리, "원효가 인간 존재의 궁극적 희망으로 주목하는 일심은 이러한 인간 특유의 사유 능력의 연장선 위에 있"는 것으로 본다. "일심의 경지는 인간에게 자리 잡은 사유 능력의 차원 높은 발전 단계"라고 할 수 있다는 것이다.

따진다는 것에 문제의 소지가 있다고 그는 지적한다. 이러한 '삶과 학문의 조화'는 '과학성'이라는 인식론 문제에 골몰한 나머지 우리 삶과의 관련성 성찰에 소홀해진 오늘의 인문학이 깊이 성찰해보아야 할 문제이다.[25] 고영섭(2001a:121-2)은 "원효의 학문하는 법이 우리의 귀감이 될 수 있음은 이론에만 치우치지 않고 언제나 실천과 아울러 했다는 것"이라고 지적한다. "일심-화(쟁)회(통)-무애의 축을 통해 인간 이해와 세계 인식의 지평을 넓힌 원효의 보살적 삶은 오늘 이 땅에서 철학하는 사람뿐만 아니라 일상적으로 살아가는 사람들에게까지 새로운 언어와 사유로 학문하는 법과 세상을 살아가는 법을 가르쳐주고 있다"고 그는 확신한다.[26] 고영섭(2001b:102)은 원효의 학문론에 내포된 주장에는 "마음을 바르게 하고, 대상을 타당하게 인식하고, 세상에 유익한 구실을 하는 것이라는 세 가지 목표가 불가분의 관계에 있다"고 생각한다. 이 점이 "원효의 불학(佛學)하기의 한 특징"인데, 이 셋이 바로 '일심-화쟁-무애'이다. 저자는 "원효가 생각한 학문은 바른 마음(一心), 바른 인식(和諍), 바른 실천(無碍)으로 요약"된다고 설명한다(129). 그는 "앎과 삶의 일치가 바로 원효의 학문에 대한 생각"이고, 이는 "그의 삶과 생각 속에 잘 나타나고 있다"고 말한다. "원효의 사상적 흐름이 일심(一心)과 화쟁(和諍)과 무애(無碍)로 이어지는 이유가 바로 여기에 있다"는 것이다(131).[27]

원효의 학문 문제에 천착한 이진오(2000:137)는 그 '원리'들을 보다 구체적으로 기술한다. "우선 원효의 학문을 이루는 가장 큰 바탕은 다양한 분

---

25) 전성기(2012a, 2012b, 2012c) 참고.

26) 고영섭(2001a:115-8)은 원효의 학문하기에 입각하여 그의 '찬빈론'(滿空論)을 전개해나갈 포부를 밝힌다.

야의 학문과 이론을 모조리 섭렵하고, 그 가장 근원적인 원리를 찾아내는 일"이다. "이와 같은 방식의 노력을 원효 학문의 제1원리"라고 그는 명명한다. "다음으로 하나의 원리에 의해 통합적으로 파악한 학문을 다시 계통적으로 분류하면서 각 이론의 차별성과 층차를 가리고, 나아가 전체의 체계를 잡은 점이 원효 학문의 중요한 일면"인데, 이것이 "원효 학문의 제2원리"이다. "원효 학문의 제3원리"는 '실천 방법론'으로, "가장 중요한 특징은 감성의 영역을 적극 도입"한 점이다. "원효의 학문에 힘이 느껴지는 것은 일차적으로 제1원리에 의한 응집력과 제2원리에 의한 확산력이 상반성과 상보성을 동시에 발휘하기 때문"이라고 저자는 설명한다. "제1원리는 구심력이, 제2원리는 원심력이 되어 그 힘의 반작용이 역동적인 힘을 발휘"하며, "제1원리와 제2원리가 결합된 힘이 다시 실천성이라는 새로운 방향으로 발전한다"는 것이다. "원효의 학문과 수행은 깨달음이라고 하는 직관적 세계에서 출발하여 글쓰기라는 이성적 양식을 거쳐 무애미학이라는 예술적 양식으로 완성"된다는 것이 저자의 포괄적 정리이다(145-46).

이진오(2000:139-40)는 "원효의 학문이 가지는 역동성"은 "제1, 제2, 제3원리가 복합적으로 작용한 데서 창출된 것이지만, 그 가장 밑바탕이 되는 힘은 광범위한 사상의 섭렵에서" 비롯된 것으로 추정한다. "불교 내의 모든 사상을 섭렵했을 뿐만 아니라, 외전(外典)에까지 해박한 지식이 있었기에 그 용약과 회통이 더 큰 힘을 발휘할 수 있었다"는 것이다. 저자는 "자유로운 처

27) 고영섭(2001b)은 〈'참다운 불학하기의 한 모범'〉이라는 '원효의 불학하기'를 네 가지로 특징짓는다. 첫째는 '학문에 대한 앎과 삶의 일치'이고, 둘째는 '실천 우위의 텍스트 비평[敎判]', 셋째는 '다양한 주장에 귀 기울 이기[和諍]', 넷째는 '근기와 끈기, 모심[孝]과 섬김[順]'이다(129-151). 저자는 "효순의 대상이 부모와 스승과 상가뿐만 아니라 우주법계를 향한 효순심(孝順心)으로 전개되고 있는 것이 원효의 계학이 보여주는 특징"이라고 설명하는데(151), 특히 이 '효순' 문제는 오늘의 상황에서는 새로운 해석이 필요할 것이다.

지에서 다양한 스승으로부터 두루 배우고자 했던 것이 원효 학습법의 특징"이고, 그렇게 배운 내용을 "자기 나름의 관점에서 이해하고 정리하려 하였다는 것이 또한 중요한 특징"이라고 말한다. 바로 "이러한 자세에 힘입어 우리나라 유일의 교판가로서 불교학의 체계를 객관적으로 재정립하는 데까지 나아갈 수 있었다"는 것이다. 이진오는 "원효 학문의 특징"이 "단순히 회통을 통한 대립의 해소에 있는 것이 아니"라고 강조한다. "철저한 분석과 분류, 그리고 요약과 종합의 양면을 겸비한 데서 원효 학문의 힘"이 나오는 것으로 파악한 저자는 원효가 "특히 요약과 종합의 측면을 더욱 중시한 데에 그 탁월성이 있다"고 평한다. 그는 "대단히 치밀하고 조직적인 과정"으로 이루어진 "원효의 학문과 수행, 실천"을 아홉 단계로 구분한다. 이들은 "첫째는 광범위한 이론의 섭렵, 둘째는 치밀한 분석, 셋째는 엄밀한 비판, 넷째는 간명한 요약, 다섯째는 명료한 분류, 여섯째는 자기 관점에서의 체계화, 일곱째는 전체적인 회통, 여덟째는 걸림 없는 무애", 그리고 "아홉째는 삶 속으로의 실천"이다.[28] 간단히 표로 정리하면 다음과 같다.

섭렵 – 분석 – 비판 – 요약 – 분류 – 체계화 – 회통 – 무애 – 실천

이진오(2000:151-53)는 "원효의 학문은 여럿을 하나로 통합하면서도 여럿을 부정하지 않는 다즉일, 일즉다(多卽一, 一卽多)의 원리", 즉 "전체가 곧 개체

28) 김성철(2003:2)은 "흔히 원효 사상의 특징은 화쟁(和諍)에 있다"고 하는데, 《판비량론》에서는 "화쟁가가 아니라 논쟁가로서의 원효의 모습을 보게 된다"고 말한다.

요, 개체가 곧 전체"라는 화엄 원리가 '기본틀'이라고 천명한다. 저자는 '통일성'이 '다즉일'의 일방향적 고려라면 '통합성'은 '다즉일, 일즉다'의 양방향적 고려라고 말한다(138). 이러한 화엄 원리는 번역인문학이 '소통의 화두'로 추구할 만하다.[29] 이진오는 '원효의 학문 방법'에서 오늘의 인문학을 하는 데에 "많은 시사점"을 얻는다. 그는 원효가 "외래 지식의 홍수 속에서 소비와 생산의 균형을 갖추는" 것과 "이성적 지식과 삶을 소통시키는 일"에서 "아주 훌륭한 모범"을 보였다고 평한다. "실천을 위해 감성적 양식을 도입한 것"이 "원효 학문의 중요한 특징"이라는 저자는 "현금의 인문학은 혹시, 너무 이성적 양식에 치우쳐 있는" 것이 아닌지 회의하는데, 이는 중요한 문제 제기이다. 이진오가 기술한 원효의 학문은 겉모습으로는 오늘의 인문학으로 되살리는 데 큰 어려움이 없을 듯 보이기도 한다. 하지만 과연 그럴까. '화쟁의 언어나 논리' 측면에서는 혹 그러할지 모르나, 화쟁의 토대가 되는 '화쟁의 정신' 측면에서는 그렇다고 말하기 어렵다. 박태원(2011:181)의 말이다. "정작 주시해야 할 것은 화쟁의 논리 형식이 산출되는 토대이고 원천이다. 화쟁의 논리를 구사하는 자의 내면세계에 대한 탐구가 간과되어서는 안 되는 이유가 여기에 있다."

박태원(2011:221-27)은 '화쟁은 어떻게 가능한가'라는 포괄적 문제에 대해 다음의 가능 조건들을 제시한다. 1) 인간의 진리탐구적 노력들을 긍정적으로 포섭하라. 2) 각 주장들의 일리(一理)를 포착/변별하여 포섭하라.

---

29) 요즈음 식자들 간에 회자되는, 사회생물학에 초점이 맞추어진 '통섭'(統攝)은 화엄적인 '회통'과는 사뭇 다르다. 우희종(2009)은 "생물학으로 모든 학문과 종교를 통합하려는" 에드워드 윌슨 식의 시도에 대해 매우 비판적이다.

3) 화쟁의 언어관을 수립하라. 4) 모든 쟁론적 인식 토대에서 해방되는 마음의 경지를 확보하라. 이들은 저자가 "인간사의 모든 쟁론 상황에 적용될 수 있을 것"으로 생각하는 "높은 수준의 보편 원리들"이다. "화쟁의 언어관"은 구체적으로는 "실체적 언어관의 극복"과 "방편 언어의 이해"를 의미한다(193).[30] 저자는 원효가 "이러한 보편 원리들의 가능 근거를 각(覺) 사상에 입각한 인간관에서 마련하고 있다"고 말하는데, 일심을 뜻하는 넷째 조건이 실은 제1조건이다. 이 조건이 충족되지 않으면 다른 조건들 역시 충족이 어렵다. 하지만 제1조건을 갖춘다고 해서 '화쟁의 언어', '화쟁의 수사'가 저절로 구사되는 것은 아니다. 앞의 세 조건에 대한 깊은 성찰과 터득의 노력이 그래서 필요한 것이다. 원효의 학문과 화쟁적 학문하기 사이에 다양한 수사적 교섭이 가능하고, 이에 따라 번역인문학에서도 다양한 탐구들이 가능하겠지만, 원형에 가까운 화쟁적 학문하기를 추구한다면 '일심의 경지'에 이르기 위한 노력, '화쟁적 언어', '화쟁적 수사'의 터득의 중요성은 그만큼 더 커진다.

5. 학문적 깨달음

원효의 학문이 원형인 '화쟁적 학문하기'에서는 '깨달음'이 하나의 중요한 화두가 된다. 하지만 원효의 학문과 '화쟁적 학문하기'는 '일심'의 체득을 비롯하여 위에 언급된 원효의 학문 원리들의 구체적 이해와 실천 등

30) "실체적 언어관은 언어적 사유에 의한 개념의 존재 왜곡적 확산, 즉 희론(戲論)에 의해 형성" 되는데(204), 이 희론은 "실재하지 않는 실체적 자아 관념을 증폭시켜 '나의 견해'에 집착하게 하여 배타적 쟁론 태도를 초래하게" 한다고 저자는 설명한다(206–07). "방편으로서의 언어"는 "언어(敎)는 존재의 본성(실체)을 담는 것이 아니기 때문에, 맥락과 상황의 실용적 가치에 따라 그 형식과 내용이 제약 없이 선택될 수" 있음을 의미한다(210); 박태원(2011:204–13) 참고.

에 따라 차이가 나는 게 불가피하다. 학문 연구자, 학문의 대상, 목적, 상황 등도 주요 변수이다. 중요한 문제는 양자 사이의 거리를 여하히 좁힐 것인가 하는 것인데, 이는 '수사적 교섭의 문제'이다. 다양한 해결 방식들이 있겠으나, 적어도 원효 학문의 원 맥락을 가급적 존중하려 한 연구들과 그렇지 않은 연구들은 구분할 필요가 있다. 조성택(2009:14)은 지멜로와 더불어 "최종적 깨달음만이 아니라 그에 이르는 수행을 포함하는 넓은 의미의 깨달음"을 모두 인정한다. 화쟁적 학문하기에서도 이러한 유연한 입장을 취하여, 화쟁적 학문하기의 다양한 정도를 인정할 필요가 있다.[31] 조동일(1996:31)은 "학문에서는 점오점수(頓悟漸修)나 돈오돈수(頓悟頓修)가 아닌 돈오점수(頓悟漸修)의 방법을 택해야 한다"고 주장한다. 하지만 '점오점수'라는 '학문의 길'을 가고 있는 연구자들도 적지 않아 보인다. 최신한(2009)은 슐라이어마허의 해석학을 '점진적 자기 발견의 정신 탐구'로 새로이 규정하는데,[32] 이는 '점오점수'에 다름 아니라고 생각된다. 번역인문학에서는 '점오점수'의 역할이 일반적일 것으로 생각된다.

우희종(2007:78-81)은 현대과학의 복잡계 관점에서 깨달음 문제에 접근한다. 그는 "일상생활 속의 작은 깨달음으로부터 치열한 구도의 길을 걸어온 대선사의 확철대오"에 이르기까지 깨달음이 "경험하는 개체에 따라 그 범위와 깊이"에서 "매우 다양한 모습으로 존재"한다 고 말한다. 이 깨달음은 "인식의 전환"이고, "인식에서의 상전이(phase transition)"인데, 크거나 작거나 "속성에 있어서는 동일하다"는 것이 그의 입장이다. 학문적 깨달음과

31) 박성배(2003)는 학문적 깨달음과 그가 '깨침'이라 부르는 종교적 깨달음을 둘로 보는 것은 잘못된 것이라는 입장을 취한다.

32) 최신한(2009)의 제목은 '지평 확대의 철학'이고, 부제는 '슐라이어마허, 점진적 자기 발견의 정신 탐구'이다.

종교적 깨달음이 근본적으로 다르지 않다는 것이다. 이러한 깨달음이 '확철대오'로 이어지기 위해서는 그러한 체험을 발생시킬 수 있는 '임계상태'가 중요하기 때문에 그는 '끊임없는 정진'에 비중을 크게 둔다. 저자는 복잡계적 관점이 "극한의 임계상태를 위한 각고"의 노력과 행위들이 "특별한 상황이나 조건을 필요로 하는 것이 아니라 일상적 생활 속에서부터 충분히 이루어질 수 있다는 점"을 명확히 보여준다고 말한다. 임계상태 도달을 위한 치열한 노력이 '창조적 직관'으로 이어질 수 있음을 우리는 안다.[33] 번역인문학에서는 주관상호적 '그럼직함(plausibility)'도 중요하지만,[34] '창조적 직관'의 역할도 매우 중요하다.

깨달음을 "종교를 보는 새로운 시각"으로 제시하는 오강남 · 성해영(2012)은 종교에서 표층 차원과 심층 차원을 구분한다. 표층종교는 "문자주의적"이고 "이기적인 나를 중심으로 생각"하는 반면, 심층종교는 "문자를 넘어서 있는 더 깊은 뜻"을 찾으며, "지금의 나"에서 벗어나 "참나"로 "부활하는 것을 이상"으로 삼는다(38-39). "제일 중요한 진실은 모든 게 '하나'라는 것"이라고 이들은 말한다. "상호 연관" 혹은 "상호 의존성"이 "모든 종교의 핵심적인 가르침"이라는 것이다(45). 심층학문에서도 '이기적 나'를 넘어 '큰 나'로, '작은 우리'에서 '큰 우리'로 나아가려는 모색과 탐구가 중요하다. 이를 깊이 인식한다면 학문적 소통은 자연히 '나' 중심의 '입자적 수사'보다는 '우리' 중심의 '파동적 수사'를 지향하게 될 것이다.[35] 학문적 깨달음과 삶

33) 주형일(2008:100): "창조적 직관을 통한 앎에서 우리가 주목할 것은 그것이 아무것도 없는 상태에서 갑자기 알게 되는 깨달음이 아니라는 것이다. 문제에 대한 충분한 고민과 공부가 사전에 이뤄져 있어야 한다. 깨달음은 바로 그런 사전 지식들을 바탕으로 얻어진다. 사전 지식들과 깨달음이 연속적인 흐름으로 이어져 있지 않고 단절돼 있기 때문에 직관적 앎이 무매개인 것처럼 보일 뿐이다."

34) 벌러체스쿠 · 스테파닌크(2003) 참고.

의 깨달음이 같이 꽃을 피우고 이것이 화쟁적 수사를 통해 향기를 발하는 것은 희귀한 일이다. 하지만 원효 학문의 현대적인 한 모습을 다석 유영모 선생을 뒤이은 김흥호 선생의 자취에서 느낄 수 있으니, 불가능한 일만은 아니다.[36] '화쟁적 학문하기'는 '원효의 학문'을 꼭 원형대로 따르자는 것이 아니다. 그 원형의 의미를 체득하려고 노력하면서 우리 나름대로 최선을 다하여 나름의 열매를 맺는 것이 그 무엇보다 중요하다.[37]

6. 번역인문학과 소통

오늘날의 사회에서 거의 '디폴트 모드'가 되어 있다시피 한 '정복의 수사'나 '바꿈의 수사'[38]가 '나'에 초점이 맞추어진 표층학문이 선호하는 양식이라면, '큰 우리'와 '더불어 살기'를 지향하는 '초대의 수사', '파동적 수사' 같은 '화쟁적 수사'는 심층학문이 선호하는 양식이다.[39] 다양한 이론들이 서로 갈등을 빚고 있는 번역학 같은 인문학 분야에서 화쟁적 사유와 수사는 폭넓고 속 깊은 소통을 위해 매우 중요하다. 김원명(2008b:12)은 우리가 지금 "말과 글 그리고 역사와 문화 배경이 다른 서양"의 '비판적 글쓰기', '설득의 수사학', '논리적 글쓰기'를 배우고 있는데, 그 대신 '회통 글쓰기'와 '화회 글쓰기'를 하자고 제안한다. '비판·설득'보다는 '공감적 소통'을 지향하자는 것이다. 번역인문학도 속 깊은 진정한 인문적 소통을 위해

---

35) 전성기(2007) 참고.
36) 150권 발행 예정인 《김흥호 사상전집》은 현재 13권 정도가 나와 있다고 한다.
37) 학문적 깨달음과 관련해서 캔 윌버의 '자아초월심리학(transpersonal psychology)' [조효남(2008) 참고]과 홍승표(2002)의 '깨달음의 사회학' 등도 언급되어야 하나, 여기서는 생략한다.
38) 포스·포스(Foss/Foss 2003:7) 참고.
39) 전성기(2009c, 2010) 참고.

서는 화쟁적 사유와 수사를 통한 심층학문적 접근을 지향할 필요가 있다. 위의 '원효의 학문과 화쟁적 학문하기'에서 제시된 제안들을 심층학문 차원에서 다시금 성찰해보자는 것이다.

번역이 언어 간 소통, 문화 간 소통, 사람들 간의 시공간적 소통을 지향하듯이, 번역인문학은 인문학 번역을 통해 다양한 인문학 분야들 간의 학제적 소통을 적극 지향한다. 그러한 의미에서 번역인문학은 '소통의 인문학'이기도 하다. 이왕주(2001:31-2)는 학문의 위기에 대해 "방법의 위기가 아니라 소통의 위기"라고 진단한다. 그는 "새로운 인문학은 연관 학문들이 무늬를 만드는 차이들의 조화로운 연대 위에서 구축되어야 한다"고 말한다. 번역은 바로 이러한 연대의 계기이자 소재이고, 번역인문학은 그러한 번역의 화쟁적 인문학이다. 그는 "다른 세계와 소통할 수 있으려면 문법이 바뀌어야" 한다고 말하는데, 번역인문학은 소통의 새로운 '문법'을 지향한다. 저자는 레비나스에게서 암시를 받아, 학문이 "이제 탐구의 태도뿐 아니라 애무의 태도도 함께 갖춰나가야 한다"고 생각한다. "학문이 함께 사람의 무늬를 짤 수 있으려면 애무의 싱그러운 더듬거림과 현란한 헛손질들을 버틸 수 있어야 한다"는 것이다(39-40). 학문적 깨달음을 치열히 추구하는 번역인문학 탐구자들에게도 그러한 여유와 몸짓이 필요하지 않을까? 그러한 몸짓은 무애와도 통하는 것이 아닐까?

원효는 일심이 바탕인 화쟁을 통하여 우리에게 '화쟁적 학문하기'의 길을 보여주고 있다. 우리에게는 불학적 깨달음도 여전히 의문이지만, 이 깨달음이 학문적 깨달음과 어떤 관계에 있는지, 몇몇 선구자의 안내에도 불구하고, 많은 부분이 여전히 의문으로 남아 있다. 메네 신부(2009:13)에 의

하면, 성경의 수사는 설득과 증명의 수사가 아니라 '에니그마의 수사'이다.[40] 성경의 수사는 "독자가 이해하기 원하고 수수께끼를 풀고 싶다면 택할 수 있는 하나의 길을 '제시'하고 있다는 것"이다. 원효가 제시한 '화쟁의 수사'를 어떻게 이해하고 어떻게 실천할 것인가 하는 문제도 어찌 보면 오늘의 우리가 풀어가야 할 하나의 '에니그마의 수사'이다. 원효가 찾은 길, 그가 간 길에 공감한다면, 우리는 그 길을 가기를 선택할 수 있다. '화쟁적 학문하기'는 바로 그러한 선택으로의 '초대'이다. 김상현(2009:10)은 원효의 화쟁의 정신과 사유의 논리가 '융이이불일(融二而不一)', 즉 "두 가지를 융합하나 하나로 획일화하지 않는 것이었다"고 일러준다. 이러한 묘합(妙合)은 번역인문학이 학문적 소통의 지향점으로 삼을 만하다.

인문학의 위기가 사회적 담론이 되어 있는 지금, 화쟁적 학문하기는 우리 인문학의 새로운 전망이 될 수 있을 것이다. '화쟁적 인문학'의 지평에서는 다양한 분야의 다양한 목소리들을 에고 초월적 관점에서 어떻게 화쟁할 것인가가 중요한 문제이다. 우리 인문학 번역의 현재는, 제문론적으로 보면, 인문학 번역과 관련된 질문들에 대한 우리 인문학 번역자들의 의식적 · 무의식적 답들이 축적된 결과이다. 그런데 이 결과에 대한 문제 제기가 제대로 되어 있지 않고, 문제들에 대한 공감대 형성도 잘 안 되어 있는 것이 현재 우리 상황이다. 척박하고 열악한 우리 인문학 번역 상황의 근본적 개선을 위해 기획된 번역인문학에서, 그 토대인 학제적 번역학과 그 대상인 인문학 분야들의 상호적 반조는 번역학의 필요성에 대한 인식의 제

40) 메네(2009:13)는 성경의 수사를 그리스적 수사와 대비하여 "그리스적인 것은 논증하고, 유대적인 것은 제시한다(Le grec démontre, le juif montre)" 라고 말한다.

고, '소통 양식'[41]의 개선을 넘어 '화쟁적 인문학'을 전망하게 한다. 화쟁적 학문하기에서의 화쟁은 화쟁적 사유, 화쟁적 수사,[42] 화쟁적 읽기, 화쟁적 글쓰기[43] 등 다양한 모습으로 나타날 수 있다.

화쟁적 인문학에서 소통은 비선형적 사고에 입각할 필요가 커 보인다. 김종욱(2011:21)은 "선형 사유에서는 부분과 전체가 상호 대립하여, 일비다(一非多) 다비일(多非一)이어서, 전체론과 개체론이 이원적으로 분화되지만, 비선형 사유에서는 부분과 전체가 상즉상입하여, 일즉다, 다즉일(一卽多, 多卽一)이어서, 전일론(全一論)이라는 방식으로 비이원적 조화를 이룬다"고 설명한다. 깨달음은 '이해가 비선형적으로 되는 것'이 아닐까? 깨달음은 에고의 '죽음의 도약(salto mortale)'[44]일지 모른다. '백척간두(百尺竿頭)'에서의 '진일보(進一步)'일지도 모른다. 적어도 깨달음이 '이해의 질적 혹은 수직적인 큰 도약'인 것은 분명하다. 삶이나 학문에서의 깨달음은 '아하!' 차원의 깨달음에서 '삶 자체가 통째로 바뀌는' 일종의 '죽음의 도약'에 이르기까지 다양할 수 있다. 번역인문학에서도 다양한 이해와 통찰의 도약들이 가능하다. 이러한 도약들은 섬세하고 정치한 논증들과 어긋나는 것이 아니라, 오히려 새로운 돌파구가 될 수 있다. 깨달음을 위한 노력도 '탐구의 논증'이나 '추론'들과 어긋나는 것이 아니라, 이들을 넘어서기 위한 계기들이 될 수 있다. 이러한 추론은 크로스화이트(2001:327)가 말하는 '탐구의 논증', 즉 "우리가 아직 마음을 정하지 않았지만 우리 스스

41) 포스 · 포스(2003:4-7)에게 '수사 양식'은 '소통 양식'이다.
42) 전성기(2009c, 2010) 참고.
43) 이진오(2000), 김원명(2008b) 참고.
44) 라드미랄(2005)은 번역 과정의 '탈언어화'(déverbalisation)에 대해 이 표현을 쓰고 있다.

로 결론에도달하려 애쓸 때 진행되는 종류의 추론"의 연장선상에 있다.[45]

7. 맺음말

번역인문학은 '인문학의 위기'와 '척박한 번역 문화'라는 깊이 연관된 문제의 중첩된 부분의 해결을 위해 인문학의 번역적 전환을 모색하는 시도이다. 이러한 번역적 전환을 수용하거나 포용할 만한 기존 틀이 없기에, 번역과 관련된 학제적 탐구들이 토대가 되는 번역인문학이라는 횡단인문학적 탐구를 모색한 것이다. 이 과정에서 주요 관심사였던 '파동적 수사학'의 하나의 원형이자 '삶과 조화를 이루는 학문'이기도 한 '원효의 학문'을 접하게 되었다. '화쟁적 수사'와 '화쟁적 학문하기'는 이에서 비롯된 것이다. 화쟁적 학문하기는 인문학이 인문적 '가치', '향기', '무늬'를 새로이 일구는 좋은 계기가 될 것이다. 화쟁적 학문하기는 탐색적 시안이기에, 화쟁의 역사적 이해로부터 학문적 깨달음 문제에 이르는 다소 긴 우회 과정이 불가피하였다. 번역인문학은 화쟁의 원형적 의미의 터득이나 체득에 따라 다양한 모습들로 나타날 수 있다. 중요한 것은 화쟁의 '문자'가 아니라 '정신'을 살리는 것이다. '화쟁 정신'을 살리는 번역인문학의 길은 하나가 아니다. 원효가 제시한 '화쟁의 수사'를 체득하여 실천하는 우리의 '에니그마의 수사'의 무늬는 다채로울 수 있다.

번역인문학은 '체계의 학문'과 '수행의 학문'의 조화를 이루고 '앎의 학문'과 '삶의 학문'이 어우러지는 것을 하나의 큰 전망으로 삼는 '소통의 인문학'이기도 하다. '다즉일 일즉다'의 화엄적 통합성은 인문학의 번역적 전

45) 전성기(2011) 참고.

환을 모색하는 번역인문학의 중요한 '소통의 화두'이다. 일심-화쟁-무애가 '삼위일체'를 이루는 원효의 학문은 '다양한 분야의 학문과 이론들의 섭렵', '통합적으로 파악한 학문의 계통적 분류와 체계화', '감성적 영역이 겸비된 실천'이라는 세 원리와 '학문-수행-실천'의 과정에서 보듯이, 매우 치밀하고 조직적이다. '화쟁적 학문하기'는 이러한 원효 학문의 정신을 오늘에 되살리려는 법고창신적 기획이다. 이러한 기획은 번역인문학을 넘어 '화쟁적 인문학'으로 그 폭을 넓혀갈 필요가 있다. 우리의 번역 문화(文化)는 이러한 기획의 실현 과정을 통해 작금의 번역 문화(文禍)의 소용돌이를 벗어나 진정한 의미의 번역 문화(紋和)를 이룰 수 있게 될 것이다. 우리 사회가 갈등의 '지식기반사회'를 넘어 소통의 '지혜기반사회'로 나아가야 하는 중요한 시점에 와 있는 지금, 우리 인문학은 화쟁적 학문하기로서의 패러다임 전환을 모색해볼 필요가 있다.

| 참고문헌 |

강영안·최진덕(1999): 〈수양으로서의 학문과 체계로서의 학문〉, 《철학연구》 47, 35-63.

고영섭(2001a): 〈이 땅에서 철학하기—연기철학 · 아우르기 · 찬빈론〉, 《석림》 35, 동국대, 103-122.

______(2001b): 《원효탐색》, 연기사.

______(2002a): 〈원효 연구의 어제와 오늘〉, 《원효》, 고영섭 편저, 예문서원, 15-44.

______(2002b): 〈원효의 통일학—부정(破 · 奪)과 긍정(立 · 與)의 화쟁법〉, 《원효》, 고영섭 편저, 예문서원, 164- 225.

______(2002c): 〈원효의 화엄학—광엄과 보법의 긴장과 탄력〉, 《원효》, 고영섭 편저, 예문서원, 501-531.

김상현(2009): 〈元曉의 無碍行과 和諍思想의 현대적 의미〉, 《전자불전》 11, 1-16.

김석근(2010): 〈화쟁(和諍)과 일심(一心)—원효 사상에서의 평화와 통일〉, 《정치사상연구》 16-1, 171-193.

김성철(2003): 〈원효의 《판비량론》에서 배우는 학문의 자세〉. www.kimsch.net/paper/panstudy. hwp.

김영민(1998): 《문화(文化) 문화(文禍) 문화(紋和)—산문으로 만드는 무늬의 이력》, 동녘.

김원명(2008a): 《원효의 열반론》, 한국학술정보.

______(2008b): 〈원효의 화쟁 글쓰기〉, 《철학논총》 52-2, 1-16.

김재현(2007): 〈번역과 철학〉, 《인문학연구》, 13, 43-64.

김종욱(2011): 〈복잡계로서 생태계와 법계〉, 《철학사상》 41, 7-36.

메이에르, M. 지음/이영훈 · 진종화 옮김(2004): 《언어와 문학—의미에 관한 시론》, 고려대출판부.

메이에르, M. 지음/전성기 옮김(2012): 《수사 문제—언어 · 이성 · 유혹》, 고려대출판부.
박상익(2006): 《번역은 반역인가》, 푸른역사.
박성배 지음, 윤원철 옮김(2003): 《깨침과 깨달음》, 예문서원.
박성배(2009): 〈원효의 화쟁논리로 생각해본 남북통일문제—원효사상의 현실적 전개를 위하여〉, 《한국사상과 불교—원효와 퇴계, 그리고 돈점논쟁》, 혜안, 88-124.
박재현(2001): 〈원효의 화쟁사상에 대한 재고—화쟁의 소통(疏通)적 맥락〉, 《불교평론》 8, 191-215.
______(2009): 〈해석학적 문제를 중심으로 본 원효의 會通과 和諍〉, 《불교학연구》 24, 365-409.
박정호(2005): 〈진 · 선 · 미—켄 윌버의 통합적 진리관에 관한 소고〉, 《범한철학》 36, 127-154.
박태원(2011): 《원효사상연구》, 울산대출판부.
______(2012): 《원효—하나로 만나는 길을 열다》, 한길사.
안재원(2007): 〈치열한 삶의 현장에서 탄생한 인문학〉, 《경향신문》, 2007.1.26.
______(2010): 〈인문학의 형성과 번역 문제—키케로를 중심으로〉, 《번역비평》 4, 214-234.
영미문학연구회 번역평가사업단(2005): 《영미명작, 좋은 번역을 찾아서》, 창비.
영미문학연구회 번역평가사업단(2007): 《영미명작, 좋은 번역을 찾아서 2》, 창비.
오강남/성해영(2012): 《종교, 이제는 깨달음이다》, 북성재.
우리말로 학문하기 모임(2008): 《우리말로 학문하기의 사무침》, 푸른사상.
우희종(2007): 〈복잡계 이론으로 본 생명과 깨달음의 구조—성철 너머를 위한 깨달음의 탈신화화〉, 《불교학연구》 18, 66-92.
우희종(2009): 〈진화론적 시각과 불교의 연기적 관점의 만남〉, 《종교문화연구》 13, 47-85.
이기상(2006): 《이 땅에서 우리말로 철학하기》, 살림출판사.
이왕주(2001): 〈소통 인문학의 무늬〉, 《범한철학》 23, 31-43.
이진오(2000): 〈원효의 학문방법과 글쓰기, 그리고 미학〉, 《가산학보》 8, 134-154.
이효걸(2002): 〈元曉의 和諍思想에 대한 재검토〉, 《불교학연구》 4, 5-34.
______(2010): 〈레비의 가상화와 원효의 화쟁사상〉, 《불교학연구》 27, 557-601.
장회익(2007): 〈인간적 학문—'삶 중심' 학문의 복원을 위하여〉, 《知平》 2, 11-26.
전성기(2001): 〈일반의미론과 번역〉, 《불어불문학연구》 48, 685-706.

전성기(2007): 〈입자적 수사(학)과 파동적 수사(학)〉, 《수사학》 6, 165-178.
_____(2008): 〈우리 번역 글쓰기의 지형도〉, 《텍스트언어학》 24, 285-311.
_____(2009a): 〈탐구번역론—하나의 인문학 번역론〉, 《번역학연구》 10-2, 133-157.
전성기(2009b): 〈문학 해석번역론 재해석〉, 《불어불문학연구》 80, 475-499.
_____(2009c): 〈파동적 수사학으로—인문학에서의 학술적 소통을 위하여〉, 《수사학》 11, 103-131.
_____(2010): 〈파동수사학을 위한 원효의 화쟁론 고찰〉, 《수사학》 13, 55-88.
_____(2011): 〈번역교육과 인문교육〉, 《불어불문학연구》 86, 399-424.
_____(2012a): 〈제문론, 인문학 번역, 번역인문학〉, 《불어불문학연구》 89, 413-442.
_____(2012b): 〈번역의 수사학〉, 《불어불문학연구》 90, 395-428.
_____(2012c): 〈인문학 번역론의 한 메타적 성찰〉, 《번역학연구》 13-1, 205-240.
조동일(1996): 《우리 학문의 길》, 지식산업사.
조성택(2009): 〈'깨달음의 사회화'에 관련한 몇 가지 고찰〉, 《불교학연구》 29, 7-55.
조수동(2009): 〈원효의 불성이론과 화쟁〉, 《철학논총》 58, 149-171.
조효남(2006): 〈자아초월(Transpersonal)이란 무엇인가?〉, 《한국강구조학회지》 18-1, 148-160.
_____(2008): 《의식·영성·자아초월 그리고 상보적 통합》, 학수림.
주형일(2008): 〈직관의 사회학, 나의 사회학 그리고 현상학적 방법〉, 《커뮤니케이션 이론》 4-1, 77-113.
최재목(2004): 〈인문학, 편집술, 事的 글쓰기 혹은 緣起的 글쓰기〉, 《인문연구》 45-46, 영남대, 277-294.
크로스화이트, J. 지음, 오형엽 옮김(2001): 《이성의 수사학—글쓰기와 논증의 매력》, 고려대학교출판부(원본 1996).
홍승표(2002): 《깨달음의 사회학》, 예문서원.

Bălăcescu, I./Stefanink, B.(2003): "Modèles explicatifs de la créativité en traduction", *Meta* 48-4, 509-525.
Ballard, M.(2004): "La théorisation comme la structuration de l'action du traducteur", *La linguistique* 40, 2004/1, 51-66.
Foss, S.K./Foss, K.A.(2003), *Inviting Transformation: Presentational Speaking for a Changing World*, Second Edition, Waveland Press, Inc.

Ladmiral, J.R.(1998): "Théorie de la traduction: la question du littéralisme", *Transversalités*, Revue de l'Institut catholique de Paris, 65, 137-157.
Ladmiral, J.R.(2005): "Le «salto mortale de la déverbalisation»", *Meta* 50-2, 473-487.
Launay, M.B. de(1981): "Le traducteur médusé", *Langue française* 51, 53-62.
Meynet, R.(2009): "Rhétorique biblique et sémitique: questions de méthode", http://www.rhetoricabiblicaesemitica.org/Pubblicazioni/Studia_Rhetorica/29a.Meynet_ISHR2009_conf.pdf, 15p.

《홍루몽》의 감성과 소통 세계

최용철(중어중문학과)

1. 《홍루몽》의 출현과 홍학

중국소설의 유형별 발달은 당나라 때의 전기(傳奇)소설로부터 나타난다. 당시 내용별로 구분한 네 가지 항목은 협의, 애정, 역사, 신선의 부류다. 이는 후에 명대 사대기서(四大奇書)[1]에서 각각 한 가지 대작으로 발전하여 《삼국지연의》, 《수호전》, 《서유기》, 《금병매》를 탄생시켰다. 소설은 상상과 현실 사이를 줄타기하며 황당하면서도 그럴듯하게 그려낸다. 역사이면서 역사가 아닌 이야기가 곧 역사소설로 발전하였고, 사나이들의 의리와 무협의 세계를 실제보다 더욱 과장하면서 꿈같이 그려내어 협의소설을 만들어냈으며, 천지음양의 세계를 오가는 환상 속에서 인간의 이상을 그려 신

1) 사대기서의 호칭은 풍몽룡(馮夢龍)에서 시작되었다고 이어(李漁)가 밝혔다. 《홍루몽》을 넣어서 오대장편소설이라고 한다.

마소설을 완성하였다. 남녀의 문제는 그것이 가슴 떨리는 사랑이든, 인륜 대사인 혼인이든 심지어 사랑이 변하여 맺힌 원한과 복수이든 인간이 그려낼 수 있는 가장 현실적인 소설의 소재가 된다. 당대전기나 송명화본에서 이미 수많은 남녀의 애정이야기가 나왔으나 장편으로 그려내는 남녀의 이야기는《금병매》에서 비로소 다루어지게 되었다. 하지만《금병매》의 남녀이야기는 너무나 현실적이고, 너무나 노골적인 가정 내의 처첩 문제와 성인 남녀의 성애 문제를 다루고 있다. 성인 남녀가 보여줄 수 있는 모든 종류의 탐욕을 다 보여주는 것이《금병매》다. 돈과 권력, 술과 여자는 현대판 사회풍속도에서도 언제나 빠지지 않는 중요한 소재다. 명나라 말기 한 중소도시의 어떤 졸부의 주색재기(酒色財氣)[2]에 대한 탐닉 과정을 보여주는 것이 이 책이다. 그런데 이런 책이 먼저 나오고 나서 비로소《홍루몽》이 나오게 되었다는 것은 하나의 아이러니처럼 보이지만 사실은 소설의 발달 과정에서 자연스러운 일이다. 성인 남녀의 노골적인 겉모습을 그리기는 쉽지만 청춘 남녀의 알듯 말듯한 흔들리는 속마음을 그려내는 데는 훨씬 더 어려워 뛰어난 작가의 탄생을 기다려야 했기 때문이다. 사랑의 문제는 동서고금의 영원한 화두다. 전통 시대 유가적 사상에 젖은 사대부들은 가능한 한 회피하려고 하였지만 민간의 보통사람들 마음속에 끓어오르는 남녀의 사랑에 대한 열렬한 희구까지 막을 수는 없었다. 명대 후기 이탁오(李卓吾)의 출현은 교조적인 유교의 통제로부터 벗어나고자 하였고, 희곡과 소설에서 자유분방한 남녀의 개방적인 생각을 그려내는 작품이 나오게 되

2) 주색재기는《금병매》이전에도 원대 희곡에서 쓰이던 용어다. 이 네 가지를 경계하여야 패가망신을 당하지 않는다는 뜻으로 쓰인 것이다. 그중에서 기(氣)는 화를 내는 것(중국어에서 생기[生氣])이다. 화를 내는 바람에 일을 그르치는 예가 주색에 비해 결코 적지 않다는 점을 감안하면 탁월한 선택이었다.

었다.《홍루몽》은 그러한 사조의 결정체라고 할 수 있다.《홍루몽》이 출현하자 중국 전역에서 열화와 같은 반응이 일어나게 된 것은 작가의 유려한 문체와 해박한 지식에서도 힘입은 바 있을 것이나 기본적으로 독자의 마음을 영원히 흔드는 사랑에 대한 갈구를 그리고 있기 때문일 것이다. 사랑에 대한 갈구야말로 시공간을 뛰어넘는 만고불변의 진리다.

2. 조설근의 가문과 청나라 황실

작가 조설근(曹雪芹)은 만주화된 귀족 가문에서 태어나 어린 시절은 호의호식하며 지냈다. 그의 조상은 한족이었으나 명말 만주 지역인 요양(遼陽)에 있었기 때문에 누루하치의 만주족이 흥하기 시작하여 요양을 점령하였을 때 복속되었다. 그리고 곧 만주족 통치자의 포의(包衣)가 되었다. 포의는 대를 이어 집안의 종으로 태어나는 노예의 신분이었다. 몸종이나 가문의 집사와 같은 존재였지만 그들이 모시는 주인은 곧 청나라 황실이 되었다. 본래 북경을 점령한 도르곤(多爾袞)의 수하에 소속된 정백기(正白旗)에 들어 있던 조씨 가문은 도르곤 사후에 황실에 직속되어 상삼기의 하나가 되었다. 조설근의 증조모가 어린 시절의 강희제(康熙帝)의 유모로 활동함에 따라 곧이어 증조인 조새(曹璽)는 소주와 남경에 파견되었다. 비단을 만드는 직조(織造)의 일을 맡게 된 것이다. 강희제 통치 기간에 조씨 가문은 조인(曹寅)과 조옹(曹顒), 조부(曹頫)로 이어지는 조손삼대의 네 사람이 연이어 남경에 있는 강녕(江寧)직조의 책임을 맡게 되었다. 남경에서 60년에 이르는 부귀영화를 한껏 누리게 된 것이다. 강희제는 조인에게 무한한 신임을 보여주었고 조인은 수십 년 동안 남경에서 강희제의 이목이 되어

강남 지역의 한족 문사들의 동태를 살피는 역할도 맡았으나 동시에 강남 문인들의 후견인이 되어 문화 활동을 이어갔다. 황명으로《전당시》를 간행하는 책임자가 되기도 하였고, 시사를 짓고 희곡을 창작하는 문인으로서도 이름을 날렸으며 수많은 장서를 가지고 희귀도서를 간행하여 출판문화를 선도하기도 했다. 서양 선교사가 내방하면 이 집안에 갖가지 서양문물을 전달하였고 그중 일부를 남긴 채 황제에게 진상하였다. 황제는 61년간의 통치 기간 중에 무려 6차례에 걸쳐 남순(南巡)을 하였는데 그중 4차례는 남경의 강녕직조를 행궁으로 삼아 조씨 문중의 접대를 받았다. 황제를 위해 만들어진 기관이지만 또한 황제를 위해 수많은 돈을 물 쓰듯이 쓰는 바람에 결국 수많은 적자를 보게 된 것도 사실이었다. 아무에게나 일어날 수 없는 황실과의 특별한 경험이 조씨 가문의 역사를 남다르게 했다. 이러한 모든 것이《홍루몽》의 기본적인 배경이 된 것은 결코 이상한 일이 아니었다. 그러나 정작 조설근은 말세에 태어났다. 조옹과 조부는 형제간인데 조설근은 곧 그들 중 한 사람의 아들이었다. 안타깝게도 정확한 자료가 없어서 부계를 증명하기는 어려우나 조인의 손자로 태어난 것은 분명하다. 그러나 그의 나이 대략 13세가 되었을 때 새로운 정권을 잡은 옹정제(雍正帝)에 의해 조부가 삭탈관직을 당하여 가문은 마침내 몰락의 길을 걷게 되었던 것이다. 조설근은 북경으로 귀환하는 가족들과 함께 남경을 떠나 양주에서 운하를 따라 북경으로 이주하였다. 아마도《홍루몽》속에서 임대옥이 상경하는 노선과 같았을 것이다. 조설근은 젊어서 잠시 북경 시내의 종학(宗學)에서 황실 자제들과 생활한 적이 있다. 이때 인연을 맺은 사람들이 훗날까지 우정을 이어간 돈민(敦敏), 돈성(敦誠)[3] 형제였다. 조설근은 다시 북경 서쪽 교외의 서산 아래로 이주하였다. 기인(旗人)들이 사는 마을이었다. 그는 더 이상 부귀영화를 누리는 친척들을 찾아다니지 않았다. 당시 그의 대고모는 왕비였지만 그의 가난을 대신할 수는 없었다. 그는 그림을 팔아서 술을 받아먹고, 시를 읊조리면서 고고하게 살았다. 조설근은 육조(六朝)시대의 기풍으로 술과 시를 벗 삼고 그림 그리고 소설을 쓰면서 일체의 권위에 담담한 태도를 보였다.[4] 그의 마지막 열정은 소설에 담았다. 자신의 가문으로부터 내려오는 온갖 사연과 당시 황실과 귀족의 가문에서 전해지는 다양한 소재를 조금씩 담아서 방대한 사연을 만들어 낸 것이다.[5]

3. 《홍루몽》의 정(情)의 세계

불교에서 유형의 물질적인 모든 현상세계는 색으로 표현한다. 모든 삶의 세계는 빛으로 시작된다. 모든 물질은 인연에 의해 생성된다. 그 본질은 공으로부터 왔다. 공은 그 모든 것을 다 없던 것으로 돌려놓고 원시 그대로 아무것도 없는 텅 빈 상태를 말한다. 불교는 그 두 가지 세계를 오가며 색공설을 만들어냈다. 《반야심경》에서 "색불이공, 공불이색, 색즉시공, 공즉

---

3) 오늘날 조씨 가문에 관한 자료는 대부분 조인(曹寅)에 관한 것이다. 조설근에 관한 자료는 많지 않다. 청대 후기에는 조설근이 단지 소설 속의 허구적인 이름일 것이라고 생각했다. 왕국유의 경우에도 조설근이 실존인물 임을 확인할 수 없었다. 다행히 돈민과 돈성이 남긴 시집에서 〈증근포(贈芹圃)〉, 〈증조설근(贈曹雪芹)〉, 〈기회조설근[점](寄懷曹雪芹[霑])〉, 〈만조설근(輓曹雪芹)〉 등의 시가 남아 있어서, 호적(胡適)에 의해 그의 생애를 연구할 수 있게 되었다. 호적이 조설근 자전설을 주장하게 된 근거가 된다.

4) 돈성은 시구에서 육조시대 완적(阮籍)의 전고를 써서 조설근이 권문세가를 백안시하는 성격을 그렸다. 조설근은 또 '몽완(夢阮)'이란 호를 갖고 있다고 하는데 역시 완적을 꿈꾼다는 의미다.

5) 안타깝게도 《홍루몽》 자체의 기록을 제외하면, 조설근이 소설을 창작한 구체적인 증거는 보이지 않는다. 다만 돈성의 시구에 "不如著書黃葉村(차라리 낙엽 지는 시골집으로 돌아가 책이나 저술하시구려)" 하는 구절을 근거로 이때 저서는 곧 《홍루몽》을 쓰는 일이라고 풀이하고 있다.

시색"이라 하면서 "수, 상, 행, 식"도 모두 이와 같다고 했다. 불교의 핵심적인 교리가 색공설이다. 그러나 《홍루몽》의 작자는 여기서 머물지 않고 한 걸음 더 나아가 그 사이에 정이란 단계를 넣고 있다. 저 분주하고 황망한 삶의 세계에서 고요하고 텅 빈 공의 세계로 가는 중간에 인간의 독특한 정의 세계가 있다고 가정한 것이다. 그런데 가만히 생각해보면 색으로부터 정으로 연결시키자 색은 그냥 그대로 색정의 색이 되고 마는 듯한 느낌이기도 하다. 또 정에서 공으로 가면 사랑은 그냥 허무한 그 무엇이 되는 것같이 느껴지기도 한다. 어쨌든 《홍루몽》에서는 초반부에 이렇게 묘사하고 있다.

여와(女媧)가 하늘을 메울 때 오색영롱한 돌 삼만 육천오백 그리고 한 개를 불에 달구어서 무너진 하늘을 메울 때 삼만 육천오백 개의 돌을 다 쓰고 나머지 하나를 대황산 무계애의 청경봉이라는 산봉우리에 내버렸다(제1회). 이 버려진 돌은 이름하여 '보천유석(補天遺石)'이다. 대황산은 《산해경》에 나오는 세상의 중심 바깥쪽에 존재하는 산이다. 아직은 문명의 햇살을 받지 못하고 황량한 자연 그대로를 유지하고 있는 곳이다. 무계애와 청경봉은 작자가 만들어낸 말이다. 합하여 황당무계(荒唐無稽)이니 이 이야기는 순전히 허구적인 소설임을 강조하고자 한 것이다. 하늘에서 떨어진 돌 하나가 영롱한 옥이 되어 인간으로 태어나고 동시에 그 아이가 태어날 때 입에 물고 나온 통령보옥이 된다는 발상이야말로 순전한 허구의 산물이기 때문이다. 하지만 막상 그 돌이 떨어진 봉우리는 다름 아닌 청경봉(青埂峰)이다. 그냥 푸른 뫼 뿌리인 산봉우리의 뜻일 뿐이지만 자주 활용되는 해음법(諧音法, 동음이의어에 의한 의미 부여)에 의하면 정근봉(情根峰)이 되나니 이는 즉 정의 뿌리, 정의 근본, 정이 탄생하는 그 순간이다. 우리

말에서 정과 사랑은 약간 다른 뉘앙스를 풍기지만 여기서 정은 온전히 사랑 그것이다. 사랑의 뿌리가 무슨 말인가. 대체 사랑이 뭐길래 하는 근본적인 물음이 여기에 있는 것이다. 〈홍루몽곡〉 열두 곡 중에서 첫 번째인 〈서곡〉에 나오는 첫째 구절은 바로 "천지가 개벽되어 하늘과 땅 열릴 제, 그 누가 사랑의 씨앗을 뿌려놓았나"(제5회)이다. 주인공 가보옥이 꿈속에 노닐던 저 태허환경에서 경환선녀의 안내를 받으며 얼해정천(孽海情天)의 궁문을 들어설 때 기둥 양쪽에 쓰인 주련도 "두텁고도 높은 천지만큼이나, 아! 고금의 사랑은 다할 날이 없구나"이다. '얼해정천'이란 네 글자야말로 《홍루몽》이 그려내려던 세계다. 글자대로 해석한다면 "업보의 바다, 사랑의 하늘"이다. 이 세상은 곧 '사랑의 업보로 가득한 하늘과 바다'라는 것이다.

다시 소설의 첫머리로 돌아가자. 청경봉에 떨어졌던 그 돌은 인간으로 환생하여 얼해정천의 세계에서 한 세상 살다가 간 자신의 이야기를 그 몸통에 가득히 기록하여 적막한 청경봉에 다시 놓여 있었다. 그런데 작자는 이야기의 서두를 이렇게 꾸며놓았다. 다시 억겁의 세월이 흐른 뒤에 마침 공공도인이란 사람이 도를 구하고 신선을 만나고자 돌아다니다가 홀연히 대황산 아래를 지나게 되었다. 그리고 무심코 이 거대한 바위에 적힌 구구절절한 사연을 보게 되었다. 공공도인은 처음부터 끝까지 다 읽고 나서 비로소 그 내용이 재주 없어 하늘을 메우지 못하고 버려져 있다가 망망대사(茫茫大士)와 묘묘진인(渺渺眞人)에 의해 모습을 바꾸어 홍진세계로 나가 이합비환(離合悲歡)과 염량세태(炎凉世態)의 온갖 달고 쓴 맛을 다 보고 돌아온 돌의 이야기임을 알게 되었다. 여전히 인간의 말을 할 줄 아는 돌(石頭)과 더불어 이야기의 곡절과 의미에 대해 따져 묻고 난 후에 공공도인은 자신의 이름을 정승(情僧)이라고 바꾸었다. 공공도인(공)이 홍진세계(색)의 이야기를 듣고는 깨달은 바가 있어서 정승(정)이 되었다는 논리다. 여기에 작자는 색즉시공, 공즉시색의 이론에 덧붙여 정의 세계를 가미하고 있는 것이다. 작자는 이렇게 풀어놓고 있다.

이로부터 공공도인은 공으로 인하여 색을 보고, 색으로 인하여 정을 만들며 다시 정을 전하여 색으로 들어가 마침내 색으로부터 공을 깨닫게 되었으므로 스스로 이름을 바꾸어 정승이라 하고 이 《석두기》를 《정승록》이라고 부르게 되었다. (제1회)

이론적 논리 전개가 조금은 헷갈리지만 좌우지간 색과 공의 사이에 가장 중요한 것은 결국 정(사랑)이 아니겠는가 하는 것이 작자의 주장이다. 작자는 세계를 공과 색으로 나눈 이분법을 과감히 타파하고 거기에 정의 세계를 넣은 것이다.

이분법을 타파한 대목은 가우촌과 냉자흥의 대화에서도 나온다. 가보옥의 내력에 대해 말하면서 세상에는 크게 어진 인물과 크게 악한 인물의 두 부류 외에 또 하나의 인물군이 있다고 분석하였다.

우연히 이러한 기운을 타고난 인물은 위로는 어진 군자가 되지 못하고 아래로는 대단히 흉악한 인물도 못 됩니다. 만사람 중에 두면 그 총명하고 수려한 기운은 만인의 위에 있게 되지만, 그 괴벽스럽고 황당함이 사리에 맞지 않으면 만인의 아래에 있게 되는 것입니다. 이런 사람이 만약 공후의 귀족 가문에 태어나면 사랑에 눈먼 치정의 인물이 될 것이지만, 만약 시서를 읽는 청빈한 선비 집안에 태어난다면 인품이 고매

한 은자가 될 것입니다. 또 설사 아주 가난한 집안에 태어났다고 해도 결코 아전이나 노복이 되어 남의 부림을 받거나 수레를 끄는 따위의 일을 하지는 않을 것이며 필시 뛰어난 배우나 이름난 명창이 되고야 말 것입니다. (제2회)

이 책의 주인공 가보옥은 바로 공후의 귀족 가문에서 태어난 도련님이다. 그가 '사랑에 눈먼 치정의 인물'이 되는 것은 바로 이러한 배경이 있었던 것이다. 소설 밖의 이야기를 구성하면서 스스로 이야기 속의 인물이 되어 작중인물과의 관계를 진행하고 있는 가우촌은 여기서 제3의 인물 유형에 속하는 전대의 인물을 예를 들었다. 즉 은자 허유와 전원시인 도연명, 죽림칠현 완적과 혜강, 서화가인 고개지와 당백호, 황제로서 사랑의 업보에 빠진 남조의 진후주, 당나라 현종, 송나라 휘종, 그리고 소설 속의 인물 홍불[6]과 앵앵[7] 등이 포함되었다.

작가는 정의 세계를 과감하게 제3의 세계로 규정하고 이를 그려내고자 하였다. 인물 유형에서도 크게 어진 인물과 크게 악한 인물의 사이에 존재하는 제3의 유형은 바로 정의 인물이라는 점을 강조하여 주인공 가보옥의 인물 유형의 전례를 중국 역사인물과 서사인물 중에서 찾아냈던 것이다.

---

6) 당대 전기소설 두광정의 《규염객전》에 나오는 여성 인물이다. 규염객은 수나라 말엽 웅대한 재주를 품고 천하를 경략하려는 꿈을 가지고 있다. 이정과 홍불은 객점에서 규염객을 만나 의형제를 맺는다. 규염객은 그들로 하여금 이세민을 만나도록 하고 자신은 바다 밖(해외)으로 나가 부여국의 왕이 되었다고 한다. 소설의 묘사와는 달리 당시에는 부여국이 이미 없어졌고, 그 뒤를 이은 고구려는 만주 지역과 한반도 북부에 걸쳐 있었다. 나라 밖으로 가서 왕이 되었다는 이야기는 우리나라의 《홍길동전》에도 나오고(율도국) 명말청초 때 《후수호전》에서도 나온다(섬라국).

7) 당대 전기소설 원진의 《앵앵전》의 여주인공 최앵앵이다. 《회진기》라고도 한다. 진정 아름다운 여자와의 만남이란 뜻이다. 그녀는 최상국의 딸인데 부친을 여의고 모친과 함께 잠시 보구사에 머물다가 장생을 만나게 된다. 두 사람은 시녀 홍낭의 도움으로 우여곡절 끝에 만나 애틋한 사랑을 나누지만 모친의 반대로 혼인하지 못하고, 장생이 과거시험에 낙제하면서 두 사람의 만남은 끝내 이어지지 못한다. 원나라 때 〈서상기〉(서쪽 행랑채에서의 이야기)라는 극에서 두 사람이 혼인하는 해피엔딩으로 만들어져 많은 인기를 얻게 되었다.

4. 가보옥의 가족과 친정(親情)

주인공 가보옥의 풍부한 감성 세계는 작가의 안배에 의하면 태어나면서 타고난 듯하지만 결국은 그를 둘러싼 가족이나 친척, 친구 사이에서 표현되면서 분명하게 드러난다. 그에게서 정이란 가족 간의 친정, 친구 간의 우정(友情), 연인 간의 애정(愛情)으로 간략히 유형화해볼 수가 있을 것이다. 친정은 우리말에서 직접 사용되지 않는 용어이지만 돌림자를 만들기 위해 억지로 사용된 것이다. 굳이 표현하자면 가족애, 즉 가족 사랑이다. 우정과 애정은 흔히 듣는 말로서 우정과 애정이 양립할 수 있을까, 남녀 사이에 진정한 우정이 존재할 수 있을까, 동성끼리의 애정은 어떻게 성립하는가 하는 말에서도 늘 나타난다.

가보옥의 가족은 많다. 그의 집안은 개국공신으로서 작위를 받은 귀족 가문이다. 그의 고조부 형제는 각각 녕국공과 영국공의 작위를 받았고, 그는 작은댁에 해당하는 영국부의 4대째 작은 손자로 태어났다. 조부는 돌아가고 조모가 생존해 있다. 가씨 가문의 가장 어른 되는 여성이므로 가모(賈母)라고도 하고, 사씨의 성을 가졌으므로 이 집안에서는 사태군(史太君)이라고 부른다. 그녀의 슬하에 두 아들이 있어 큰 아들이 작위를 이어받았고, 작은 아들 가정(賈政)은 과거시험으로 출세하려고 준비하였으나 황제가 특별한 은총을 내려 벼슬을 주었다. 그래도 이 집안에서 가장 반듯한 인물이지만(아마 그래서 바를 정(正)자의 의미를 담아 정(政)으로 지었는지 모른다. 문(文)자는 돌림자에 속한다) 유교적 사상에 깊이 물들어 너무 곧이곧대로만 생각하는 사람으로 비쳐진다. 그가 주인공 가보옥의 아버지다. 그 아내가 왕씨여서 소설에서 왕부인(王夫人)으로 호칭되는데 바로 가보옥의 어머니다. 이 집안의 안살림을 총괄하여 맡고 있다. 엄격히 말하면 큰아들이며 영국공의 작위를 가진 가사(賈赦)가 중심이 되어야 하지만 사람이 조금 반듯하지 못하다. 그냥 마지못해 대접을 받기는 하지만 속으로는 경멸의 빛이 역력하다. 하는 일마다 엉성하고 비린내가 난다. 그러하니 그의 아내 형부인(邢夫人)도 온전한 대접을 못 받는다. 그녀 역시 하는 일이 그다지 떳떳하지 못하고 남편의 비리나 천박한 일을 제대로 막지도 못하여 은근히 빈축을 산다. 그래서 그런지 어쩐지 사태군의 신임은 모두 왕부인 쪽에 방점이 찍히고 가문의 중요한 대소사는 왕부인의 저택에서 이뤄진다. 왕부인은 온화하고 반듯하지만 아들을 너무 챙기는 점이 심하게 드러난다. 그래서 막상 아들의 잘못이 분명해도 그 책임은 상대에게 돌아간다. 가보옥을 유혹한 하녀들에게 가혹하리만치 매정하게 처리하여 형평을 잃기도 한다. 그도 그럴 것이 보옥은 그녀의 둘째 아들인데 첫째가 장가를 들고 얼마 안 되어 요절하는 바람에 막상 보옥이 그녀의 외아들이 되고 말았기 때문이다. 보옥만이 자신의 희망이라고 생각하고 있다. 이상한 점은 죽은 큰아들에게 유복자 가란(賈蘭)이 있는데도 불구하고 손자보다는 둘째 아들에게 온 정성을 바친다는 점이다. 가란의 모친, 즉 왕부인의 큰며느리이며 보옥의 형수가 되는 이환은 과부로서 철저한 윤리를 지키면서 모든 욕망을 끊고 죽은 재나 마른 나뭇가지처럼 살아간다. 그래서 왕부인은 집안의 대소사를 큰집의 며느리가 된 왕희봉(王熙鳳)에게 맡겨서 처리한다. 그냥 단순히 가사의 며느리라고 하면 왕부인이 그다지 가까울 이유도 없으련만 가련(賈璉)의 아내로 맞아들인 왕희봉은 다름 아닌 왕부인의 친정집 조카(친정 오라비의 딸)가 되기 때문에 누구보다도 만만하여 아직은 젊고 경험이 일천

함에도 불구하고 이 대가족 가문의 안살림 권한을 전폭적으로 맡기고 있다. 왕희봉의 이름은 봉황새 봉자를 쓰므로 줄여서 봉저(봉 아가씨)라고도 부르는데 제대로 공부를 하지는 않았지만 그녀 역시 대갓집의 규수로 자라 견문이 넓고 배포가 크며 씀씀이가 만만치 않았다. 일단 시집에서 작은댁 숙모가 친정 고모가 되는 바람에 확실한 후견인이 생긴 셈이었고, 천성적으로 타고난 말솜씨와 웃음으로 어른들의 마음을 사로잡을 줄 알아서 사태군의 총애를 독차지하고 있었다. 봉저는 불과 이십대의 젊은 나이였지만 녕국부의 진가경 장례를 계기로 양쪽 집안의 늙은 노복들을 매섭게 부렸다. 어느 누구도 감히 이 젊은 새댁의 권력을 깔보거나 넘볼 수 없게 된 것이다. 남편 가련도 천성적인 바람기 때문에 늘 호시탐탐 다른 여자를 만나려고 하지만 몰래 살림을 차려준 우이저가 발각되는 바람에 된통 한번 당하고 나서는 기가 꺾여 그녀에게 절절 매는 상태가 된다. 보옥에게는 이복동생도 둘 있다. 가정의 첩인 조이랑은 딸 탐춘에 이어 아들 가환을 두었다. 하지만 원래 하녀 출신이던 조이랑은 제대로 신분상승의 효과를 얻지 못하고 늘 주변 사람들에게 업신여김을 당한다. 왕희봉의 노골적인 악담이 더욱 조이랑의 가슴을 찌른다. 생각해보면 작은 시아버지의 첩에게 그렇게 못되게 굴어도 되는가 싶을 정도로 왕희봉의 악담은 심하다. 아마도 이전에 하녀로 알아왔던 위상을 바꾸지 못했기 때문일 것이다. 탐춘은 비록 서출이라도 똑똑하고 옹골찬 소녀였지만, 가환은 늘 못난이의 대표처럼 굴어서 웬만한 시녀들도 늘 빈정거림을 멈추지 않는다. 보옥과는 배다른 형제인데 서로 비교를 하자면 사람의 됨됨이가 너무 차이가 났기 때문일 것이다. 보옥은 군계일학처럼 우뚝한 그 무엇이 있는 귀골이었지만 가환은 늘 쬐죄죄하고 생각이 옹졸하여 사람들의 호감을 사지 못하였으니 천생 천출이라는 느낌이었다.

이들이 보옥에게는 가까운 친척이었다. 보옥은 가족에 대해 특별히 감정을 드러내어 누구를 더 좋아하고 누구를 덜 좋아한다고 말한 적은 없었다. 그러나 행동을 통해서 보면, 우선 할머니 사태군의 사랑을 듬뿍 받고 있었고, 어머니 왕부인의 사랑 또한 넉넉했다. 왕희봉은 이 두 사람의 마음을 사기 위해서라도 보옥을 좋아하고 도와주려고 하였겠지만 사실 형수와 시동생이기 전에 외사촌 누나이면서 고종사촌 동생이라는 특별한 관계였으므로 아직 어리다고는 하지만 가마에 함께 타고 갈 만큼 사이가 좋았다. 보옥은 필요한 것이면 무엇이든 봉저에게 요청할 수 있었고, 봉저로서는 보옥의 마음을 얻으면 즉 사태군과 왕부인의 마음을 얻는 것과 진배없었기 때문에 두 사람은 서로 필요한 존재였다. 이환은 형수이며 또한 과부이기 때문에 특별한 감정을 가지기 어려웠다. 그럴 만한 기회도 별로 없었고 간혹 시모임(詩社)을 이환이 주관하였지만 보옥에 대한 감정을 드러내는 일은 없었다. 아버지나 사촌형이나 남동생에 대한 가족애는 그다지 보이지 않는다.

보옥의 남성관은 매우 도전적이고 적대적이다. 보옥은 어려서부터 "여자는 물로 만든 골육이고 남자는 진흙으로 만든 골육이라, 여자아이를 보면 마음이 상쾌해지지만 남자를 보면 더러운 냄새가 진동한다"고 말했다. "천지간 세상의 정기는 모두 여자에게 모였다"라고도 말했다. 처음 그가 귀골로 태어나고 영롱한 옥을 입에 물고 있었으므로 장차 대단한 인물이 될 것이라는 기대로 기뻐했던 아버지 가정도 돌잔치에서 지분이나 비녀와

가락지 등을 움켜잡은 보옥에게 실망하여 장차 주색의 무리가 될 것이라고 불평했다. 사람들도 그러한 그를 두고 장차 색마가 되지 않을까 우려했을 정도다. 그러니 보옥의 가족이라고 하더라도 남성들과의 관계는 그다지 진솔하게 묘사된 부분이 없다. 아버지 가정과는 가슴 아픈 구타의 기억에 이어 서로 상관할 수 없는 덤덤함과 소원함이 남아 있을 뿐이었다. 그가 출가를 결심하고 과거시험장에서 실종되었을 때, 그 소식을 전해 들은 가정은 마침 남쪽에 내려가 금릉 땅에 할머니의 영구를 모시고 나서 귀경하는 뱃길에 있었다. 비릉역을 지날 무렵 눈은 천지를 뒤덮으며 내리는데 하얀 설원을 뒤로 하고 붉은 가사 장삼을 걸친 젊은 중 하나가 뱃전의 가정을 향하여 큰절을 올리고 있었다. 의아해하며 선창을 뛰어나가 보니 네 번째 절을 끝내고 돌아서는 그는 바로 보옥이었다. 홀연히 나타난 늙은 중과 도사는 양쪽에서 보옥의 팔을 끼며 말했다. "속세의 인연은 이로써 모두 끝났으니 어서 돌아가도록 하자!" 그리고 들려오는 노래는 "내가 살고 있는 곳은 청경의 봉우리요, 내가 놀고 있는 곳은 태초의 하늘이라네!"(제120회) 그렇게 부자의 정을 마무리하고 있을 뿐이다.

보옥과 형제의 이야기도 그다지 감동적인 대목은 없다. 큰댁 녕국부의 장손에 해당하는 형님이 가진(賈珍)인데 가문의 중심에 서 있는 인물이라고는 하기 어려울 만큼 호색한이어서 객관적인 묘사가 있을 뿐이다. 사촌형인 가련은 왕희봉의 남편이기도 하여 영국부의 바깥일을 도맡아 한다. 원춘 귀성을 맞이하는 대관원 조성이나 대옥의 부친 장례일 등을 맡아서 처리하기도 하지만, 왕희봉 몰래 다고랑과 밀회하거나 우이저를 첩으로 들이는 일을 하다가 발각되어 큰 소동을 일으키는데 역시 보옥과의 관련은 그다지 나타나지 않는다. 가환은 보옥의 이복동생으로 서출이어서 늘 보옥을 질시의 눈으로 본다. 고의적으로 책상의 촛불을 쓰러뜨려 보옥에게 해를 끼치려 하고 금천아의 자살을 보옥이 강간하려 해서 도망치다가 우물에 빠진 것이라고 부친에게 무고를 하는 바람에 보옥은 더 큰 곤욕을 당하지만 그냥 대꾸할 뿐이었다. 그렇다고 각별한 애정으로 동생을 보살핀 적도 없다. 보옥의 친정(가족애)의 관심은 주로 여성에게 있었다. 할머니와 어머니 이외에도 친누나 원춘에게 각별한 정이 있었고, 사촌누나 영춘에게 특별한 연민이 있었으며, 이복동생 탐춘에게 남다른 동정이 있었고 또 네 자매의 막내에 해당하는 녕국부의 석춘에게는 안타까움이 있었다. 가족보다 더 가족 같은 집안의 시녀들과는 더더욱 남다른 감정이 있었지만 이는 아무래도 애정 편에서 논의해야 할 것이다. 사랑하는 대상이던 대옥이나 실제로 아내가 되고 만 보차의 경우도 사실은 고종사촌과 이종사촌의 누이였으니 모두 인척에 속하지만 가족애의 하나로 보기에는 어려운 점이 있기에 애정 편에서 다루어야 할 것이다.

5. 우정과 동성애 사이의 애매함

보옥에게 진정한 의미의 친구가 있는지, 있다고 한다면 누구인지 딱히 드러나는 사람은 없다. 요즘같이 학교 동창이나 직장 동료 중에서 찾는 것은 불가능한 일이다. 더구나 주먹을 불끈 쥐고 의기투합하여 어깨동무하고 거리를 활보하는 친구의 모습을 찾는다는 것은 있을 수 없다. 가보옥은 늘 집 안에서만 지냈다. 대관원이 만들어진 후에는 자신의 거처인 이홍원에서 대부분의 시간을 보냈다. 어쩌다 외출을 하거나 간혹 가문에서 운영하는 서당에도 나가지만, 서당은 대개 가문의 친인척 자제들이 모여서 공부하는 곳이었다. 그래도 굳이 우정을 나눈 친구를 찾아내자면 진종(秦鐘)과 장옥함을 꼽아야 할 것이다. 두 사람은 보옥과 같은 남성이지만 우정이라기보다는 오히려 동성의 애정과 같은 진한 감정을 지니고 있어 남다른 바가 있다. 그래도 동양적이고 전통적인 우정의 모습에 가까울 것이다.

진종을 만난 것은 진가경의 집에서다. 진종은 진가경의 동생이다. 진가경(秦可卿)은 사실 양생당(고아원)에서 구해온 딸이고 진종은 낳은 아들이니 두 사람은 친남매가 아니다. 진가경은 녕국부 가진의 며느리이고 가용의 아내였다. 보옥에게는 조카며느리쯤 된다. 하지만 동생 진종이 보옥과 동갑내기였다. 가보옥은 진종의 수려한 용모와 여자애 같은 우아함에 한눈에 반했다. 그리고 스스로의 운명을 한탄했다. "나는 왜 고대광실 부잣집에 태어났단 말인가. 진종처럼 청빈한 선비나 낮은 관리의 집에 태어났다면 일찌감치 그와 사귀며 일생을 헛되이 보내지 않을 수 있었을 터인데." 그를 늦게 만난 운명을 이렇게 기발한 발상으로 한탄하였다. 과연 가보옥다운 생각이었다. 그런데 진종도 보옥의 출중한 모습과 비범한 몸가짐을 보고 깊은 생각에 잠겼다. "나는 하필 청빈한 가정에 태어나 이러한 자와 더불어 귀밑머리 서로 비비며 가까이 지낼 수 없었으니 가난이란 이처럼 사람을 움츠리게 하고 세상을 통쾌하게 살 수 없도록 하는 것이로구나." 두 사람의 마음은 곧 의기투합하여 함께 가숙(가문 내의 서당)에 다니는 동창이 되었고 인척으로 따지면 조카와 아재뻘이었지만 친구처럼 부르기로 했다. 두 사람은 함께 지내며 함께 서당을 다녔다(제7회). 더할 수 없이 친한 진정한 친구라고 해도 좋을 사이였다. 진종의 풍류는 조금 과한 면이 있었다. 서당에서도 계집애같이 예쁘게 생긴 향련과 밀회를 하다가 다른 친구의 놀림 때문에 소동을 일으켰고, 누나 진가경의 장례식 때는 어린 비구니 지능아와 밀회를 하다가 보옥에게 발각되는 사건도 있었는데, 결국 지능이 절을 도망쳐 나오는 바람에 진종의 부친이 그 사실을 알게 되어 진종은 모진 매를 맞았다. 진종은 마음의 병에 이어 고칠 수 없는 병에 걸려 죽게 되었다. 죽음에 이르러 진종은 저승사자에게 통사정을 했다. 보옥을 한 번만이라도 만나게 해 달라는 것이었다. 저승사자는 "염라대왕이 삼경에 죽으라면 삼경에 죽는 게지, 누가 오경까지 살려둘 수 있겠느냐!" 호통을 쳤지만 막상 만나보려는 사람이 영국공의 손자인 '보옥'이라는 말을 듣더니, 우두머리는 안색을 바꾸면서 운수가 왕성한 사람이 왔으니 만나게 해주라고 특별 명령을 내리게 된다. 진종은 마침내 보옥의 손을 잡고 마지막 인사를 하고는 세상을 떠났다(제16회). 보옥과의 진정한 우정을 나눴던 진종은 짧은 인생을 이렇게 마감하였다.

가보옥은 십대의 나이로 아직 미성년자였지만 집안의 잔치나 연회 등에서 술을 마셨다. 눈 오는 날 설보차의 집을 방문했을 때는 이모인 설부인이 술을 내주며 함께 마시기도 했다. 마치 성인들처럼 행동한 적도 있었다. 어느 날 풍자영이 자택으로 초청했다는 말을 전해 듣고 보옥은 외출했다. 그곳에는 설반이 미리 와 있었고, 장옥함도 있었다. 풍자영은 기녀에게 술을 따르고 노래를 부르게 했다. 보옥은 술만 마시게 되면 쉽게 취할 뿐이니 차라리 주령놀이를 하면서 마시자고 제안했다. 주령이란 규칙을 정하여 술 마시는 순서와 방식을 결정하는 놀이다. 그들은 여자의 슬픔(悲), 근심(愁), 기쁨(喜), 즐거움(樂)을 화두로 주령을 이어나갔다. 보옥과 장옥함은 그래도 점잖게 이끌어갔지만 풍자영과 설반은 급기야 야한 노래로 끝맺으며 야단법석을 떨었다. 장옥함은 시의 한 구절을 읊었다. "花氣襲人知晝暖(꽃향기가 몰려오니 한낮의 따뜻함을 알겠노라!)" 사람들은 보옥이 아끼는 시녀 이름(습인)을 함부로 불러댔으니 벌주를 마셔야 한다며 놀려댔다(제28회). 장옥함은 결코 모르고 한 말이었다고 사과했다. 친구들의 술자리 모임이지만 풍자영과 설반 등이 진정한 친구는 아니었다. 그들은 귀족 자제로서 의례적으로 왕래하는 처지였다. 보옥이 그런 성향을 가진 것은 아니지만 그런 자리에도 가보았다는 것은 충분히 이해할 수 있는 일이다. 사실 그 자리는 보옥과 장옥함의 만남을 주선하기 위한 선택된 자리였음이 후에 증명되었다. 장옥함은 보옥이 평소에 흠모하던 기관(琪官)이란 예명을 가진 왕부의 소속 배우였음이 확인되었다. 두 사람은 서로를 확인한 순간 주저 없이 자신의 가장 소중한 물건을 정표로 나눠 갖게 되었다. 보옥은 부채추의 옥구슬을 풀어서 만남의 정표로 건네주었다. 그랬더니 장옥함은 허리에 차고 있던 붉은색 땀수건을 풀어서 주었다. 엊그제 북정왕이 친히 주신 선물이라고 했다. 보옥도 다시 자신의 허리에 찬 송화색 땀수건을 풀어주었다. 두 사람은 그렇게 첫 만남의 의식을 진행했다. 술이 거나하여 집으로 돌아온 보옥은 습인으로부터 추궁을 받았다. 습인은 아침에 자신이 매준 송화색 땀수건은 어디로 가고 엉뚱한 땀수건을 차고 있느냐고 따졌다. 습인이 잠자는 사이에 보옥은 습인의 허리에 그 수건을 매어 주었다. 다음날 아침 습인은 투덜대며 수건을 풀어 빈 상자에 넣어버리고는 그 일에 대해 잊어버렸다. 보옥과 만난 장옥함은 충순왕의 애타는 구애를 뿌리치고 보옥과 따로 은밀히 만나고 있었다. 사실 당시 연극에서 소단(아가씨)의 역할을 하던 젊은 남자배우는 동성애의 대상으로서 구애를 받기가 일쑤였다. 왕부에서는 그 낌새를 알고 사람을 보내 장옥함을 찾고자 했다. 보옥은 발뺌을 하지만 허리수건을 주고받았다는 사실까지 들춰내는 통에 어쩔 수 없이 실토하고 만다. 엎친 데 덮친 격으로 금천아가 우물에 투신한 사건과 가환의 엉뚱한 무고도 바로 이 무렵에 함께 일어났다. 가정은 머리끝까지 화가 치밀어 가문의 망신을 자초한 아들을 단단히 훈계하고자 작심하고 안쪽 마님들(사태군와 왕부인)께는 절대 알리지 못하게 단속하고는 보옥이 견디기 힘들 만큼의 곤장을 직접 때리기 시작했다. 부자간의 결정적인 충돌의 한 원인으로 장옥함이 그렇게 등장했고 또 그렇게 해서 다시는 우정 어린 만남을 이어갈 수 없게 되었다. 그러나 훗날 가보옥이 출가하고 중매로 습인이 시집을 가게 되었을 때 장옥함이 남편으로 정해지고 각자가 보옥에게 매어주었던 허리수건이 상대방의 손에 들어와 있는 것을 알게 되었을 때 마침내 질긴 인연의 끈을 확인할 수 있게 되었던 것이다(제120회). 보옥과의 우정은 그런 방식으로 이어졌다.

6. 이루어질 수 없는 목석의 인연

가보옥은 사랑의 화신이다. 그렇게 고금의 많은 독자들은 이해를 한다. 가보옥은 어떻게 사랑을 하였을까. 그의 사랑 방식은 동정과 이해와 너그러움과 부드러움이다. 임대옥(林黛玉)은 그가 가장 아끼는 누이이며 연인이지만 실상 연인이란 말을 입에 오롯이 담기도 어려울 만큼 연애다운 연애를 하지 못한 연인이다. 그저 지금의 말로는 제대로 표현하기 어려운 관계였다. 당시 그들은 오누이 사이였다. 성씨가 다른 오누이는 혼인할 수 있는 시대였다. 나이가 엇비슷하고 조건이 유사한 외사촌이나 고종, 이종의 형제와 자매가 있는데도 만약 청혼을 하지 않는다면 오히려 그 가문을 업신여기고 그 인물을 타박하는 것이라고 부끄럽게 생각하거나 또는 울분과 한탄으로 대하는 것이 당시의 관습이기도 했다. 그러므로 가보옥이 점차 성장하고 있을 때, 임대옥과 설보차, 사상운 등의 자매들이 모여들자 집안의 어른들은 당연히 이들 중에서 마땅한 신붓감을 찾고자 생각했다. 물론 주변의 귀족 가문으로부터 중매를 통해 새로운 대상을 물색하는 수도 있었다.

임대옥과 설보차(薛寶釵)[8]는 가보옥의 감성세계에서 가장 중요한 인물이다. 설보차와 임대옥은 가보옥과 떨어질 수 없는 그의 영원한 여성상이다. 그래서 태허환경에 나오는 금릉십이차의 정책(正冊)에 모든 이들이 한 사람당 한 수의 시가 쓰였지만 유독 보차와 대옥은 한 수의 시에서 두 사람을 동시에 담고 있다. 첫 장의 그림에서는 두 그루의 마른 나무에 옥 허리띠 하나가 걸려 있고(임대옥), 나무 아래 쌓인 눈 속에는 금비녀 하나가 꽂혀 있다(설보차). 그리고 시 구절은 이러했다. "베틀 멈춰 격려한 부덕이 안타깝고(설보차), 버들 솜 노래 부른 재주가 가련하다(임대옥). 옥 허리띠 숲속에 걸려 있고(임대옥), 금비녀는 눈 속에 묻혀 있네(설보차)." 그림에서도 시구에서도 각각의 구절이 임대옥과 설보차를 비유하고 있는데 계속 엇갈려가면서 이들을 그려낸다. 누가 주연이고 누가 조연인지를 구분하지 않고 있다. 그래서 학자들은 이른바 '보차와 대옥의 합일론'이란 이론을

8) 기존의 일부 번역본에서는 '설보채'로 발음을 달고 있으나 '釵'는 '비녀 차'로 보아야 한다. 《낙선재본 홍루몽》에서도 '보챠'라고 발음하였다. 아래한글 한자음에서 '채'로 잘못 규정되었던 것이다.

만들어냈다. 원래가 한 사람의 양면을 그려낸 것이라는 설이나 두 사람 누구에게도 우열을 가르지 않겠다는 것이라는 주장이다. 청나라 후기에 일부 문인들은 대옥과 보차의 우열론으로 논쟁을 하기도 하였지만, 작가의 입장에서는 역시 우열을 나누려는 의도는 없었다고 본다. 두 사람은 모두 가보옥에게 중요한 의미가 있는 여성이었기 때문이다.

임대옥은 남방 양주에서 살다가 어머니를 잃고 외가인 가씨 집안으로 옮겨왔다. 가우촌이 그녀의 가정교사를 지냈는데 마침 대사령이 내려서 구직 운동도 할 겸 대옥을 데리고 운하를 따라서 서울(북경)로 상경했다. 대옥의 눈에 비친 영국부는 화려함의 극치를 보여주었다. 그녀의 어린 눈에는 외가의 눈부신 부귀영화와 인물들이 모두 신기하게만 느껴졌다. 그녀와 처음 만난 가보옥은 보자마자 눈에 익었다. 어디선가 본 듯한 얼굴, 어디선가 가깝게 지내던 친근한 얼굴이었다. 독자들은 안다. 그가 왜 그런 생각을 하는지.

서방 영하(갠지스 강)의 강가 삼생석의 곁에서 자라던 강주선초(絳珠仙草)[9]는 태허환경에서 노닐던 신영시자(神瑛侍者)로부터 매일 감로수를 받아 무럭무럭 자라났다. 그러나 어느 날 초목의 태를 벗고 아리따운 여인의 몸이 되었을 때, 신영시자가 인간세상으로 떠났음을 알았다. 강주선녀는

9) '강주선초'의 글자 뜻풀이는 '붉은 열매가 있는 선계의 풀'이다. 선경에 있는 풀이었으니 분명 신선과도 어울리는 선초라고 한 것이다. 역대 판본의 삽화에서는 커다란 돌과 함께 작은 난초 모양의 풀을 그려놓고 있다. 때로는 영지의 모습으로 그리기도 한다. 하지만 필자는 오래전부터 이 풀이 인삼이 아닐까 생각하고 있다. 붉은 열매가 달린 선경의 풀, 오래오래 감로수를 먹고 자라서 한번 태를 벗고 난 후 여체로 변한 풀이라면 인삼의 이미지와 가장 닮았기 때문이다. 붉은 구슬은 평생 눈물 속에 살다 간 임대옥의 피눈물을 상징하기도 하지만, 현실 속에서 인삼에게도 작고 붉은 열매가 구슬처럼 달려 있으니 이름 그대로다. 또 대옥은 처음 등장한 이후부터 인삼양영환을 먹었으니 인삼과도 인연이 깊다. 약효 있는 인삼의 유무가 가씨 가문의 흥망성쇠를 상징하고 있는 것을 보더라도 작가가 인삼의 이미지를 진지하게 고려했음을 알 수 있다.

한평생 입은 감로수의 은혜를 갚고자 경환선녀에게 자신도 인간세상으로 환생하도록 해달라고 애걸했다. 자신이 갚을 수 있는 것은 오로지 제 몸의 눈물밖에는 없으니 그것으로 평생의 은혜를 갚겠다는 각오를 다지며 환생하였다(제1회). 임대옥의 어머니는 바로 가정의 누이 가민이었다. 그래서 보옥에게는 고종사촌 누이가 되었다. 어머니를 잃고 나서 오래지 않아 아버지마저 잃자 임대옥은 고아가 되었다. 잠시 몸을 의탁하고자 다니러 온 영국부는 이제 오갈 데 없이 끝내 머물러야 하는 곳이 되고 말았다. 어려서 만난 보옥과 대옥은 할머니 방의 곁방에서 함께 지냈다. 한자리에서 먹고 한자리에서 잠들어 어린 시절 오누이로서의 정을 담뿍 느끼게 되었다. 외할머니 사태군이 극진하게 총애하고 가족들도 한결같이 아껴주었지만 천성으로 타고난 예민한 성격과 날카로운 감성으로 인해 그녀는 주위에 자꾸만 적을 만들었다. 할머니의 시녀였던 자견만이 충실한 노복이 되어 대옥의 장래를 걱정하면서 보옥의 결단을 촉구하는 형세였다. 그러다 설보차가 들어오고 사상운도 오가고 많은 사람들이 대관원에 모였을 때 보옥의 마음은 언제나 알쏭달쏭하기만 하고 누구에게나 잘 대해주었다. 대옥은 소심하여 아무런 내색을 못 하지만 불안한 마음이 오래되어 병으로 이어졌다.

두 사람은 한때 서로를 의심하지 않고 순진무구한 사랑의 마음을 함께 느낀 순간이 있었다. 그러나 굳이 널 사랑하느니 어쩌니 하는 그런 방식은 아니었다. 점심을 먹은 후에 곧바로 자리에 누운 대옥을 찾아가 베개를 함께 베자며 곁에 드러눕던 보옥은 자꾸 잠을 청하려는 대옥이 낮잠을 자면 소화가 안 될 것을 염려하여 잠을 깨우려고 보챘다. 대옥은 잠시 조용히 쉬겠다면서 다른 데 가서 놀다가 오라고 보옥을 내친다. "날 보고 어딜 가라고 그래? 다른 사람을 보면 싫증이 나." 대옥은 그 말에 푸 하고 웃음을 터뜨렸다. "굳이 여기서 있겠다면 저쪽에 얌전하게 앉아서 그냥 얘기나 해요." 대옥도 보옥과 함께 있는 것이 싫지는 않았지만 그래도 말은 얌전하게 앉아 있으라고 점잖게 충고한다. 오늘날 젊은 연인 사이에 오가는 말과도 다르지 않다. "나도 같이 누울래." 보옥이 대담한 듯 순진한 듯 말을 하자 대옥도 순순히 들어준다. "눕고 싶으면 누워요." 그런데 보옥이 또 한술 더 뜬다. "베개가 없으니 같이 베고 누워보자." 베개를 함께 베는 것은 부부가 된다는 말이다. 아직 어린 나이지만 보옥과 대옥 사이에는 그러한 금기조차 없는 순진한 시절이었던 것이다. 바깥에서 베개를 가져다 베면 되지 않느냐고 했지만 보옥은 더러운 할망구들이 베던 것은 싫다고 하면서 굳이 달라붙었다. "정말이지 오빠 때문에 못 살겠어. 내 운명에서 지울 수 없는 전생의 마귀인가 봐. 정 그러면 이걸 베고 누워요." 대옥은 자신의 베개를 밀어주고 일어나서 다른 것을 하나 끌어다 베고 누웠다. 두 사람은 각각 베개를 베고 마주보고 누운 채 서로를 바라보았다. 보옥은 대옥의 옷소매 속에서 흘러나오는 향기를 맡자 넋이 나가 혼미해지고 뼈마디가 녹아내리는 듯하였다. 대옥은 누가 한겨울에 향을 넣고 다니느냐고 발뺌했지만 보옥은 그녀의 몸에서 나는 향을 온전하게 느끼고 있었던 것이다. 대옥은 설보차가 냉향환을 먹는다는 사실을 빗대어 빈정거리면서 말했다. 보옥이 겨드랑이 갈비뼈 아래에 손을 집어넣어 간질이자 대옥은 숨이 넘어갈 듯 깔깔대고 웃으면서 다시는 그런 말 안 하겠다고 맹세했다. 보옥은 은근슬쩍 이야기를 꾸며서 양주 관청의 대산 임자동에 있는 생쥐이야기를 흥미진진하게 만들어냈다. 대옥은 진지하게 이야기를 듣다가 그것이 결국 자기 이름을 빗대어 임향옥이라고 한 것임을 알고는 보옥을 마구 꼬집어댔다. 두 사람은 이렇게 행복한 순간을 보냈다(제19회). 보옥이 부친으로부터 모진 매를 맞고 병석에 누웠을 때 대옥은 남몰래 찾아와 잠든 보옥의 곁에 앉아 눈물을 훔쳤다. 보옥이 눈을 뜨자 대옥이 곁에서 소리를 삼키며 울고 있었다. 두 사람은 마음속으로 수많은 말을 나누고 싶었지만 서로 가슴속의 말은 한마디도 꺼내지 못하고 있었다. 그저 서로의 마음을 읽고 있을 뿐이었다(제34회). 적어도 이때쯤부터는 보옥과 대옥이 하나의 마음임을 분명히 하고 있지만 남녀의 관계가 그러하듯이 노골적인 말이나 글이 오가지 않는 한 언제나 마음은 모호하여 늘 불안 속에 있었다. 불안을 몸으로 느낀 자견은 급기야 보옥을 시험하기로 하고 대옥이 고향으로 돌아갈 것이라고 거짓말을 한다. 이로 인해 한바탕 소동이 벌어지고 대옥을 향한 보옥의 속마음을 더욱 분명하게 알게 되었지만(제57회) 정작 이때부터 두 사람의 사랑은 그들을 둘러싼 주변과의 갈등 국면으로 접어들게 된다. 대옥의 분신처럼 여겨지는 보옥의 시녀 청문이 억울한 누명으로 쫓겨나 쓸쓸하게 죽음을 맞자 보옥은 부용꽃을 보면서 제문을 지어 읊조리는데 하필이면 이때 대옥이 부용꽃 사이에서 나오다가 듣게 된다(제89회). 가보옥은 통령보옥을 잃고 인사불성으로 병석에 눕게 되고 설상가상으로 이 가문의 후견인 역할을 하던 원춘 귀비마저 붕어하여(제95회) 슬픔을 더한다. 집안 어른들은 보옥에게 혼인의 축복을 줌으로써 병을 퇴치하려는 뜻을 분명히 하고 신붓감을 가늠한다. 이때 왕희봉의 적극적인 역할로 신부는 설보차로 결정되고, 혼례식에서 붉은 보자기를 쓰는 관습을 이용하여 신부 바꿔치기를 준비하면서 보옥에게는 여전히 대옥에게 장가보낸다고 말을 하여 기운을 돋우도록 한다. 엉뚱하게 바보 시녀로부터 소식을 전해들은 대옥은 마침내 절망하고 사랑의 노래를 적은 시고를 모두 태우면서 죽어간다(제97회). 그렇게 전생의 인연은 이승에서 맺어지지 못하고 말았다. 보옥은 마음으로 소통할 수 있는 사람을 선택하였지만 당시의 여건에서 자신의 결혼이 자기 뜻만으로 실행될 수는 없었던 것이다.

수많은 독자들이 이 대목을 보면서 다함께 통곡하였다는 사실은 묘사의 힘이 얼마나 위대한 것인지를 느끼게 한다. 독자에 대한 감정이입의 정도가 극에 이른 것이다. 대옥의 죽음을 그대로 받아들일 수 없었던 일부 독자들은 그 간절함을 담아서 새롭게 구성한 작품을 써냈다. 그것은 속서의 형태로 나타나 수많은 작품이 유행했다.[10] 간혹 희곡의 장르로 새로운 구성을 말한 작가들도 있었다. 대부분은 죽은 대옥을 되살려내는 다양한 방법을 썼다.

7. 억지로 맺어진 금옥의 인연

설보차는 보옥의 이종사촌 누나다. 설반이 남경에서 사고를 치고 상경할 때 모친을 모시고 온가족이 함께 옮겨왔다. 본래 황상(皇商)으로서 돈과 권세를 함께 누렸으나 부친을 여의고 모친과 오라버니와 함께 살고 있다. 모친이 왕부인과는 자매지간이므로 가씨 집안의 한쪽 끝에 자리를 마

10) 주요 속서 5종은 《후홍루몽》, 《홍루부몽》, 《속홍루몽》, 《보홍루몽》, 《홍루몽보》인데 이 작품들은 원저 《홍루몽》과 더불어 조선 후기(1884년 전후)에 낙선재 번역소설로 나온 바 있다. 현재 262책에 이르는 이들 언해본은 한국학중앙연구원의 장서각에 소장되어 있다. 그중에서 《홍루몽》은 전 120책(현존117책)으로 만들어졌는데 원문과 발음까지 써넣은 언해본이어서 아주 소중한 기록유산이다.

련해주어 늘 가족처럼 지내게 하였다. 설반은 마음껏 바깥으로 다니며 제 하고 싶은 대로 온갖 망나니짓을 하지만 보차는 온화하고 진중한 성격으로 집안의 모든 이들에게서 환영을 받는다.

설보차는 보옥의 아내가 되었다. 어찌 보면 수모를 겪으면서 혼례를 치렀다. 본인에게도 어느 정도 뜻은 있었을 것이나 노골적으로 내색하지는 않았고 적극적으로 보옥과 감정의 소통을 시도한 바도 없었다. 일찍이 설보차가 서울에 올라올 때는 궁중으로 들어가기 위한 계획을 갖고 있었다. 아마도 가씨 집안의 원춘과 같은 형태의 출세를 원했던 것이다. 물론 궁중의 여관으로 발탁이 되어도 귀비까지 오르는 것은 자신의 뜻만으로는 어렵고 결국 하늘이 내야 하는 것이지만 그래도 빛 볼 날이 있으리라는 믿음이 있었을 것이다. 그런데 그게 여의치 못했다면 다음의 대상은 가보옥 정도 되는 인물이어야 했을 것이다. 사실 가보옥은 묘사만으로 볼 때 궁중의 황제와 다를 바 없었다. 대관원은 온통 여성들로 둘러싸였고, 방 안에 가득 찬 모든 기물은 궁중에서나 쓸 만한 것이었다. 무엇보다도 보옥의 복식이나 장식물이 황제에 버금갔으며 태어날 때 입에 물고 나와서 매일 목에 차고 있는 통령보옥에는 황제가 지닌 옥새에 적힌 것과 거의 흡사한 구절이 있었다. 그런데 보차도 특이한 물건을 갖고 있었으니 그것은 바로 금쇄였다. 그녀에게는 전생의 인연을 묘사한 대목이 따로 없지만 오히려 이승에서 만난 기이한 스님으로부터 받은 금쇄는 분명히 그녀를 남들과 다른 인물로 떠받드는 증거가 되고 있다. 금옥의 인연으로 지칭되는 금쇄와 보옥은 분명 두 사람의 관계가 어떤 목표를 향해 치달을 것이라는 점을 예고하고 있다. 통령보옥과 금쇄는 같은 시간에 보차의 집에서 공개되었다. 가보옥과 설보차가 서로 바꿔가면서 그것을 확인하였고, 독자들은 그 덕분에 함께 눈요기를 하게 된 셈이다. 그렇게 안배한 것은 결코 우연이 아니다. 작가의 치밀한 안배에 따른 천생연분의 증좌가 된다.

사실 가보옥이 태어나면서 입에 물고 나온 통령보옥이 어떻게 생겼을까, 새겨진 글자는 무엇일까 하는 의문은 제1회 석두 자신으로부터 진사은의 대목에 이르기까지 꾸준히 제기되고 있었다. 대황산 청경봉에 버려져 있던 '보천유석'을 만나 인간세상으로 데리고 온 스님과 도사는 이 못생긴 돌덩이가 그래도 세상에서 푸대접받지 않고 남다르게 보이도록 하기 위하여 영롱하고 아름다운 옥으로 변신시키면서, 그래도 기이한 물건이 되게 하려면 몇 글자를 새겨 넣은 후에 창명융성의 나라, 시례잠영의 가문, 화류번화의 지방, 온유부귀의 고을로 데려가겠다고 말했다. 석두는 궁금증을 참지 못하고 곧 물었다. 하지만 대답은 "아직은 묻지 말아라, 앞으로 자연히 밝혀질 일"이라고 했다. 그러고는 옥으로 변한 돌을 소매에 집어넣고 표연히 사라졌던 것이다. 진사은이 세 살 난 딸아이 영련을 안고 대문 밖에 서 있을 때 바로 그 스님과 도사가 집 앞을 지나면서 얘기를 나눴다. 먼저 강주선초의 신화를 듣고 나서 진사은은 그들이 말하는 그 '못난 놈'이란 물건을 좀 보자고 청했다. 스님이 꺼내준 것은 영롱하고 아름다운 옥이었다. 겉에는 '통령보옥'이란 네 글자도 선명했다. 그가 뒷면의 작은 글씨를 들여다보려는 순간 스님은 벌써 태허환경에 당도했다고 하면서 얼른 빼앗아버렸다. 진사은이 보지 못한 것을 독자들이 볼 수는 없었다. 제3회 임대옥이 상경한 날의 밤, 대옥은 낮에 만난 보옥과의 한바탕 소동 때문에 마음이 상해 있었다. 보옥은 대옥을 만나자마자 "이 누이는 전에 만나본 적이 있어요"라고 말했다. 가모가 또 엉뚱한 소리를 한다고 핀잔하자 비록 만난 적은 없지만 낯이 익다고 거듭 말했다. 그러고는 다짜고짜 엉뚱한 소리를 했다. "누이도 옥을 갖고 있어?" 대옥은 그것이 보옥이 갖고 있는 통령보옥을 지칭한다는 걸 알았다. "난 그런 옥이 없어요. 그런 옥은 아주 귀하고 드문 것인데 어떻게 아무나 가질 수가 있나요?" 그 말끝에 보옥은 금세 발작을 하듯 사람이 급변하여 "이 따위가 뭐가 귀하고 드물다고 그래! 사람의 높낮이도 모르면서 무슨 신통력이 있다고 통령이라고 한단 말이야!" 그리고 옥을 떼어 땅바닥에 내동댕이치고 말았다. 자신 때문에 그 소중한 옥이 깨지기라도 한다면 어쩔 것인가. 상경한 첫날 그 소동의 충격으로 대옥은 잠을 이루지 못했다. 보옥의 시녀 습인이 달랬다. "아가씨, 절대 그리 생각하지 마세요. 앞으로 그보다 더 기괴한 웃음거리가 얼마든지 많이 생길 거예요." 대옥은 문득 궁금해졌다. 그 옥은 어떻게 생겼을까. 습인이 그 뜻을 알고 곧바로 가져와 보여주려고 했다. "제가 가져다드릴 테니까 보시면 아실 거예요." 그런데 이 순간 대옥은 우리 독자들의 궁금증 같은 건 아랑곳하지 않고 한 걸음 뒤로 물러섰다. "아니에요. 됐어요." 그래서 통령보옥에 새겨진 글자의 참모습은 여전히 가려진 채 또다시 밝힘을 미루게 되었다. 제5회에 가보옥이 꿈속에서 태허환경을 노닐며 온갖 사람들의 예언 시와 그림을 다 보고 〈홍루몽곡〉을 다 듣고 가경과 처상에서 아름다운 짝이 되어 노닐었음에도 불구하고 여전히 통령보옥의 글자는 밝히지 않았다. 그러다가 마침내 제8회에 이르러 눈 오는 날 우연히 보옥은 보차가 병이 났다는 얘기를 전해 듣고 병문안 삼아 이향원으로 갔다. 보차는 많이 나아 있었다. 보옥의 머리나 옷의 모양, 장명쇄, 기명부 등을 살펴보다가 보차는 문득 말을 건넸다. "목에 건 그 옥을 한 번도 구경해보지 못했으니 오늘은 한번 봤으면 좋겠네." 보차가 다가가 앉았고, 보옥은 목을 내밀고 옥을 떼어내 보차의 손에 건네주었다. 작자는 여기서 설명을 덧붙였다.

크기는 참새 알만 한데 노을같이 은은히 빛나고 우유처럼 맑고 부드러우며 오색영롱한 무늬가 감돌았다. 이것이야말로 대황산 청경봉 아래 있었던 바로 그 완석(頑石)이 환생한 모습이었다.

그 돌 위에는 일찍이 자신의 바뀐 모습에다 나두창 스님이 새겨 넣은 전서체 글자가 그대로 적혀 있으니 지금 그 모양대로 그려보면 아래와 같다.

작가의 현란한 변명은 계속된다.

하지만 그 본래의 글자는 탯속 아이의 입에 들어 있던 것이라 아주 작을 수밖에 없는데 그대로 옮겨보면 너무 세밀하여 독자의 눈을 아프게 할 염려가 있는 바다. 그리하면 또한 속 시원히 보지 못할지니 지금 그 형식만을 빌려 크기를 약간 확대하여 독자들이 등불 밑에서 취중에라도 보기에 편리하게 하고자 한다. 지금 이를 밝히는 것은 탯속 아이의 입이 크면 얼마나 크다고 이처럼 거칠고 큰 물건을 물고 있을 수 있느냐고 따지는 비방의 말을 면할 수 있을까 해서다. (제8회)

작가는 정말 천생 능란한 이야기꾼이고 기발한 소설가다. 아주 능청스럽게도 그게 정말 태내 아이의 입에서 나온 양 철석같이 믿도록 하면서 그렇게 사람들을 몰고 허구와 사실 사이를 오간다. 각설하고 통령보옥의 앞면에는 "通靈寶玉, 莫失莫忘, 仙壽恒昌(통령보옥, 잃지도 말고 잊지도 마라, 신선 같은 천수를 언제나 누리리라!)", 뒷면에는 "一除邪祟, 二療冤疾, 三知禍福(하나는 사악을 제거하고, 둘은 원통한 질병을 치료하고, 셋은 화복을 미리 알게 하리라!)"라는 글자가 새겨져 있었다. 보차의 곁에서 함께 읽어보던 시녀 앵아가 때를 놓치지 않고 한마디 거들었다. "아가씨 목걸이에 새겨진 글자와 그대로 한 쌍의 대구를 이루는데요!" 그렇다. 독자들은 바로 이 순간을 기다려왔다. 보옥이 가만히 있을 리가 없다. 보차는 숙녀답게 발뺌을 한다. "애 말은 듣지도 말아요, 아무 글자도 없다니까." 그러나 보옥의 끈질긴 청에 보차는 견딜 수 없어 마지못해 겨우 허락했다. 보차는 옷 단추를 열고 속에 입은 붉은 비단 저고리 위에서 보석이 영롱한 황금빛 찬란한 금쇄를 보여주었다. 거기에는 과연 통령보옥과 대구가 되는 구절이 적혀 있었다. "不離不棄, 芳齡永繼(떠나지 말고 버리지 마라, 꽃 같은 수를 영원히 누리리라!)"

그렇게 해서 보옥과 보차는 금옥의 인연으로 짝이 될 운명임을 만천하에 알린 격이 되었지만 보옥은 이상하게도 그 따위 미신에 마음 쓰지 않는 듯했다. 하지만 대옥은 달랐다. 금옥의 인연이라는 말이 언제나 가슴 한가운데를 무거운 돌덩이처럼 짓누르고 있었다. 그래서 보옥과 말다툼이라도 있을 때면 대옥은 말끝마다 금옥의 인연이나 냉향환의 향기 등을 주문처럼 외워대면서 은연중에 불편한 속마음을 드러냈다. 그럴 때마다 보옥의 심사는 더욱 뒤집어질 지경이었다. 대옥의 마음을 편안하게 만들기는 어려워 보였다. 정작 당사자인 설보차는 전혀 내색하지 않고 언제나 당당하고 점잖게 행동했다. 예의범절을 지키고 온유돈후한 성품을 드러내며 귀족 가문 아가씨의 풍모를 한껏 풍기고 있었다. 어른들이나 자매들도 한결같이 그녀를 존중하였고 시녀들과 하인들도 그녀의 기품에 항상 존경의 태도를 보였다. 넉넉한 인심으로 대옥의 호감까지 사면서 몸단장이나 규방단장에는 사치를 금하고 소박함을 추구하여 심지어 그의 방 안 모습이 젊은 규수의 방이라고는 느끼기 어려울 만큼 깔끔하고 썰렁하다는 뜻에서 눈 동굴 같다고까지 말했다. 가보옥에 대해서도 언제나 우위에 있으면서 동생을 보살피듯 했으며 연정 같은 것을 보여주려 하지는 않았다. 지나치게 자기 마음을 숨기고 남들을 의식하면서 사람을 다루는 처세술이 뛰어났다. 제27회에서는 정원에서 나비를 잡으러 쫓아가다가 문이 닫힌 정자각 가까이에 이르렀는데 본의 아니게 정자 안에서 소곤대는 시녀들의 험담소리를 듣게 되었다. 적취정 정자 안에 있던 시녀는 밖에서 누가 엿듣기라도 하면 곤란하다면서 문을 열어젖힐 기세였다. 이미 다른 곳으로 몸을 숨기기도 어려운 절박한 순간 보차는 자신의 혐의를 벗으려고 오히려 대옥의 이름을 부르며 먼저 문을 열어젖혔다. 보차는 이른바 '매미 허물 벗는 계책'을 쓴 것이다. "빈빈! 여기 숨었지? 내가 모를 줄 알아?" 하고 소리치고는 안으로 뛰어 들어갔다. 빈빈(顰顰)은 대옥의 별명이다. 가슴앓이로 상을 찡그리는 월나라 서시(西施)에게서 유래하였지만, 정작 보옥이 대옥을 처음 만나던 날 지어준 이름이기노 했다.[11] 정자각 안에 있던 소홍과 추아는 소스라치도록 놀랐지만 그래도 보차의 행동으로 보아 그녀가 자신들의 험담을 엿들었다고는 생각하지 못하고 오히려 대옥이 어딘가에 숨어서

11) 보옥이 대옥의 자를 '빈빈' 으로 지어주면서 《고금인물통고》를 거론하고 "서방에 돌이 있으니 대(黛)라고 하 고 눈썹을 그리는 먹으로 쓴다" 고 인용하고 있지만 이는 보옥이 멋대로 만든 책이름이다.

자신들의 말을 들었으면 큰일이라고 걱정을 했다. 성격이 날카롭고 시녀들에게 너그럽지 못한 대옥이 자신들의 비밀을 알았을 때 더욱 문제라는 것이었다. 아무 죄도 없이 다른 곳을 다니고 있던 대옥은 이렇게 보차에 의해 공연히 시녀들로부터 질시와 눈총을 받는 존재가 되고 말았다.

가문이 차츰 몰락의 길을 걷게 되자 가보옥도 통령보옥을 잃고 생기를 잃은 채 병들어 누웠다. 집안의 어른들은 액막이를 위해 보옥에게 금을 가진 사람과 혼인시켜야 한다는 점쟁이의 뜻을 따르기로 하였다. 말할 것도 없이 금옥의 인연을 실현시키려는 순간이었다. 혼례의 준비는 왕희봉이 맡게 되었다. 그러나 보옥이 마음에 둔 사람이 대옥이라는 사실은 이제 모두 알고 있었다. 신부를 보차로 결정하고 나자, 이를 알게 된 습인은 막상 혼례식 때 보옥이 소동을 일으킬 것이 걱정되었다. 왕희봉은 대담하게 신부 바꿔치기 계략을 내세웠다. 보옥의 마음을 가라앉히기 위해 대옥에게 장가보낸다고 말을 하도록 하고, 혼례식에서는 신부를 바꿔치기 하겠다는 것이었다. 신부의 머리에 붉은 보자기를 씌우는 전통혼례의 관습을 최대한 이용하여 식이 끝날 때까지 혼인의 상대가 대옥인 것같이 꾸미고자 하였다. 그저 미봉책에 불과했지만 그래도 다들 왕희봉의 계략에 동의하였다. 대옥과 혼례를 치른다는 느낌을 보옥에게 주기 위하여 대옥의 시녀 설안을 동원하였다. 마침 소식을 전해들은 대옥은 죽음의 문턱에 이르러 고통스러워하고 있었지만 설안은 신부의 들러리가 되어 혼례식장에 나왔다. 병석에 있던 보옥은 대옥과 혼인시켜준다는 왕희봉의 말을 철석같이 믿고 인사불성으로 누워 있던 몸이 훨씬 가벼워지면서 정신을 차리고 식장으로 나섰다. 붉은 보자기를 뒤집어쓴 신부가 들러리 설안의 부축을 받으며 등장하자 보옥은 기쁜 마음으로 함께 주례의 호령에 맞춰 천지신명에게 절을 하고 할머니와 부모님에게도 절을 올렸다. 예식이 끝나고 신부는 신방으로 들어가 침상에 다소곳이 앉았다. 보옥은 참을 수 없는 기쁨으로 신부에게 가까이 다가가서 다정하게 말을 건넸다. "대옥 누이, 몸은 다 나았어? 얼굴을 본 지도 오래 되었는데 이 따위 보자기는 뭣 하러 덮어쓰고 있는 거야!" 그러고는 함부로 붉은 수건을 벗기려고 하였다. 주위에 있던 가족들은 모두 조마조마한 마음으로 이를 지켜보았다. 보옥은 마음을 고쳐먹었다. 대옥의 성격이 예민하고 까다로워 함부로 대하면 곧 화를 낼 것이기 때문이었다.

혼례가 진행되는 순간 대옥을 대신하여 바꿔치기한 신부 설보차의 마음이 어떠했을까 생각하면 순간 눈앞이 아득해진다. 그래도 보차는 끝끝내 말없이 그 고통의 순간을 보냈다. 보옥이 자신을 대옥으로 착각하고 다정하게 말을 걸어올 때 한마디 대꾸도 못하고 벙어리처럼 앉아 있어야 하는 그 순간, 보차는 천 길 낭떠러지 앞에 선 기분이었을 터이지만 꿋꿋하게 참고 있었다. 그게 보차의 본모습이다. 그녀는 이러한 방식의 혼인을 스스로 만들어내지는 않았지만, 또한 만들어진 기회를 거절하지도 않았다. 과연 보옥과의 결혼이 이 모든 고통을 감내할 만한 것인지도 알 수 없지만 보차는 그것을 운명처럼 받아들였다. 마치 누군가 만들어놓은 거역할 수 없는 '금옥의 인연'을 묵묵히 수행하려는 것만 같았다. 보옥이 마침내 참을성 없이 신부의 머리에 씌워진 붉은 수건을 휙 잡아채어 벗겼을 때 보차는 차라리 눈을 감았다. 곁에서 들러리로 시중들던 대옥의 시녀 설안은 어느새 물러가고 평소 보차의 시녀로 함께하던 앵아가 대신 시중을 들고 있었다. 보옥은 꿈인 듯 생시인 듯 헷갈리는 이 현실이 믿기지 않았다. 책머리 처음부터 나오던 구절이 있었다. "假作眞時眞亦假(가짜가 진짜 될 때 진짜 또한 가짜로다)."

그것은 가보옥 자신의 이야기만이 아니었다. 바로 이 순간 그의 신부가 되려는 설보차와 그가 신부라고 믿었던 임대옥, 도대체 누가 진짜 신부란 말인가. 방금 전까지 믿고 있던 임대옥은 어딜 가고 뜬금없이 보차가 신방의 침상머리맡에 신부의 모습을 하고 앉아 있단 말인가. 보옥은 비록 통령보옥을 잃고 정신이 조금 나간 상태로 오랫동안 병석에 누워 있기는 했지만 그래도 대옥과 결혼한다는 기쁨에 들떠서 이제는 거의 제정신이 돌아온 상태였는데 주위 사람들은 그를 정말로 정신 나간 사람으로 만들어 버리고 말았다. 보옥은 갑자기 변해버린 이 상황에 순간적으로 적응할 수가 없었다. 곁에서 시중들던 습인에게 물었다. 습인은 능청스럽게 딴소리를 했다.

"내가 지금 어디에 와 있는 것이냐? 내가 지금 꿈을 꾸고 있는 것이냐? 저기 앉아 있는 고운 색시는 대체 누구시냐?"

"저 분이 바로 오늘 도련님께 시집오신 새아씨이세요."

"글쎄, 그 새아씨가 대체 누구시란 말이냐?"

"보차 아가씨이지 누구겠어요?"

"그럼 방금 전에 나와 함께 있던 대옥이는 어딜 갔느냐? 설안이도 함께 있었는데, 왜들 아니라고 하는 것이냐? 너희들 지금 나한테 무슨 장난을 치고 있는 것이냐?"

신출귀몰한 사람들의 바꿔치기 놀음에 보옥은 정신을 차릴 수 없었다. 대옥을 찾겠다고 다시 소동을 부렸지만 누구도 정색을 하고 보옥의 편이 되어 도와주려고 하지 않았다. 그는 마침내 큰 병이 다시 도져 몸져눕고 말았다. 어느 누구라도 그렇게 되지 않겠는가. 멀쩡한 사람을 정신병자로 만들어 병원에 강제 입원시키는 일은 이렇게도 쉬운 일이다. 그는 그렇게 무너져갔다. 혼례로 보옥의 병을 액땜하려던 계획은 무산된 셈이다. 병은 더할 수 없이 깊어갔다. 아버지 가정은 지방의 임지로 출발하였다. 보옥은 이제 갇힌 환자였다. 대옥의 소식을 물었지만 아무도 진실을 말해주지 않았다. 그렇게 한 달여가 지났다. 여전히 조금만 정신이 들면 대옥을 만나러 가겠다고 소리쳤다. 습인은 대옥이 지금 병중에 있다고 둘러댔다. 보옥은 이대로 두면 둘 다 죽은 목숨일 테니 차라리 병든 두 사람을 한방에 있게 해달라고 눈물어린 호소로 애걸했다. 사정을 훤히 아는 습인은 아무 대꾸도 못하고 다만 목이 메어 눈물만 흘릴 뿐이었다. 보옥의 아내가 되어 신혼생활을 이렇게 시작해야 했던 보차로서는 가슴이 찢어지는 고통이었다. 이처럼 불편한 고통을 감내하던 보차는 마침내 스스로 나서서 금기를 깼다. 아무래도 자신이 나서서 이를 깨지 않으면 안 될 것 같았다. "당신이 의식을 잃고 앓고 있던 요 며칠사이에 대옥이는 이미 세상을 뜨고 말았어요!"

이 청천벽력과도 같은 한마디는 보옥의 입을 다물게 했다. 기절한 사이에 한바탕 꿈을 꾸었지만 죽은 대옥을 만날 수는 없었다. 온몸은 식은땀으로 흠뻑 젖었고 보옥은 다만 길고 긴 한숨만 내쉴 뿐이었다. 이게 운명이란 말인가! 그렇다. 대옥은 애초부터 전생의 인연을 타고났을 뿐이다. 이른바 목석의 인연이다. 이승에서는 금옥의 인연에 양보해야 하는 것이다. 그런데도 그걸 깨닫지 못하고 운명을 거스르려고 했던 것이다. 그래도 그렇지, 보옥은 수긍할 수 없었다. 대옥이 죽었다면, 벌써 한 달이나 지났다면 어째서 단 한 번도 내 꿈에 나타나지도 않고 말없이 소리 없이 그렇게 사라질 수가 있을까. 우리가 그토록 오랫동안 주고받았던 진솔한 감정은 그냥 그렇게 허무하게 사라지는 것일까. 보옥은 점차 몸이 회복되었고 정신이 온전하게 들었지만 이제는 말없는 사람이 되어갔다. 그리고 서서히 사랑과 인생의 허무한 본모습을 깨우쳐가기 시작한다.

8. 타인과의 소통과 자아성찰

《홍루몽》에서 소통의 문제를 살펴보고자 할 때, 우리는 근본적인 물음에 직면하게 된다. 도대체 사람은 무엇으로 소통하는가 하는 점이다. 가보옥이 진가경의 방 안에 들어갔을 때 벽에 걸린 대구의 구절(제5회)이 세상사와 인정을 설명하고 있다.

> 世事洞明皆學問(세상사에 밝은 것은 학문의 힘이요.)
> 人情練達卽文章(인정에 이르는 것은 문장의 덕이라.)[12]

학문을 통해서 우리가 얻을 수 있는 것은 세상의 모든 이치를 훤히 꿰뚫고자 하는 것이다. 그것이 우리의 사회생활을 원활하게 하는 힘이 된다. 인

---

12) 이 대련은 〈연려도(燃藜圖)〉의 곁에 걸려 있다. 열심히 학문을 닦아야 인정세태를 잘 알 수 있다는 의미다. 〈연려도〉는 한나라 때 유향(劉向)이 어둠 속에서 혼자 글을 읽고 있을 때 황색 옷을 입은 노인이 명아주(藜) 지팡이를 짚고 들어와 지팡이 끝에 불을 붙여 방 안을 밝히고 오행홍범(五行洪範)의 글을 전수해주었다는 고사에서 유래했다.

정은 무엇인가. 인간관계의 네트워크다. 사람 사이의 정이란 곧 감성적인 소통이다. 문장은 곧 문학이고, 그것은 감성을 그려내는 도구다. 마음에 있는 말은 소리가 되어 나와 직접 소통을 하게 되고, 그것은 다시 글이 되어 여러 사람과 간접적으로 소통하게 된다. 문학의 힘은 곧 마음의 소통이요, 감성의 소통이다.

세상은 고상하고 난삽한 이론으로 이해하는 것이 아니다. 세상 사람들은 가슴으로 느끼는 정으로 소통하고 그것을 문학으로 그려낸다. 이 소설 속에서 가장 감성적인 문학재능을 가진 이는 임대옥이다. 이른바 재주 있는 여성(才女)이다. 옛날 눈송이처럼 흩날리는 버들개지를 읊었다는 여류 시인의 전고를 받아서 임대옥에게는 영서재(詠絮才, 버들개지 읊는 재주)라는 꼬리표가 붙어 다닌다. 이 감성적인 소녀는 남들이 봄바람으로 가슴이 울렁거릴 때 떨어지는 꽃잎을 주워 모아 꽃 무덤을 만들면서 장화사를 읊었다. 만물이 소생하고 생기가 넘치는 봄날, 임대옥은 떨어진 꽃잎이 더러운 시궁창으로 흘러가는 것을 안타깝게 여기며 꽃잎을 고이고이 장례지내는 소녀다. 그녀가 읊조린 시구의 일부다.

꽃잎 지는 하늘 가득 꽃잎으로 휘날리니,
붉은 꽃 지는 향을 그 누가 슬퍼하랴!
꽃잎 묻는 나를 보고 남들은 비웃지만,
훗날 내가 죽고 나면 묻어줄 이 누구인가!
하루아침 봄은 지고 홍안청춘 늙어가면,
꽃잎 지고 사람 가니 둘 다 서로 알 길 없네!

그녀는 청춘의 소실을 슬퍼하고 있다. 그녀에게 여름과 가을은 안중에도 없다. 꽃잎이 져야 푸른 잎이 돋아나고 가을이면 열매가 맺힌다는 사실에 대해서는 아무런 생각도 없다. 오로지 청춘의 봄날이 가는 것만이 아쉽고 안타까울 뿐이다. 그녀는 자신의 젊음도 그렇게 꽃잎처럼 떨어지고 말 것임을 예언했다. 이 순간,《홍루몽》은 곧 '봄날은 간다'이다.

설보차도 시를 짓는 재녀이지만 그래도 그녀는 원만한 처세와 부드러운 대인관계, 남의 입장을 잘 이해하는 넉넉함과 더불어 자신의 영역을 굳건히 지키는 단단함까지 드러나는 여성이다. 그래서 전통시대의 부덕으로 대표된다. 공부를 중단하려는 남편에게 베를 짜다가 도중에 잘라내어 학문을 권유했다는 전고를 담아서 정기덕(停機德, 베틀 멈춘 덕성)으로 그녀를 표현한다. 그녀는 평소에도 보옥에게 허랑방탕한 생활을 경계하며 유교적 입신양명의 길을 강조하지만, 그의 아내가 된 후에도 남편의 출세를 간절히 바랐다. 불행하게도 보옥은 감성적인 남자였다. 부귀영화에 연연하지 않고 출세를 위한 인생을 거부하며 스스로의 감성에 충실한 사람이었다. 보차의 부덕은 결국 성공하지 못한 셈이 되었다.

인간은 개체로 태어났지만 누군가와 더불어 살아가야 하는 사회적 동물이기도 하다. 소통은 여러 가지 경로로 진행된다. 스스로와의 소통은 반드시 필요하다. 자신을 설득시키지 못한 행동은 언제나 자체적인 모순에 빠지고 만다. 자신과의 대화에서도 문학은 큰 힘을 발휘한다. 가슴속 오랜 응어리를 푸는 방법은 누군가에게 직접 말로 풀어내거나 글로 써서 남기는 일이다. 작가 조설근은 할 말이 많았다. 귀족 가문의 말세에 태어나 어려서 온갖 부귀영화를 다 누렸던, 장래가 촉망되던 한 젊은이가 성인이 되어 몰락한 집안의 이야기를 구구절절 풀어놓으려니 자연히 세상의 온갖 회한이 가슴속에 가득하였으리라. 그는 술 한 동이와 오리구이 한 접시만 마련해준다면 온밤을 새워서라도 끊임없이 이야기할 수 있다고 말했다. 그는 기본적으로 시인이지만 시를 지어서 먹고살 수는 없었다. 그는 불세출의 소설가였지만 소설을 팔아서 살아갈 수도 없었다. 그는 그림에 능했고 특히 돌 그림을 잘 그렸지만 돈이 되지 않았다. 간혹 북경 시내에서 찾아온 친구에게 연의 밑그림을 그려주어 그 연을 만들어 판 돈으로 술을 얻어먹기도 했다. 어쩌다 돈이 생기면 술 한 동이를 사서 마시는 것이 그의 생활이었다. 말이 그렇지, 몰락한 집안의 가장이 술이나 마시며 세월을 보낸다면 집안 꼴은 말도 아니었을 것이다. 그래도 그의 내면에는 육조시대 풍류문인의 풍골이 면면히 흐르고 있었다. 결코 남에게 업신여김을 받지 않을 것이며 결코 비굴하게 허리를 굽히지 않을 고고한 기개가 남아 있었다. 세상의 부귀영화를 모두 초개같이 여길 수 있는 마음의 여유도 있었다. 누가 그런 알량한 부귀영화를 누려보지 못했던가 하는 자존심이 역력했다. 그는 과거시험을 볼 수 없는 신분이었다. 한족의 후손이지만 팔기에 속한 기인(旗人)이었고 몰락한 가문의 후손이었다. 그의 문학적, 예술적 재주는 할아버지 때부터 이어온 내력이었다. 그러므로 자기 재주를 드러내지 못하는 것이 내내 안타까웠다. 회재불우, 재주를 가졌어도 때를 만나지 못한 천재는 어느 시대에나 있다. 그들은 당시에는 비교적 무시당하던 소설을 통해서 자신과 소통을 했다. 응어리진 울분을 삭이고 자신을 설득하였다. 그래, 나는 하늘을 괴지 못하는 하나의 돌이다! 보천유석(補天遺石)이란 하늘을 메우지 못하고 대황산에 버려진 돌이지만 사실 천자의 곁에서 보필할 수 있는 기회를 잃어버린 천재이기도 했다. 그렇게 그는 자신을 설득하고 달래면서 이야기를 꾸려나갔다.

서른에서 마흔에 이르는 십여 년 동안[13] 가문의 이야기에 세상의 이야기를 뒤섞어서 흥미진진한 이야기 80여 회를 적었다. 본래는 가문이 몰락한 한 원인으로 지목되던 불미스러운 사건을 중심으로 《풍월보감》이라는 글을 썼다. 그런데 점차 이야기가 발전하여 《석두기》로 확대되었다. 다행히 가문의 어른이신 지연재(脂硯齋)나 기홀수(畸笏叟) 같은 분이 곁에서 원고를 검토하여주었고 또 평점을 달아주었다. 고마운 일이었다. 사실 이야기 속에는 바로 그들의 젊은 시절 어느 순간의 몇몇 장면도 들어 있다. 그들은 남다른 감회 속에서 적극 참여했다. 제13회 왕희봉이 녕국부의 다섯 가지 병폐를 지적하는 대목에서 비평가는 통곡하며 글을 달았다. 경험하지 못한 사람은 쓸 수 없는 글이다.

> 대갓집 자손 중에는 이 같은 다섯 가지 병폐를 이어받은 자들이 상당히 많은데 우리 집안이 특히 심한 편이었다. 30년 전 일을 30년 후에 글로써 살펴보니 지금 나는 피눈물을 쏟으며 통곡하고 싶을 따름이다.

일단 80회까지의 원고가 묶였을 때 필사본으로 된 책이 주위의 가까운 친지들 사이로 전해졌다. 조설근의 마음속 이야기들이 그렇게 해서 타인과 주변과 세상과 소통을 시작한 것이다. 사실 조설근이 죽은 후에도 지연재와 기홀수는 이 책의 필사와 평점과 전파에 온 힘을 기울였다.

---

13) 초기 필사본 《갑술본》의 첫 대목의 시구에 "字字看來皆是血, 十年辛苦不尋常(글자마다 보아하니 모두가 핏 빛이요, 십 년 세월 온갖 신고 예삿일이 아니로다)" 의 구절이 보인다.

임오년 제석(섣달그믐)에 이 책을 완성하지 못하고 설근이 눈물이 다하여 세상을 떠나니 나 또한 설근을 조상하며 눈물이 다하기를 기다릴 뿐이노라.

조설근은 죽었다. 책을 완성하지 못하고 마흔여덟 살의 아까운 나이에 죽었다고 한다. 당시 80회까지 전해지던 작품은 다시 누군가의 손에 보충이 되어 120회까지 완전한《홍루몽》으로 만들어져 유통되었다. 책을 찍은 정위원(程偉元)은 후반부 40회의 대강 줄거리가 조설근의 손에서 만들어졌다고 보았다. 실제로 전후반 문장을 부드럽게 윤문하고 부족한 부분을 보충한 사람은 만주 지역 철령 사람 고악(高鶚)이다. 후에 과거에 급제하여 진사가 되었지만 일찍이《홍루몽》을 좋아한다 하여 홍루외사(紅樓外史)라고 별호를 썼다. 한때 그가 후반 40회를 다 지었다고 알려졌지만 대개 상당 부분을 보충하는 것이며 전체적인 윤곽은 전에 있던 것이다. 조설근이 죽던 해에 고악이 태어났으니 두 사람은《홍루몽》으로 인연이 닿는다.

정위원의《홍루몽》이 북경에서 간행되자 세상은 곧 '홍루세계'가 되고 말았다. 당시 김성탄의 명의로 된 사대기서가 세상을 풍미할 때였지만 이 새로운 작품이 세상에 나타나자 곧바로 다양한 형태로 전파되기 시작했다. 목활자본 간행 때부터 권두에는 삽화가 그려져 덧붙여졌고 머지않아 이야기를 새로 고치거나 덧붙인 속서가 만들어져 함께 유행했다. 희곡으로도 만들어지고 공연되었다. 문인들은 만나면 으레 '홍학'을 화제로 올리게 되었다. '홍학'은 경학에 빗대어 장난삼아 만들어진 말이었다.

"나도 경학을 열심히 공부한다네. 하지만 내가 하는 경학은 좀 달라. 일획삼곡이 모자라는 경학이라는 것이지."

"그게 대체 무슨 경학이란 말인가?"

"음, 그건 홍학이란 거야. 경(經)자에서 일횡삼곡(一橫三曲)을 빼면 곧 홍(紅)자가 되지 않는가?"

청말 선비들의 문자유희에서 유래한 홍학은 급기야 근대중국에서 석학들의 키워드가 되었다. 경학대사 왕국유(王國維)가 홀연 문학에 관심을 가지고 서양철학의 쇼펜하우어 비극 이론으로 〈홍루몽평론〉을 썼다. 신문학의 기수인 호적(胡適)은 〈홍루몽고증〉으로 일약 홍학계의 거성으로 부상하였다. 미국 유학을 마치고 북경대학으로 부임한 이 젊은 교수는 당대 최고의 문사이자 북경대학의 총장으로 있던 채원배(蔡元培)에게 홍학 도전장을 내밀었다. 채원배는 당시에 《석두기색은》으로 성가를 올리고 있었는데 호적은 조설근의 자전적 소설이란 화두를 가지고 민족적 색채를 강조한 채원배와 학술논쟁을 시작한 것이다. 그들의 '홍학논쟁'은 이 책을 중국을 대표하는 최고의 명작으로 만들어놓았다.

신중국에서도 최고 권좌에 있던 모택동은 더불어 얘기를 하려면 "적어도 《홍루몽》을 다섯 번은 읽어야 한다"고 강조했다. 그는 정치사적인 입장에서 이 책을 이해했지만 그 삼엄하던 문화대혁명 기간 중에 모든 책이 금서가 되었어도 이 책만큼은 읽을 수 있도록 했다. 시골 농촌에 하방되어 수년씩 노동교화를 받던 수많은 지식인들이 《홍루몽》을 골백번 읽을 수 있는 기회가 주어졌던 것이다. 개혁개방 이후에도 중국인들은 《홍루몽》을 중국이 자랑하는 세계적인 작품으로 내세우고 있다. 중국인이 좋아하는 색깔이 붉은 색(紅)인데다 오늘날에는 시진핑이 드러내놓고 '중국몽'까지 강조하는 마당이니 앞으로도 《홍루몽》은 여전히 중국을 아는 중요한 키워드가 될 것임에 틀림없을 것이다. 이 책은 이제 세계문학의 명저가 되었다. 인간의 감성소통을 보여주는 고전으로서 새롭게 우리 앞에 다가선 것이다.

Part

2

한국 사회를 들여다보다

안철수 '민란'•

| 민주주의와 민본주의의 융합 |

박홍규(정치외교학과)

1. 머리말—전통 유교와 서구 근대성

2012년 대한민국 18대 대통령선거의 주인공은 최종 국면에서 대선 후보를 사퇴한 안철수였다. 대권을 거머쥔 여당 새누리당의 박근혜도, 통한의 패배를 맛본 야당 민주당의 문재인도 이 드라마의 조연에 불과했다. 후보를 사퇴할 때까지 안철수는 박근혜 후보와의 가상 대결에서 우위를 놓치지 않고 있었다. 정치적 경험도 정당 조직도 없이 안철수 후보는 단신으로 민중의 지지를 업고 양대 정당의 기존 정치 방식을 흔들어 놓으며 대선 판을 누비고 다녔다. 그것은 '민란'이었다. 이 글에서는 이러한 '안철수 현상'이 1980년대의 민주화 이후 한국의 민주정치에서 의미하는 바가 무엇인지

• 이 글은 2013년 9월 《한국정치학회보》 제47집에 게재되었다.

를 탐구해보고자 한다.

중국 고대의 주나라가 쇠퇴한 후 춘추시대를 거쳐 7개의 대국이 패권을 다투던 전국시대가 펼쳐진다. 다양한 생각을 가진 사상가들이 전쟁 상태를 종결시킬 수 있다는 방안을 제시하며 논쟁을 벌이거나, 자신의 정치적 견해를 개진하기 위해 패권국의 군주를 찾아다닌다. 유가(儒家) 사상의 대표자는 맹자였다. 《맹자》의 첫 구절은 법가 사상을 수용하여 최강의 국세를 자랑하던 양나라(위나라)의 군주 혜왕과 면대하는 장면으로 시작된다. 천리를 멀다 않고 찾아온 맹자에게 혜왕은 "장차 우리나라에 어떤 이익을 가져다주려는 것인지요?"라고 묻자, 맹자의 답은 이렇다.

> 왕께서는 하필 이익(利)이라는 말씀을 하십니까? 그저 인의(仁義)만 얘기하셔야 합니다. 왕께서 '어떻게 해야 우리나라에 이익이 될까?'라고 말씀하시면, 대부들은 '어떻게 해야 우리 가문에 이익이 될까?'라고 말할 것이며, 사(士)와 서민들은 '어떻게 해야 내 몸에 이익이 될까?'라고 말할 것입니다. 위아래서 서로 이익을 다툰다면 그 나라는 위험에 빠집니다. (…) 대의를 뒤로 미루고 이익만을 앞세우기 때문에 남의 것을 빼앗지 않고는 만족하지 못하는 것입니다. (…) 왕께서는 인의만을 말씀하셔야 합니다. 왜 하필 이익을 말씀하십니까? (〈양혜왕 상〉 1)[1]

인의와 이익을 준별하여 그중에서 언제나 인의를 추구해야 하고 그런 정치가에 의해 전쟁은 종결될 것이라는 맹자의 신념은 비록 전국시대의 전

---

1) 이 글에서 《맹자》의 번역은 장현근(2010a)과 성백효(1991)를 사용하였다.

쟁 상태를 종결시키지는 못하지만, 그 후 2000년 가까이 동아시아의 담론 세계에 강력한 영향력을 발휘한다. 특히 한국의 경우 조선왕조 전 시기에 걸쳐《맹자》는 담론 세계는 물론 정치 세계를 지배한다. 그러나 19세기 말 서구 근대문명과 조우하면서 맹자적 담론은 그 위세를 잃고, 20세기 전반(全般)을 지나오면서 정치 세계에서 그 자취를 찾아보기 힘들게 된다. 그 자리를 서구 근대성 담론이 차지한다.

2012년 산업화 단계와 민주화 단계를 통과한 한국에서 한 유력한 대선 후보는 자신의 생각을 다음과 같이 피력하였다.

> 리더십의 바탕은 진심(眞心)이라고 생각합니다. 사람과 사람의 관계에서 '내 개인의 이익을 위해 상대방을 이용하지 않는다'는 진심이 있어야 해요. 그래야 사람들이 믿고 따라옵니다. '많은 사람들을 짧은 순간 속일 수 있고, 소수의 사람을 오랫동안 속일 수 있지만 많은 사람들을 영원히 속일 수는 없다'는 말이 있죠. 결국 진심은 전달이 된다고 믿습니다. (《안철수의 생각》, 41-42)[2]

너무도 평이하고—순진하다(naive)고 할까—담담한 어조로 자신이 다른 후보와 무엇이 다른지를 제시하고 있다. 자기 자신과 자기를 지지하는 세력의 이익을 실현하기 위해 권력을 장악하고 유지하고 구사하는 데 혈안이 되어버린 정치판에 뛰어들어, 그 세계를 광정(匡正)하겠노라고 안철수는 말하고 있었던 것이다. 필자는 이러한 안철수의 언행에서 맹자적 담론

---

2) 안철수(2012), 《안철수의 생각》, 서울: 김영사. 이하 《생각》으로 약칭한다.

과 유사한 측면을 발견할 수 있었다. 이 글에서는 맹자의 개념들을 가지고 '안철수 현상'을 설명하려고 한다. 부연하자면, 민주주의 시대의 정치가(政治家) 안철수를 유교적 정치가의 틀로써 묘사해보고자 한다.[3] 따라서 이 글은 연구사적으로는 '전통 유교와 서구 근대성'이라는 문제 영역에 속한다.

다양하게 전개되어온 이 문제 영역에서의 선행 연구는 크게 세 유형으로 분류, 정리할 수 있겠다. 첫째 서구 근대성에 해당하는 등가물을 동아시아 전통에서 찾는 시도이다. 자유, 정의, 인권, 입헌주의 등 서구의 근대적 가치에 상응하는 것이 전통 유교에도 있었음을 주장함으로써 전통 유교가 서구 근대성에 비해 열등하지 않다는 것을 강조하려는 연구이다. 이러한 연구는 전통 유교에 대한 이해를 심화시킬 수 있는 반면, 전통 군주제와 서구 민주제라는 정치공동체의 본질적인 차이를 무시한 채, 추상적인 담론 수준에서의 비교를 통해 연구자의 지적 유희로 끝날 위험성이 있다. 둘째는 첫째에서 더 나아가 유교 문명의 우월적 가치를 강조하는 관점에서의 시도이다. 서구 근대성의 한계에 대한 대안을 전통 유교에서 찾아 제시하는 것으로 규범적 성격을 띠는 연구이다. 그러나 그 대안의 실현 가능성을 인정하기 쉽지 않다는 점에서 이러한 연구 역시 첫째 유형과 마찬가지로 공허한 주

3) 필자는 안철수와 일면식도 없다. 따라서 그가 《맹자》를 읽었는지, 맹자에 관해서 어떤 생각을 갖고 있는지 알지 못한다. 단지 필자는 지금까지 공표된 그의 언행에 근거하였을 뿐이다. 이 논문의 포인트는 안철수 개인의 정체성이 아니다. 지난 대선 기간을 통하여 '안철수와 민중의 관계' 에서 나타난 현상을 유교적, 특히 맹자적 개념으로 설명하는 것, 다시 말해 민중의 바람과 그 바람에 대한 안철수의 대응을 유교적 시각에서 해석해보려는 것이 논문의 목적이다. 따라서 이 논문은 안철수가 유교적 정치가였는지를 객관적으로 검증, 논증하는 것에 주안점을 두지 않는다. 시간적으로도 대선 기간이라는 한정된 시간대를 분석의 대상으로 한다. 아울러 이 논문은 안철수의 언행을 유교적 개념으로'도' 설명해볼 수 있음을 시도한 것이며, 따라서 유교적인 것만이 유일한 안철수의 정체성이라는 주장은 물론 아니다. 본문에서도 서술했듯이, 안철수의 언행은 서구 근대성의 측면을 훨씬 많이 보여주고 있다. 또한 유교적으로 설명할 수 있음을 주장한다고 해서, 이것이 그의 언행이 모두 유교적이라는 주장으로 연결되는 것은 아니다. 그에게 비유교적, 반유교적인 언행들은 당연히 존재한다.

장으로 그칠 수 있다. 셋째는 사회 현상과의 관련 속에서 설명적 접근을 시도하는 것이다. 산업화 단계에서 유교와 자본주의의 친화성을 주장하는 유교자본주의론, 민주화 단계에서 유교와 민주주의의 양립가능성에 대한 논의 등이 그 예이다.[4] 단지 이 유형의 연구에서는 연구 대상이 되는 각 국가에서 일정 시점(시간대)에 나타난 현상을 설명할 수 있을 뿐, 이를 통해 일반이론의 수준에 도달하기를 기대하기 어렵다. 유교가 자본주의 발전을 저해하는지 촉진하는지, 유교가 민주주의와 양립할 수 있는지 없는지, 일반화할 수 없다. 게다가 이 연구는 자칫 개별 국가의 특수성에 초점을 맞춤으로써 인민주권, 자유, 인권 등의 근대적 가치를 왜곡할 위험이 있다. 그럼에도 불구하고 세 번째 유형의 연구가 나머지 두 유형에 비해서는 상대적으로 유의미한 연구 성과를 기대할 수 있다고 필자는 생각한다.

이 글에서는 한국이라는 공간성과 민주화 이후라는 시간성의 맥락을 전제로 하여 '민주주의의 성숙'이라는 관점에서 전통 유교와 서구 근대성의 문제에 대한 설명적 접근을 시도할 것이다. 특히 규범적 접근을 피하고 설명력을 높이기 위해 '인문화(humanization)'[5]와 '진정성(genuineness)'이라는 개념을 사용할 것이다. 이러한 설명을 통해 '안철수 현상'에서 '민본민주주의'라는 개념을 상상해내는 것이 이 글의 궁극적인 목적이다.

2. 근대 서구 민주주의— 인문성과 책임성

서구 중세는 기독교공동체였다. 신이 인간을 포함한 지상세계를 지배했

---

4) 이 유형의 연구 또한 부분적으로 규범적 제안을 포함하고 있다.
5) 문맥에 따라 인문성, 인문주의, 인문 영역이라는 개념으로 사용된다.

다. 신의 피조물인 인간은 신의 의지에 따라 살아야 했으며, 지상의 권력은 신이 부여한 것이었다. 근대는 이러한 신과 그 신의 지배로부터 벗어나 인간이 중심이 되어 인간 스스로의 의지에 따라 정치공동체를 창출하는 시대이다. 인본주의(humanism), 즉 인간중심주의는 중세에서 근대로의 전환을 표현하는 가장 핵심적인 개념이다. 신을 전제로 하지 않는 인간이 다른 인간들과 더불어 생을 유지한다는 것은 무엇을 의미하는가? 바로 자신의 이익을 추구하는 인간이 자신과 마찬가지로 욕망을 추구하는 다른 인간과 더불어 살아가야 한다는 것이다. 이러한 근대적 인간을 극단적으로 묘사한 사람은 마키아벨리였다. 그는 자신의 눈앞에 현존하는 실제적인 인간의 모습을 이렇게 묘사한다.

이 점은 인간 일반에 대해서 말해준다. 즉 인간이란 은혜를 모르고, 변덕스러우며, 위선자인 데다 기만에 능하며, 위험을 피하고 이득에 눈이 어둡다는 것이다. 당신이 은혜를 베푸는 동안 사람들은 모두 당신에게 온갖 충성을 바친다. (…) 그러나 당신이 정작 궁지에 몰리게 되면, 그들은 등을 돌린다. (…) 인간은 두려움을 불러일으키는 자보다 사랑을 받는 자에게 해를 끼치는 것을 덜 주저한다. 왜냐하면 사랑이란 일종의 의무감에 의해서 유지되는데 인간은 지나치게 이해타산적이어서 자신들의 이익을 취할 기회가 있으면 언제나 자신을 사랑한 자를 팽개쳐버리기 때문이다. 그러나 두려움은 처벌에 대한 공포로써 유지되며 항상 효과적이다. (마키아벨리 2003, 117)

마키아벨리는 은혜와 사랑으로 살아가는 중세적 인간과는 극명하게 대비되는, 이익을 추구하는 욕망의 주체로서 신의가 없고 약속을 지키려고 하지 않는 인간을 전제로 정치질서를 구축할 것을 주장한다. 이러한 근대적 인간으로 이루어진 정치공동체 창출의 논의는 홉스를 통해 제시되었다.

욕망의 주체들이 자기 이익을 극대화하기 위해 충돌하는 상태(자연 상태)에서 인간은 자신을 보존할 수 없게 되고, 결국 그러한 비참한 상태에서 벗어나기 위해 이성의 명령(자연법)에 따라 자기 욕망을 추구할 권리(자연권)를 서로 포기하는 계약을 맺어 정치공동체(리바이어던, 국가)를 창출하기에 이른다. 그리고 리바이어던이 부여한 법과 제도의 틀 속에서 인간은 평화적으로 자기 이익을 추구하게 된다.[6]

인간이 추구하는 이익 중에서 가장 큰 두 가지는 경제적 이익(부)과 정치적 이익(권력)이다. 따라서 국가 안에는 경제적 이익의 추구와 관련된 경제 영역과 정치적 이익의 추구와 관련된 정치 영역이 존재한다. 그러나 두 영역에는 근본적인 차이가 있다. 부의 추구는 그 자체가 목적일 수 있다. 따라서 획득한 부를 통해 추구하고자 하는 다른 가치를 설정하지 않아도 무방하다. 반면 권력을 추구하는 인간은 권력 그 자체가 목적이라고 말하지 않는다. 권력은 인민주권, 자유, 정의, 평등, 인권 등의 정치이념(정치적 가치, 공적 가치, 공공선)을 실현하기 위한 수단임을 주장한다. 설령 권력 그 자체를 목적으로 추구하는 인간일지라도, 그 권력을 통해 실현하고자 하는 정치이념을 앞세운다.[7] 정치이념은 정치권력의 존립 근거이다. 그러나 한편으로 정치이념은 권력추구를 미화하는 장식이며(장식성), 권력을 통해 행해

6) 로크는 홉스처럼 극단적이지는 않지만 인간의 불완전성을 전제로 법적, 제도적 장치를 통한 정치 질서를 구축하고자 했다. 이기적인 인간이 법과 제도(외적 강제)를 통해 스스로에게 질서를 부여하는 '제도규율적 질서'가 근대 정치 질서이다.

7) 《군주론》에서의 마키아벨리조차 권력은 국가의 건설, 유지, 확장이라는 목적을 위한 수단임을 주장한다.

지는 억압성을 정당화하기 위한 장치이기도 하다(억압성). 이렇듯 정치 영역은 정치권력의 추구라는 측면과 정치이념의 추구라는 측면을 함께 갖고 있다. 전자를 정치의 '현실성'이라고 한다면, 후자는 정치의 '이념성'이라고 할 수 있으며, 양자를 겸하고 있는 것이 정치 영역의 고유한 특성이다. 이러한 정치 영역의 고유성은 인간이 추구하는 진(眞), 선(善), 미(美), 성(聖)이라는 가치들과 정치적 가치가 어떻게 다른가를 알아봄으로써 확인할 수 있다.

인간은 철학을 통해 진리를 추구하고, 윤리를 통해 선을 추구하고, 예술을 통해 미를 추구하고, 종교를 통해 성을 추구한다. 이러한 것들은 경제 영역이나 정치 영역과는 다른 차원이지만 인간의 삶을 구성하는 중요한 영역이다. 이 영역을 '인문 영역'이라고 부르기로 한다. 인문 영역의 '가치'는 경제 영역의 부라는 '이익'과는 질적으로 다르다. 또한 인문 영역의 가치는 정치 영역의 정치이념이라는 정치적 가치와도 다르다. 정치적 가치는 그 가치를 '진정으로' 추구하지 않아도 존립한다. 아니 정치권력을 장식하거나 나아가 억압을 강요하는 정치권력의 도구로 사용된다고 해도 존립할 수 있다. 그러나 인문 영역의 가치는 그 자체가 목적이어야 하고 진정으로 추구되어야 한다. 다른 이익을 추구하기 위한 수단으로 전락하는 순간 존립할 수 없다. 인문 영역의 가치가 갖는 이러한 특성을 '진정성'이라고 부르기로 한다. 따라서 정치 영역에서는 추구될 수 없는 가치이다. 서구 근대에는 이러한 인문 영역을 사적 영역으로 독립시켜 정치가가 추구하는 공적 영역, 즉 정치 영역과 구분하였다.[8] 진선미성을 사적 영역에 두고 정치적 가치를 공적 영역에 배치함으로써 근대적 정치이념이 탄생하게 되었다. 따라서 근대 정치의 고유성은 진정성을 추구하지 않는다는 데 있다. 진정성의 추구가 정치 영역에는 요구되지 않는다. 서구 근대는 이렇듯 서로 성격을 달리하는 세 영역, 즉 경제 영역, 정치 영역, 인문 영역이 정립(鼎立)하고 있는 것이다.[9] 인문 영역은 두 영역으로부터 독립하여 자율성을 견지하면서, 두 영역에서의 이익 추구를 간접적으로 제약하는 역할을 한다.[10] 경제 영역에 비해 정치 영역은 인문 영역의 영향을 더 받는데, 정치 영역에서는 이익(권력)의 추구와 함께 정치이념의 추구라는 측면이 함께 존재하기 때문이다. 인문성이 더욱 강고한 만큼 정치 영역의 이익 추구는 순화되어, 정치 영역의 질적 향상에 영향을 미치게 된다.

한편, 근대의 인간은 정치체제를 형성하고 유지하는 데 모두가 자유롭고 평등한 주체로서 참여할 권리(인민주권)를 갖고 있다고 생각했다. 그들은 일인이든 소수이든 타인에게 지배받는 것을 원하지 않았다. 그들이 원한 것은 스스로가 지배자인 동시에 피지배자가 되는 체제, 즉 민주주의(democracy)였다. 민주주의의 원형은 고대 그리스에서 실행된 직접민주주의이다. 그러나 직접민주주의는 대규모의 근대 국가에는 적합하지 못했다. 따라서 근대인은 새로운 형태의 민주주의, 즉 간접민주주의를 고안하게 되었다. 그것은 인민이 주기적으로 선거를 통해 대표(대통령, 국회의원)를 선출하여 그들로 하여금 정치권력을 사용하도록 하는 대의민주주의이다.

대의제에서는 인민 중에 대표가 되기 위해 활동하는 직업 정치가가 생기게 되었다. 정치가는 자신의 정치이념, 정책을 제시하고 인민의 지지를

8) 정치 영역이 공적 영역이라면 경제 영역은 인문 영역과 함께 사적 영역에 속한다.
9) 실제 인간은 세 영역에 걸쳐 중첩되어 살아간다.
10) 정치 영역과 경제 영역은 법, 제도, 절차를 통해 이익 추구를 직접적으로 제약한다.

받아 정치권력을 행사하게 된다. 선출된 대표는 일정 기간 인민으로부터 권리를 위임받아 정치적 행위를 하고, 그 결과를 가지고 다음 선거에서 인민의 심판을 받게 된다. 대의제의 책임성이다. 이 과정을 통해 정치가는 정치적 자산을 축적하여 큰 정치가로 성장하거나, 아니면 감소하여 정치가로서의 생명을 다하게 된다.

근대 정치에서의 정치가는 정치 영역에 한정된 존재가 아니다. 정치가는 세 영역을 넘나들며 행위하는 존재이다. 물론 앞에서 언급했듯이 정치가는 정치 영역에서 직접적으로 인문성을 추구하지 않는다. 그러나 정치가이기에 앞서 자연인으로서 인문 영역에 침윤된 존재이고, 간접적으로 그가 지닌 인문성은 그의 정치행위에 영향을 미치고 있다. 또한 정치가는 경제 영역과는 밀접하게 관계를 맺고 있다. 정치는 경제를 직접적으로 취급한다. 정치가는 세 영역의 상호작용 속에서 균형 잡힌 행위를 하게 된다. 그러나 근대 정치가를 규정하는 또 다른 영역이 존재한다. 국제정치 영역이다.

근대 국가는 국제적 아나키와 쌍생아이다. 국내적으로는 개인에 대한 외적 강제를 통해 법적, 제도적 질서를 형성하는 자체가 다른 국가와의 생존투쟁 속에서 이루어지기 때문이다. 근대 국가들 사이의 국제관계는 평화적인 조정, 중재, 심판을 할 수 있는 상위자가 존재하지 않아, 언제나 전쟁으로 귀착될 수 있는 아나키이다. 따라서 근대 국가의 역사는 전쟁의 역사이기도 하다. 일국 내에서는 문명을 이루고 유지하는 국가들이 그들 사이에서는 전쟁이라는 야만의 상태에 빠져 있는 모순된 상황(근대 문명의 패러독스)[11] 속에서 정치가는 존재한다. 일방적으로 국가 이익을 추구해야 하는 국제정치 영역과 인문성이나 이념성이 작용하는 국내정치 영역이라는 이

중성에 빠져 있는 것이다. 이 분열 속에서 정치가의 인문성과 이념성은 빛을 발휘하기 힘들다.

3. 한국 민주주의의 성숙 — 인문화운동

1948년 근대 국가를 수립한 대한민국은 정치, 경제, 인문의 각 영역에서 근대화의 길을 걷기 시작했다. 그러나 일제 식민지 지배의 폐해와 한국전쟁으로 인하여 근대화는 순조롭게 진행되지 못했다. 마침내 1961년 5·16 쿠데타로 정권을 장악한 박정희는 경제 영역의 근대화, 즉 자본주의 산업화를 우선시하는 전략을 채택하게 된다. 산업화 우선 전략은 효과를 발휘하여 몇 차례의 위기를 겪으면서도 고도성장을 이루어갔다. 그러나 경제성장주의 일변도 속에서 정치 영역과 인문 영역은 경제 영역에 종속, 지배되었다. 권위주의체제 속에서 민주적 가치는 억제되었고, 인문성은 성장하기 어려웠다.

1979년 산업화 과정에서 억제되었던 민주적 가치에 대한 요구가 박정희 암살사건을 계기로 폭발하였다. 이 사건의 처리 과정 속에서 1980년에 광주민주화운동이 발생하였고, 이후 지속된 민주화운동은 1987년의 직선제 개헌을 통해 민주주의 체제로의 이행을 성취하였다. 나아가 평화적인 여야 정권교체를 거듭하면서 민주주의는 공고화되었다. 그러나 이러한 경제발전과 민주화에도 불구하고 한국 민주주의의 수준이 질적으로 향상되었다고 보기는 어렵다. 낮은 수준의 정치적 제도화, 정치적 부패의 만연, 경

---

11) 최악의 모순은 '문명의 사명'이라는 명분으로 식민지 쟁탈을 강행한 제국주의이다.

제적 · 사회적 불평등의 증대와 경제적 불안감의 확대, 사회적 불신과 정치제도에 관한 낮은 신뢰 수준 등의 현상은 성숙한 민주사회라는 평가를 내리기 어렵게 한다. 특히 1996년부터 10년간 정치제도에 대한 국민의 신뢰를 추적해보면 과연 정치 영역이 존립할 수 있는지가 의심스러울 정도의 수준에 도달해 있다.

한국민주주의바로미터(Korea Democracy Barometer) 1996년 조사에서는 62%의 응답자가 행정부를 신뢰한다고 하였으나, 아시아바로미터(Asian Barometer) 2003년 한국 조사에서는 26%가 신뢰한다고 하였고, 아시아바로미터 2011년 한국 조사에서는 22%가 신뢰한다고 하여, 지난 15년 동안 행정부에 대한 신뢰 수준이 40% 정도 급격하게 낮아진 것으로 나타났다. 국회의 경우도 유사하게, 1996년 조사에서는 49%가 신뢰한다고 하였으나, 2003년에는 15%가 신뢰한다고 하였고, 2011년에는 11%가 신뢰한다고 하여, 같은 기간 동안 38% 정도 낮아졌다(박종민 · 배종현 2011, 117-118). 민주화 이후 민주주의가 성숙하지 못하고 오히려 퇴행하고 있다는 우려를 하지 않을 수 없다. 특히 지난해인 2012년 19대 총선 과정을 살펴볼 때, 정치가의 수준에 대해서는 더욱 회의적이다. 기존의 정치인은 물론 정당공천을 통해 정치권에 진입한 새로운 인물들 또한 건실한 정책 선거를 지향하기보다는 득표를 위해 실행 가능성이 낮은 공약(空約)을 남발하고, 네거티브 선거 캠페인을 행하였다.

물론 이러한 문제는 한국을 포함한 후발 신생 민주주의 국가들만의 것은 아니다. 정부와 정치제도에 대한 시민들의 점증적 불신과 양극화의 심화, 정치적 냉소주의, 낮은 투표율 등과 같은 경향은 선진 민주주의 국가들에서도 나타나는 보편적인 현상이다. 이에 따라 '민주주의의 질'에 대한 관심이 전 세계적으로 크게 고조되고 있다. 과거에는 여러 가지 양적인 지표의 제고가 대부분 국가의 1차적인 관심사이자 목표였지만, 오늘날에는 양적인 성장에 걸맞은 질적인 발전에 대한 요구와 수요가 급증하고 있는 것이다. 이에 부응하기 위해 사회과학 분야에서도 다양한 제도와 영역에서의 질적 수준(삶의 질, 사회의 질, 시민사회의 질, 거버넌스의 질, 민주주의의 질, 정부의 질)에 대한 연구가 폭발적으로 증가했다. 전 세계 많은 국가들이 민주주의 체제이거나 자칭 민주주의를 표방하고 있는 상황에서 민주주의냐 아니냐의 질문은 더 이상 큰 의미를 갖지 못하게 되었다. 더욱이 민주주의란 고정된 것이 아니라 얼마든지 내부적으로 퇴행할 가능성을 안고 있다는 주장이 받아들여지면서, 단순히 민주주의 체제를 유지해나가는 것이 아니라 민주주의를 질적으로 향상시키는 데 관심이 집중되고 있다. 이제는 '어떤 민주주의인가'(최장집 2007)를 물어야 할 상황인 것이다.[12]

한국의 국회의원들은 개인적으로는 매우 우수한 인물들이지만, 집단으로서는 신뢰받을 수 없는 최하의 인간군으로 평가되고 있다. 따라서 한국 민주주의의 미성숙의 원인을 정치가 차원의 문제로 접근해볼 수도 있다. 그러나 이 글에서는 그 원인을 앞 절의 논의를 바탕으로 구조적 차원에서 설명해보고자 한다.

앞 절에서 언급했듯이 서구 근대는 서로 성격을 달리하는 세 영역, 즉 경

12) 민주주의의 질적 향상의 문제가 선진 및 후발 신생 민주주의 국가에서 동시에 나타나는 현상임에도 불구하고, 이 글에서는 후발 민주주의 국가인 한국의 특수성에 주목하여 미성숙의 원인과 성숙을 위한 대책을 모색해보고자 한다.

제 영역, 정치 영역, 인문 영역이 정립(鼎立)하는 모습으로 전개되었다. 특히 인문 영역은 두 영역으로부터 독립하여 자율성을 견지하면서, 두 영역에서의 이익 추구를 간접적으로 제약하는 역할을 했다. 그러나 한국의 경우 인문 영역의 지체(遲滯)가 민주화 이후의 한국 민주주의 미성숙의 원인으로 작용하고 있다.

1948년 건국 이후 쉼 없이 진행되어온 산업화와 민주화의 과정에서 인문 영역은 자율적이며 독립된 영역으로서의 역할을 수행할 정도로 성숙하지 못했다. 성장제일주의의 기치 아래 산업화를 추진하던 권위주의 시대에 인문 영역은 억압되어 있었고, 경제와 정치 두 영역의 폭주를 묵인, 옹호, 조장하기도 했다. 또한 인문 영역이 성숙하지 못한 상태에서 운동으로서의 민주화는 투쟁을 통해 전개되었고, 민주주의로의 이행과 공고화가 이루어졌음에도 불구하고 정치 영역에서의 투쟁성은 완화될 기세를 보이지 않고 있다. 그 결과 지금 대한민국에는 '초권력주의(ultra power politics)'가 만연하고 있다. 정치권력을 장악하기 위한 투쟁이 심화되어 정치 영역에서의 현실성이 폭주를 멈추지 않고, 그로 인해 권력의 추구를 규율하기 위한 외적 강제로서의 법과 제도는 제대로 작동하지 못하고 있다. 또 정치이념은 장식성의 수준을 넘어 극단적으로 과잉되어 권력투쟁을 한층 가열시키고 있다. 한편, 인문 영역의 진정성은 본연의 빛을 발휘하지 못하고 있다. 이러한 초권력주의는 '무책임의 구조'를 낳았다.[13]

정치가가 신뢰를 받지 못하는 것은 그들이 책임을 지지 않기 때문이다. 대의민주주의는 책임성을 전제로 해야만 작동할 수 있다. 정치가가 책임을 지지 않고 질 수도 없는 구조에서는 대의민주주의가 존립하기 힘들다. 한국 민주주의의 무책임 구조는 제물적(祭物的) 대통령제, 지역패권주의, 약체(弱體)정당의 세 가지로 이루어져 있다.

제물적 대통령제란 주기적으로 퇴임 대통령을 제물로 바치고 대다수의 정치가가 책임을 모면하는 구조이다. 대통령에게 과도한 권한이 집중되어 있는 현행 제왕적 대통령제에서 대통령은 초권력주의 현상의 정점에 위치하여 법과 제도와 절차를 넘어서게 된다. 제약되지 않는 제왕적 대통령의 행위는 임기 말에 이르면 문제화되어 결국 몇 명의 순장자(殉葬者)와 함께 제물로 바쳐지고, 나머지 정치가 집단은 회생하여 다음의 제물을 찾아서 광분하게 된다. 지역패권주의란 한 정당이 지역을 장악하고 있어 장악하고 있는 정당과 정치가의 책임을 묻지 못하게 하는 구조이다. 지역에 기반을 둔 정당과 그 정당에 소속한 정치가는 정치적 행위의 잘잘못에 대해 자기 텃밭 지역에서 심판을 받지 않고 오히려 비호된다. 마지막으로 약체정당이란 책임을 져야 할 정당을 해체시킴으로써 정당 소속 정치가가 책임을 모면하고 새로운 정당을 만들어 활로를 모색하는 현상이다. 한국 정치의 가장 큰 문제를 정당의 미발달로 보는 견해가 지배적이다. 필자는 정치가들이 의도적으로 정당 발달을 방해하는 측면도 있다고 본다. 강한 정당에선 정치가가 책임을 모면하기 어렵다. 정당의 책임을 다선의원이 져야 하

13) 마루야마 마사오는 다른 일반적인 근대 국가의 국가주의(무력적인 팽창 경향)와 질적으로 다른 일본의 초국가주의(ultra nationalism)의 논리와 심리를 분석한 바 있다(丸山真男 1997). 근대 국가의 제도규율적 정치 질서에서 권력 추구는 일반적인 현상이다. 권력 추구 그 자체가 목적으로 전도되어, 제도적 규율을 넘어서서 권력이 추구되는 권력주의가 나타난다고 하여도, 그것은 마키아벨리가 설명했듯이 필요성에 의한 일시적이고 상황적이며 개별적인 현상일 뿐이다. 이러한 권력주의와는 달리 여기서 말하는 초권력주의란 법과 제도, 정치이념, 인문성이 작동하지 못하는 노골적인 권력 추구가 항상적, 집단적으로 이루어지게끔 구조화되어 있는 상황이다. 법은 강자를 위한 수단이고, 이념은 투쟁을 위한 수단이며, 인문성은 장식을 위한 수단에 불과하다. 초권력주의는 박정희 시대의 산업화와 양김 시대의 민주화의 산물로 성장제일주의와 강고하게 결합하여 한국 사회에 무책임의 구조를 형성하고 있다.

기에 당선 횟수가 많아질수록 강한 정당을 원하지 않는다. 다선으로서의 자신의 정치적 생명을 온존시키기 위해서는 약체정당을 유지하는 것이 더 좋기 때문이다.[14] 강한 정당은 정치가가 만드는 것이다. 왜 민주화 이후에도 강한 정당이 형성되지 못하는가는 계급의 문제도, 국민의 문제도, 지역의 문제도 아니다. 본질적인 원인은 무책임의 구조를 유지하고자 하는 정치가에게 있다.

무책임의 구조에서는 정치적 부활이 가능하다. 제왕적 대통령이 하사하는 정치적 사면을 통해, 약체정당의 공천을 통해, 또는 지역주의에 기반한 텃밭 선거를 통해 정치적 사망자가 부활한다. 사망과 부활을 거듭하는 것이 마치 정치적 거물이 되는 길처럼 여겨지는 곳에서는 책임정치를 기대하기 어렵다. 무책임의 구조에서는 정치가의 성장을 기대하기 어렵다. 따라서 한국 정치에서는 초선의원의 교체율이 높고, 의미 있는 중진(重鎭)의원으로 성장하기가 쉽지 않다. 이러한 초권력주의에 기반한 무책임의 구조 속에서 민주주의가 성숙하기 위해서는 어떤 방안이 있는가?

첫째, 권력정치의 '현실성'의 폭주를 완화할 수 있는 것은 법, 제도, 절차를 준수하며, 강한 정당을 만들어 진지한 정책 실행을 통해 책임정치를 실현하는 것이다. 둘째, 과잉된 정치이념의 정상화이다. 정치이념은 정치권력을 통해 이루려고 하는 목적이자 장식이다. 정치이념이 목적성과 장식성을 넘어 권력투쟁의 도구로 전락해서는 안 된다. 셋째, 인문 영역의 정립(鼎立)이다. 인문성의 확충을 통해 진정성을 확보하는 것이다. 이 글에서 주목하

---

14) 지금까지 다선의원 모두가 그렇다는 것은 아니다. 강한 정당을 만드는 것을 자신의 정치적 사명으로 여기는 다선의원도 있었을 것이다. 여기서는 '의도' 가 아니라 현재까지의 한국 정당의 '상태' 에 의거하여 설명한 것이다.

는 것은 세 번째 방안이다.

서구 근대성은 경제 영역, 정치 영역, 인문 영역이 정립을 이룰 때 완결된다. 근대성의 성취를 목표로 하는 후발자는 적극적 노력을 통해 근대성을 달성하고자 한다. 근대화 '운동'이 그것이다. 산업화와 민주화는 운동을 통해 성취되었다. 지체된 인문 영역 역시 자각적인 운동을 통해 성취될 필요가 있다. 운동으로서의 인문화가 한국 민주주의를 성숙시킬 수 있는 길이다.

물론 산업화와 민주화가 진행되는 과정에서 비록 지체되기는 했지만 인문성 역시 축적, 성장해왔다. 산업화가 진행되면서 민주주의에 대한 요구가 축적, 성장해오다 박정희 암살 사건을 계기로 그 요구가 급격하게 주요 현안으로 등장했듯이, 인문성에 대하여 축적되어온 요구 또한 임계점에 달해 어떤 계기를 통해 인문화운동으로 현재화될 것이다. 이러한 맥락에서 안철수 '민란'은 인문화운동의 계기가 되었다는 것이 필자의 생각이다.

4. 안철수 '민란' — 유교적 정치가의 등장

1862년(철종 13년, 壬戌年) 진주에서 민중이 반란을 일으켰고, 우리는 이를 '진주민란' 또는 '임술민란'이라고 부른다. ① 조선 후기 신분제의 변화 속에서 지주와 소작인의 대립이 표면화되고 조세제도의 폐단이 지속되었지만(지배층과 피지배층 사이의 모순의 심화), ② 조선의 지배층이 개혁을 통해 민중의 요구를 수용하지 못하자(지배층의 개혁 불능), ③ 민중은 폭력을 사용하여 조선의 지배 질서에 저항하였다(피지배층에 의한 기존 질서의 타파). 이것이 진주민란의 핵심적인 사항이다.

2012년 18대 대선 과정에서도 민중[15]이 반란을 일으켰다. 이것이 바로 안철수 '민란'이다. ① 민주화 이후에 민중의 인문성은 성장해온 반면, 정치 영역에서는 초권력주의가 만연하여 대의민주주의의 책임성이 작동하지 않고, 민주주의가 성숙하지 못하는 상황이 지속되었지만(정치가와 민중 사이의 모순의 심화), ② 정치가가 개혁을 통해 민중의 요구를 반영하지 못하자(정치가의 개혁 불능), ③ 민중은 대의민주주의 질서에 저항하였다(양대 정당에 의한 대선 판의 타파).

두 민란에는 두 가지 차이가 있다. 하나는 폭력성의 유무이고, 다른 하나는 정치권력 장악 의도의 유무이다. 진주민란은 폭력을 사용하였지만 조선 정부를 타도하고 정권을 장악하려고 하지는 않았다.[16] 반면 안철수 민란은 폭력을 사용하지 않고 기존 질서의 룰을 준수하면서 정권을 장악하려고 했다. 비록 이러한 차이는 있지만, 기존 질서가 민중의 요구를 반영하지 못할 때 민중이 자발적, 주체적으로 기존 질서의 타파를 시도한다는 점에서 두 민란 사이에는 구조적 유사성이 존재한다.

안철수 민란의 서곡은 2011년 10월 26일에 치러진 서울시장 보궐선거였다. 2011년 9월 1일 밤 안철수의 서울시장 출마 결심이 임박했다는 기사가 한 언론을 통해 보도되었고, 그 다음 날 서대문구청에서 열린 청춘콘서트 현장은 취재진으로 아수라장이 됐다. 서곡의 시작을 안철수는 "자고 일어나 보니 세상이 바뀌어 있었다. 2011년 9월 2일이었다"(《생각》 4)라고 표현

---

15) 이 글에서 민중은 돈과 권력을 갖지 못한 다수의 대중을 의미하지 않는다. 맹자가 말한 선지자, 선각자로서의 책임을 자임하는 사람을 제외한 국민을 의미한다. 그렇다고 군자(君子)와 짝이 되는 소인(小人)을 의미하는 것은 물론 아니다. 문맥에 따라 국민이나 시민이라는 용어를 사용하는 것이 적합한 곳에서도 민중이란 용어를 사용할 것이다.

16) 공공연하게 조선 정부를 타도하고 새로운 왕조를 세운다는 혁명성은 보이지 않았다. 다만 반란이 성공하여 조선 정부군을 타도하는 상황에 이르렀다면 혁명성이 등장했을지도 모른다.

했다. 초권력주의에 실망한 민중들은 열광했다. 그러나 9월 6일 50%에 달하는 민중이 그를 지지했음에도 불구하고 5%의 지지를 받고 있던 박원순에게 서울시장 후보를 전격적으로 양보하였다. 그 결과 한나라당은 패배하고 민주당의 지원을 받은 무소속의 박원순 후보가 승리하였다. 여당은 패배하고 야당은 자체 후보조차 내놓지 못했다. 민란의 서곡이 울리자 한나라당은 12월에 박근혜 비상대책위원회 체제를 출범시켜 2012년 4월 11일로 예정된 19대 총선으로 국면을 전환하였고, 2012년 2월 2일에 새누리당으로 당명을 개정하고 꽃단장을 하여 약체정당의 본모습을 또 다시 드러냈다. 한편 민주당은 비록 자체 후보를 내지는 못했지만, 박원순 시장이 2월 23일에 공식 입당하여 야권 단일화를 통한 총선 승리에 뛰어들었다.

19대 총선은 이명박 정부에 대한 지지가 워낙 낮아 야권의 승리가 예상되고 있었다. 그러나 신장개업한 새누리당은 박근혜 비대위원장의 지휘하에 과반의석을 확보함으로써 민주당에 충격을 안겨주었다. 승리의 여세를 몰아 박근혜는 12월로 예정된 18대 대선을 향해 독주를 시작하였다. 서울시장 후보조차 내지 못한 민주당은 총선 패배의 충격 속에서 대선 국면으로 전환하였지만 박근혜에 대항할 만한 자체 후보를 갖고 있지 못했다. 새누리당의 정권연장을 바람직하게 생각하지 않는 민중, 대항마도 없이 수권정당으로서의 자격조차 갖추지 못한 민주당을 지지하지 못하는 민중, 그들은 안철수의 등장을 대망하고 있었다. 출마 예상 후보의 가상대결에서 안철수는 수위를 차지하고 있었다. 민중의 진의와 자신의 정체를 신중하게 파악하고 있던 그는 이윽고 9월 19일에 출사표를 던졌다. 안철수 민란의 막은 이렇게 올랐다. 민중의 지지를 등에 업고 민주당 후보로 선정된 문재인 후보와의 단일화 과정이 시작되었다. 그러나 민주당의 초권력주의의 벽을 넘어서지 못하고 11월 23일 마지못해 민주당 문재인 후보의 지지를 선언하면서 안철수는 후보를 사퇴하였고, 12월 19일 선거에서 집권당은 야권 단일 후보를 제압하고 권력을 쟁취하였다. 민란은 진압되었다.

민란의 주체는 민중이었다. 그들은 무엇을 요구하였을까? 산업화에 성공하여 선진국의 대열에 들었다고는 하지만 가진 자와 못 가진 자의 불평등이 심화되고, 민주화가 이루어져 대의민주주의가 실행되고 있지만 정권교체를 거듭하면서도 강한 정당에 의한 책임정치가 이루어질 가망이 없이 초권력주의가 판치는 세상에 저항하였다. 산업화와 민주화의 그늘이 심화되어 빛바랜 근대성에 절망하여 새로운 정치와 그것을 실현할 새로운 정치가를 갈망하였다.

이러한 민중의 요구는 느닷없이 나타난 것이 아니다. 산업화와 민주화의 장도를 거치면서 온축되어온 에너지가 구체제의 임계점에 달해 자발적으로 드러난 것이다. 그 에너지는 어디에서 나오는가? 인간다운 삶을 원하는 민중의 집단심성에서이다. 그리고 집단심성은 인문 영역에 착근하고 있다. 따라서 이 반란은 성숙하지 못한 정치, 경제 영역에 대한 인문 영역의 외침인 것이다. 민중의 아우성은 안철수로 향했다.

언제부터인가 안철수는 민중의 소리를 듣고 있었다. 세상의 심연에서 들려오는 소리에 안철수의 영감(靈感)은 반응하고 있었다. 2011년 9월 2일의 청춘콘서트장에서 그는 깜짝 놀랐다. 민중 소리의 톤이 달라졌던 것이다. 그가 듣고 감당하기에는 너무나 엄청난 것이었다. 민중의 열망을 무시할 수도 없지만 이를 온전히 정치하라는 뜻으로 착각하는 것도 곤란하다고 생각했다. 자신을 지지하는 민중의 뜻을 정확히 파악해야 진로를 결정할 수 있고, 자신이 감당할 능력이 있는지 냉정하게 판단하는 것이 중요하다고 생각한(《생각》 52) 그는 민중과 공감(共感)하는 수순을 밟았다. 2012년 7월에 《안철수의 생각》을 시작으로 그는 자신의 생각을 구체적으로 민중에게 알리기로 하였다.

제가 생각을 밝혔는데 기대와는 다르다고 생각하는 분들이 많아진다면 저는 자격이 없는 것이고, 제 생각에 동의하는 분들이 많아진다면 앞으로 나아갈 수밖에 없겠지요. (《생각》 52)

폭발하는 민중의 요구에 성급히 대응할 수 없었던 안철수는 민중의 소리를 자신의 언어로 전환하여 민중과의 공감을 시도하였다. 그러나 대선이 눈앞에 다가오는 상황에서 그의 "고민이 길어지니까 '안철수는 우유부단하다'거나, '간만 본다'고 비판하는 목소리"(《생각》 32)가 퍼져갔다. 공감의 과정이 필요했던 것은 '무지(無知)' 때문이었다. 자신에 대한 무지와 미래에 대한 무지. 정치가가 되는 일에 처음으로 발을 담그는—그것도 대통령이라는 최고 통치권자가 되는—일에 자신이 적합한 인물인지를 묻지 않을 수 없었다. 또한 자신을 둘러싸고 벌어지는 현상을 파악하고 판단할 만한 전례가 없었다. 구체제에 저항하는 민중의 아우성은 감지하겠는데, 그것이 어디로 향하는지, 그것을 어떻게 진행시켜가야 할지 알지 못했다. 그가 의거할 수 있는 것은 민중과 민중의 소리뿐이었다.

안철수는 진로를 결정할 때 세 가지를 생각했다. "의미가 있는 일인가, 열정을 지속하고 몰입할 수 있는 일인가, 내가 잘할 수 있는 일인가"(《생각》 28). 공감의 과정을 통해 민중의 요구에 부응하는 것은 의미 있는 일이고, 따라서 열정을 지속적으로 몰입할 수 있는 일인 것은 확신을 하였는데, 잘할 수 있는지는 확인할 길이 없었다. "그래서 스스로에게 거듭 질문을 던지고 대화를 통해 답을 찾고자 노력"(〈출마선언문〉)하였다. 그러나 그에게 잘할 수 있는지 없는지는 최종 결정 요인이 아니다.

> 한 직업에서 다른 직업으로 넘어갈 때마다 제가 고민한 가장 큰 기준은 '개인적으로 뭘 많이 얻을 수 있는가'나 성공 확률이 아니라, '얼마나 우리 사회에 좋은 영향을 끼칠 수 있는가'였습니다. (《생각》 45)

비록 대선에서 이기지 못한다 할지라도, 민중의 소리에 응하여 대선에 나아가 구체제와 싸우는 것만으로도 "우리 사회에 좋은 영향을 끼칠 수 있"다고 판단했을 것이다. 그것이 바로 "의미가 있는 일"이라는 믿음을 갖게 되었을 것이다. 미지의 세계를 향해 믿음으로 발을 내딛는 것은 엄청난 용기를 필요로 한다.[17] 드디어 9월 19일에 출사표를 던졌고, 민란의 괴수가 탄생하였다.

> 저는 이제 이번 18대 대통령 선거에 출마함으로써 그(새정치에 대한) 열망을 실천해내는 사람이 되려 합니다. 저에게 주어진 시대의 숙제를 감당하려고 합니다. (〈출마

---

17) 동물의 왕국에서 처음으로 둥지를 떠나는 새들의 모습을 본다. 짧은 시간의 주저는 있지만 내재된 프로그램에 의해 이루어지는 자연 현상에 비해, '의미와 의지의 왕국'에서 벌어진 안철수의 비행(飛行)에 숙연함을 느낀다.

선언문〉)

그가 말하는 시대의 숙제는 "국민들의 삶을 외면하고, 국민을 분열시키고, 국민을 무시하고, 서로 싸우기만 하는 정치"(〈출마선언문〉), 즉 초권력주의에 의한 무책임의 정치를 종식시키고, 국민의 삶을 보살피고, 국민을 통합하고, 국민을 존중하고, 서로 소통하는 정치를 이루는 것이다. 또한 구체제를 극복하고 신가치를 구현하는 것이다.

지금 대한민국은 낡은 체제와 미래가치가 충돌하고 있습니다. 이제 낡은 물줄기를 새로운 미래를 향해 바꿔야 합니다. 국민들의 민의를 반영하지 못하는 정치시스템, 계층 간의 이동이 차단된 사회시스템, 공정한 기회가 부여되지 않는 기득권 과보호 구조, 지식산업시대에 역행하는 옛날 방식의 의사결정구조, 이와 같은 것들로는 미래를 일어살 수 없습니다. (〈출마선언문〉)

안철수는 '통합의 정치', '덧셈의 정치', '미래가치'라는 개념을 통해 성숙한 민주정치에 대한 자신의 견해를 피력하였다. 그런데 민중의 요구가 안철수의 언어로 전환하여 표출되는 공감의 과정에서 새정치는 이중성을 띠게 된다. 그가 제시하는 새정치는 성격을 달리하는 두 개의 줄, 즉 근대성이라는 씨줄과 유교성이라는 날줄로 엮어졌던 것이다.

본문의 3절에서는 민주주의가 성숙하기 위한 방안을 언급했다. 그것은 서구 근대성을 완성하는 길이다. 안철수의 새정치는 대의민주주의의 책임성을 확보하고, 정치이념의 기능을 정상화하고, 인문성을 창출해가는 것이다. 여기서는 지면의 제약으로 상술하지는 못하지만 《안철수의 생각》은 기본적으로 근대성에 기반한 새정치에 관한 내용으로 채워져 있다.[18] 그러나 사실 민중은 근대적 새정치의 길을 단념했기 때문에 민란을 일으키지 않았던가? 만약 안철수가 근대적 새정치의 길에 머물러 있었다면 민중은 안철수의 생각에 공감하지 않았을지도 모른다.[19] 여기서 필자가 주목하고 싶은 것은 안철수가 표출한 유교성에 기반한 새정치이다.[20]

안철수가 꿈꾸는 지상에서의 성공적인 삶이란 '의미' 있는 일에 '열정'을 가지고 임해서(《생각》 28) 다른 사람들의 삶에 긍정적인 영향을 미치는 것이다(《생각》 258).[21] 그에게는 '이익'보다 '의미', '가치'가 중요하다.

> 기업을 경영할 때도 돈만 버는 영리기업을 추구하지 않고, 사회에 어떤 기여를 할 수 있는지를 가장 중요한 기준으로 삼았고요. 그래서 외국기업에서 거액을 제시하며 회사를 인수하겠다고 제안한 것도 그 자리에서 거절했고, 개인들에게 백신을 무료 공급했고, 인터넷 대란 때 국가기관에 기꺼이 인력을 무료로 파견해 해결했습니다. (《생각》 45-46)

---

18) 좀 길기는 하지만 한 부분만 소개한다. "저도 정치에서 대립하는 세력 간의 싸움은 피할 수 없다고 생각해요. 다만 싸울 때 세 가지 관점이 중요하다고 봅니다. 무엇을 위해 싸우는가, 어떤 주제를 가지고 싸우는가, 싸움의 결과로 어떤 합의를 끌어내 사회를 발전시키는가요. 정치인들이 국민을 위해서, 정책에 대한 가치관과 철학에 대한 차이를 가지고 싸우고, 그 결과로 합의를 끌어낼 수 있다면 바람직한 싸움이죠. (…) 그 반대는 권력 쟁취를 목적으로, 상대방이 얼마나 나쁜 놈인지 공격하며 싸우고, 끝까지 합의가 안 되는 평행선을 가는 것이겠죠. 우리 정치인들이 이렇게 싸운다면 우리가 바라는 복지, 정의, 평화는 불가능할 것입니다. 우리 정치가 한시 바삐 과거의 적대적 프레임에서 벗어나 미래를 두고 정책으로 경쟁하는 단계로 발전해야 합니다." (《생각》 92)

19) 박근혜 후보도 문재인 후보도 근대적 새정치를 제시하고 있었다. 따라서 근대적 새정치 사이의 차이를 가지고 세 후보를 차별화하기는 어렵다.

20) 이하에서는 안철수의 생각과 행동을 맹자적 사유와의 관계에서 설명할 것이다.

21) 안철수는 종교를 갖고 있지 않다(《생각》 75). 그가 생각하는 성공적인 삶은 내세를 갖고 있지 않은 유교에서의 성공적 삶이라 해도 틀리지 않을 것이다.

위의 글이 경제 영역에서의 안철수라면, 아래 글은 정치 영역에서의 안철수이다.

> 서울시장에 출마하지 않기로 선언한 후 나는 학교에서 학생들을 가르치는 일과 공익재단을 설립하는 일에 매진하면서, 한편으로는 정치권에 국민들의 목소리를 전달하는 울림통으로서 소임을 다하겠다는 마음이었다. 특히 개인적으로 무엇을 얻거나 무엇이 되겠다는 욕심이 전혀 없었기 때문에, 제3당을 만들라거나 4월 총선에서 적극적으로 역할을 하라는 말씀들에 응하지 않았다. (《생각》 5)

이 글의 머리말에서 인용하였듯이 맹자는 인의와 이익을 준별하고 언제나 인의를 추구해야 한다고 했다(義利之辨). 이익 중에서 자신의 목숨보다 소중한 것은 없다. 맹자에게는 목숨보다 인의가 중요하다.

> 목숨 또한 내가 바라는 바이고, 의로움 또한 내가 원하는 바인데, 두 가지를 다 겸할 수 없다면 목숨을 버리고 의를 취할 것이다. 목숨 또한 내가 바라는 바이지만 목숨보다 더 바라는 것이 있기 때문에 구차히 목숨을 지키려 하지 않는 것이다. (〈고자 상〉·10)

그렇다고 맹자가 이익을 무시하지는 않는다. 단지 이익은 인의를 행하는 가운데 저절로 수반되는 결과에 불과할 뿐이다. 물론 결과로서의 이익이 수반되지 않았다고 해서, 인의를 추구한 생각과 행동이 부정되는 것은 아니다. 반면 인의를 고려하지 않은 채 결과로서 이익이 주어졌다 해도 그러한 이익은 인정되지 않는다.[22] 지금까지 안철수가 얻은 부와 명예는 "언젠가는 같이 없어질 동시대 사람들과 좀 더 의미 있는 건강한 가치를 지키며 살아가"(《생각》 274)는 가운데 결과로서 주어졌을 뿐이다.[23]

가치를 추구하여 긍정적인 결과가 수반된 사람에게는 그에 상응하는 기대가 발생하고, 그 기대에 책임을 지는 것이 마땅한 사람의 도리라고 안철수는 생각한다.

> 저 역시 이름이 알려지는 것을 원하지 않았지만, 열심히 공부하고 일하다 보니 저에게 사람들의 기대가 쌓이더군요. 그래서 적어도 그 사람들의 기대를 저버리는 행동은 하지 않아야 한다는 책임감을 갖게 됐습니다. 사람들의 삶에 긍정적인 영향을 끼쳐서 내 삶의 흔적을 세상에 남기는 것이 내가 꿈꾸는 성공의 모습입니다. (《생각》 258)

따라서 안철수에게 진흙탕 같은 정치판은 두려움의 대상이 아니었다. 단지 자기에게 밀어닥치는 엄청난 민중의 기대가 무거운 책임감으로 느껴졌을 뿐이다. 이러한 책임감은 결과에 구애되지 않고 의미 있는 정치적 가치를 실현하기 위해 정면으로 부딪치는, 맹자적 동기주의에 기반한 책임감이다.

---

22) 이러한 맹자적 사유를 동기주의라고 한다. 진량과 주희의 논쟁을 동기주의와 결과주의의 대립으로 분석한 이승환(2001, 296-308)을 참조.

23) 안철수가 맹자와 같이 결과주의를 부정하는지는 모르겠지만 적어도 맹자적 동기주의에 입각하고 있음은 분명하다. 무료 백신을 쓰고 있는 민중들은 그의 말에 공명할 수 있으리라.

하늘이 이 백성들을 낳음에 선지자(先知者)로 하여금 후지자를 깨우치게 하고, 선각자(先覺者)로 하여금 후각자를 깨우치도록 하였느니라. 나는 하늘이 낳은 백성 가운데 먼저 깨우친 선각자다. 내 장차 이 도(道)를 가지고 이 백성들을 깨우쳐줄 것이니, 내가 아니면 누가 하겠는가. (《만장 상》·7)

세력의 크고 작음은 천하를 얻는 데 중요한 요소가 아니라고 맹자는 강조한다. 자신의 대에 이르러 동쪽으로는 제나라에 패하고, 서쪽으로는 진나라에 땅 칠백 리를 잃고, 남쪽으로는 초나라에게 모욕을 당한 대국의 군주 양혜왕이 맹자에게 설욕할 방법을 묻자, 맹자는 세력은 중요하지 않아서 땅이 사방 백 리(소국을 의미)만 되어도 어진 정치(仁政)를 행한다면 천하를 얻을 수 있다면서, 어진 정치를 행하는 자에게는 천하에 대적할 사람이 없다(仁者無敵)는 것을 의심하지 말라고 충고한다(《양혜왕 상》·5). 단지 민중을 귀하게 여기고(民爲貴, 〈진심 하〉·14), 민중과 고락을 함께하는 것(與民同樂, 〈양혜왕 하〉·2)이 진정한 정치(인정, 왕도정치)의 요체임을 피력한다. 안철수는 출사표에서 민중을 향해 이렇게 호소했다.

저는 정치경험뿐 아니라 조직도 없고 세력도 없지만, 그만큼 빚진 것도 없습니다. 정치경험 대신 국민들께 들은 이야기를 소중하게 가지고 가겠습니다. 조직과 세력 대신 나라를 위해 애쓰시는 모든 분들과 함께 나아가겠습니다. (《출마선언문》)

맹자가 말하고 싶은 것은 '정치적 가치(仁政, 王道)는 그 자체로 목적이어야 하고 정치가는 그것을 진정으로 추구하여야 한다'는 것이다.[24] 이것을 필자는 맹자의 '진정성의 정치'라고 부르겠다. 2절에서 인문 영역의 가치는 그 자체가 목적이어야 하고 진정으로 추구되어야 하며, 이러한 '진정성'은 정치 영역에서는 추구될 수 없다고 말했다. 맹자적 사유에서는 정치적 가치와 인문적 가치를 분리하는 서구 근대성과는 달리 인간의 본성이 선하다는 것을 전제로 하여 정치를 통해 진선미성(眞善美聖)을 실현하고자 한다. 이러한 맹자의 진정성의 정치는 비록 현실에서 그대로 실현되지는 못했지만, 실현하고자 노력했던 맹자의 사도들이 2000년 가까이 동아시아 세계에 살고 있었다. 그리고 서구 근대성과의 조우를 헤쳐 나온 대한민국에서 필자는 맹자를 연상케 하는 담론이 등장함을 보았다.

> 저는 세상을 움직이는 것은 진심이라고 생각합니다. 진심(眞心)의 정치를 하겠습니다. 그 과정에서 저를 향한 공격이나 비난은 두렵지 않습니다. 극복하겠습니다. 더 나은 미래를 만들기 위해 싸워야 한다면 정정당당하게 싸울 것입니다. 사람의 선의(善意)가 가장 강력한 힘이 될 수 있다는 것을 국민여러분과 함께 증명하려고 합니다. (〈출마선언문〉)

안철수의 출마 선언에 민중들은 열광하였다. 민중의 여망을 안철수는 자신의 언어로 우려내었고, 그 언어에 민중은 공감하였다. 근대적 민주주의 성숙에 좌절한 민중의 절규에 직면하여 안철수는 근대적 민주주의 성숙의 과제를 유교적 진정성의 프레임으로 엮어내었다. 근대성과 유교성이

24) 그렇지 않고 "힘으로 어짊을 가장하는 정치는 패도(以力假仁者覇)" 라고 단정한다(〈공손추 상〉 · 3).

중첩된 안철수와 그를 지지하는 민중의 현상에서 필자는 근대 민주주의와 유교 민본주의의 결합을 상상해본다.

5. 제4유교의 물결—민본민주주의

19세기까지 유교의 역사는 세 번의 물결을 일으키며 전개되었다. 제1물결은 춘추전국시대의 원시 유교이고, 제2물결은 한대의 유교이고, 제3의 물결은 송대의 신유교였다. 그리고 이제 제4유교, 즉 민본민주주의의 물결이 일기 시작했다. 이 도도한 유교문명의 흐름은 다양한 요소들과 교잡하면서 이어졌다. 그중에서도 어떤 요소는 유교와 충돌하여 격한 파고를 일으켜 새로운 물결이 일어나는 계기가 되었다. 선진시대에 제1물결이 시작된 이후, 제2물결에서는 법가사상이, 제3물결에서는 불교가 유교와 부딪쳤고, 이제 민주주의가 유교와 격돌하여 제4의 파고가 발생하고 있다. 유교의 이러한 생명력은 새로운 상황에 처하여 끊임없이 자기변신을 할 수 있었기 때문인데, 그것을 유교의 '포괄성'이라고 하겠다.

중국에서 문명이 발생한 이래 하나라, 은나라, 주나라로의 왕조 교체가 있었고, 주나라가 쇠약해지자 분열된 국가들 사이에 패권을 다투는 춘추전국시대가 전개되었다. 이때에 이르러 다양한 사상이 분출하여 자웅을 다투었는데(百家爭鳴), 그중 한 유파였던 유가는 공자로 인해 제1물결이 시작되었다. 공자는 전래되어오던 서적들을 정리하여 여섯 개의 경전(六經)을 편찬함으로써 자신이 중국 문명의 계승자임을 드러냈다. 그중에서도 주나라의 주공(周公)을 특별히 존숭하였다. 육경 및 제자들에 의해 편찬된 그의 언행록 《논어》에 나타나는 유가사상의 특징은 신화와 주술의 세계에서 벗어난 인본주의이다. 비록 상제(上帝), 죽음, 귀신, 점(占), 운명 등의 잔재가 남아 있기는 하지만, 인간 중심의 문명세계(人文世界)를 구축하였다. 인간이 인지하고 작위할 수 있는 현세에서 인간의 능력으로 만들 수 있는 바람직한 세상을 제시하였다. 이러한 공자의 생각은 맹자로 계승되어 '성선(性善)'과 '민본(民本)'으로 구체화되었다. 비록 눈앞의 인간은 악행을 하고 있지만 인간의 본성은 선하기에 그 선한 본성을 잘 발휘하도록 하는 것이 '성선'이라면, 먼저 본성을 발휘한 사람이 정치가가 되어 그렇지 못한 사람을 위하여 좋은 정치를 통해 '성선'을 발휘하도록 하는 것이 '민본'이다(진정성의 정치). 이렇듯 인본, 성선, 민본이 핵심이 되어 제1유교의 원형이 이루어졌다.

그러나 유교는 현실의 정치세계에서 받아들여지지 않았다. 현실에서 위세를 떨치게 된 것은 법가였다. 법가의 핵심은 '성악(性惡)'과 '군본'(군주 본위)으로, 전제 군주는 법(法)과 형(刑)에 의한 통치로 부국강병을 지향하였다. 유가와 법가는 경쟁을 벌였으나 결국 법가를 채택한 진나라에 의해 천하는 통일되고 제국이 형성되었다. 하지만 얼마 지나지 않아 법가의 폐단이 노정되고 진나라는 단명하고 만다. 제약되지 않는 군주의 권력은 전제화되고 형벌이 과도해져서 민중의 삶이 피폐해졌던 것이다.

뒤이어 등장한 한나라는 법가를 대신하여 유가를 국가이념으로 채택하였다. 제2유교 물결의 시작이다. 그렇다고 유가가 법가를 배척할 수만은 없었다. 제국의 질서를 확립하여 유지하기 위해서는 법가와 타협—법가를 포괄—할 수밖에 없었다. 황제의 권위를 확보하고, 중앙과 지방의 행정체제를 구축하며, 사회의 신분 질서를 확립하기 위해 법과 형에 의한 통치가 이루어지지 않을 수 없었고, 나아가 법가의 군본주의가 옹호되어 군존신비(君尊臣卑)에 입각한 삼강론(三綱論)이 새롭게 유교에 포함되었다. 그러나 법과 형에 의한 통치는 어디까지나 주가 되는 유교의 덕치(德治)를 보조한다는 차원(德主刑補)이었다. 나아가 제2유교는 군주를 견제하고 민본성을 확보하기 위해 새로운 논리를 개발함으로써 법가와의 차별화를 시도하였다. 동중서에 의한 천인감응설(天譴論)이다. 이렇게 법가를 포괄함으로써 유교는 제국의 질서를 유지할 수 있었다.[25]

인도로부터 전래된 불교는 현세를 가상의 세계로 규정하고 내세를 참된 세계로 설정하였다. 따라서 현세의 부자와 군신의 관계가 부정되었다. 그것은 가정과 정치가 부정됨을 의미했다. 그리고 불교는 참된 세계로의 길을 외적 세계와 단절하고 내면의 마음에서 찾고자 했다. 따라서 인간의 행위와 행위의 축적인 역사가 부정되었다. 불교는 결코 유교와는 양립할 수 없었다. 그러한 불교가 유교 사회에 광범위하게 퍼져 정신세계를 장악해갔다. 여기에는 몇 가지 원인이 있는데, 유교는 일찌감치 종교성을 탈각하여 현세에서 바람직한 삶을 주로 추구해왔고, 한대에는 국가이념으로 채택되기도 했지만 유교가 지향하는 사회는 쉽게 이루어지지 않았으며, 더욱이 유교가 인간의 죽음과 내세 및 형이상학에 대한 욕구를 채워줄 수 없었기 때문이다. 급기야 탈정치를 원리로 하는 불교가 현실의 정치세계를 좌우하는 상황에까지 이르게 되었다. 그러나 불교는 정치를 정화할 수 없었다. 유교는 반격을 준비하였고 당나라 말기에 유종원, 한유 등이 제3유교

25) 겉으로는 유가를 표방하지만 실제로는 법가적 통치를 의미하는 외유내법(外儒內法)이라는 개념이 사용되고 있는데, 이에 대해서는 후술하기로 한다.

의 포문을 열었다.

제3의 신유교는 불교를 배척하면서 일어났다. 그러나 고도의 형이상학으로 무장한 불교의 논리를 유교의 단순한 논리로는 대적할 수 없었다. 유교는 불교의 논리를 자기 것으로 내재화하여 유교적 형이상학의 세계를 구축하였다.[26] 주자는 우주론, 심성론, 윤리론, 정치론을 포괄하는 웅장한 리기론(理氣論)의 체계를 집대성하였다. 척불론의 핵심 중 하나는 불교가 내적 마음 수양에 집중할 뿐 외적인 인간사(가정, 사회, 국가)를 무시한다는 것이다. 신유교는 리기·심성론으로 내면의 논리를 강화하는 한편 강화된 내면을 외적 정치에 연결시킴으로써(修己治人) 불교를 넘어서고자 했다.[27] 다른 한편 신유교는 천리(天理)의 세계를 현실의 군주권보다 상위에 위치시킴으로써 새로운 세력으로 등장한 사대부 계층으로 하여금 군주권을 견제하고 민본성을 확보하고자 했다. 신유학은 이후 원, 명, 청나라에 걸쳐 체제 이데올로기로 군림하였다. 중국 대륙에서 발생한 각 단계의 유교는 시차를 두고 주변 국가로 전파되었는데, 특히 고려 말에 한반도에 전래된 제3유교는 조선왕조의 건국을 계기로 조선을 철저한 유교 국가 사회로 만들어갔다.

제1유교에서 제3유교에 이르기까지 지속된 유교의 핵심은 인본, 성선, 민본이었다. 유교는 이것을 중핵으로 다른 요소와 대결하고, 타협하고, 흡수하면서 자기변신을 거듭하다가 19세기에 이르러 서구 근대성과 조우하게 된다. 자연과학기술, 기독교, 자본주의, 민주주의 등 어느 하나도 쉽게

26) 도교의 영향도 있었음은 주지의 사실이다.
27) '합내외지도(合內外之道)' 라고 한다. 불교의 내적 측면을 자신의 논리 속으로 포괄했다.

유교와 양립할 수 없는 것들이었다. 처음 충돌할 때 유교는 근대성을 배격하였지만 제국주의의 힘에 강요되면서, 마침내 근대성이 유교가 내세우는 바람직한 세상을 더 잘 실현하는 길임을 깨닫고[28] 근대성을 적극적으로 수용하게 된다.

19세기 말 이래 동아시아에는 문명사적 변화가 진행되었다. 중심으로서의 서구와 주변으로서의 동아시아, 문명으로서의 서구와 미개로서의 동아시아라는 이분법적 논리에 따라 경제, 정치 영역에서 근대문명은 유교문명을 대체해갔다. 그 양상은 동아시아 국가가 처한 상황에 따라 다양했지만 산업화와 민주화의 두 축으로 진행되었다. 그러나 애당초 근대성 자체가 궁극적인 해결책이 아니었던 만큼 20세기 후반에 이르러 근대성은 본거지인 서구에서조차 한계를 노정하며 탈근대의 주장이 개진되었고, 후발 동아시아에서는 급속하게 진행된 근대화의 폐단이 서구보다 더 심각하게 드러나게 되었다. 여기쯤에서 이 글의 주제로 돌아가도록 하자.

한국의 경우, 근대화의 찬란한 성공은 역설적으로 초권력주의와 무책임의 구조라는 유산을 남겼고 근대성 스스로가 그 문제를 해결하지 못하자 결국 민란이 발생하였다. 민란의 주인공 안철수는 근대적 민주주의 성숙의 과제를 유교적 진정성의 프레임으로 엮어냈다. 그 유교성은 어디서 나온 것일까?

경제, 정치 영역과는 달리 유교적 인문성은 근대적 인문성으로 대체될 수 있는 것이 아니었다. 근대적 인문성이 수용되어간다고 해서 그에 따라

28) 원래 유교는 민중의 물적 생활의 향상을 중시한다. 나아가 서구적 민권을 보장하는 것이 민본을 실현하는 것이 된다.

유교적 인문성이 소멸되어가는 것은 아니다. 유교적 인문성은 여전히 온존되어왔다. 한국의 인문 영역에는 근대적 인문성과 유교적 인문성이 복잡한 양상으로 중첩되어 있다.[29] 그러다가 2012년 대선을 계기로 유교적 인문성이 민란의 형태로 현재화했던 것은 아닐까. 필자는 근대성과 유교성이 중첩된 안철수와 그를 지지하는 민중의 현상에서 근대 민주주의와 유교 민본주의가 결합한 '민본민주주의'가 그 모습을 드러내었다고 본다. 그리고 그것이 제4유교의 물결로 이어지는 것은 아닐까 예상해본다. 그런데 이질적인 이 양자의 결합이 가능한 것인가? 한편은 성선과 민본이고 다른 한편은 성악과 민주가 아닌가? 그러나 유가와 법가가 혼융했고, 유교와 불교도 공존하지 않았던가?

제2유교에서 법가의 유가화 또는 유가의 법가화를 통해 양자의 절충과 혼합이 있었음은 주지의 사실이다(장현근 1997, 219-238; 이승환 2001, 199). 유교의 법가화라는 표현에서는 유가의 장식성의 측면이 부각된다면, 법가의 유가화에서는 유가의 이념성의 측면이 부각된다고 하겠다. 앞에서 언급한 외유내법(外儒內法)[30]이라는 표현에서도 장식성이 강조된다. 그러나 유가와 법가의 혼융에서는 어디까지나 유교의 덕치(德治)가 주이고 법치는 보조적 차원이었다(德主刑補)[31]는 점을 감안하여, 필자는 양자의 융합을 유교의 포괄성이라는 각도에서 파악하고자 한다. 이상성과 현실성을 겸비

---

29) 양자 사이에 일치, 유사하여 공유, 보완하는 부분이 있는가 하면, 완전히 상극, 대립하여 어느 한쪽으로 대체되어야 하는 부분이 있고, 비록 대립하기는 하지만 양립, 병존이 가능한 부분도 있다.

30) 장현근(2010b)은 '외예내법(外禮內法)' 으로 개념화하여, 유교 중에서도 순자의 예치에 중점을 두어 한나라의 장기지속성을 설명한다.

31) 덕주형보(德主刑補)론은 이상익(2001, 264-279)을 참조.

한 유가가 현실성만 지니고 있는 법가를 포괄했다. 법가의 협소성이 제국 질서를 파국으로 이끌었다는 현실 인식을 통해 유가는 포괄성을 발휘함으로써 제국 질서를 유지하려고 했던 것이다.

성악과 민주의 서구 민주주의와 성선과 민본의 유교는 법가와 유가 못지않게 대립적이다. 그러나 민주주의의 한계라는 시대상황에서 유교의 포괄성은 또 다시 역사의 표면에 등장하고 있는 것이 아닐까. 포괄성은 대립하는 요소를 병존, 결합, 혼융시키는 힘이다. 원리적으로 완전한 해결은 아니지만 현실에 새로운 물결을 일으킨다. 현존하는 대의민주주의에서 민란이라는 사건이 발생했다는 것은 민주주의의 협소성이 초권력주의를 치유할 수 없다는 것을 말해주었다. 유교의 포괄성이 민주주의를 상대로 새로운 힘을 발휘하기 시작했다. 민주주의의 주체인 민중은 성숙한 민주주의를 위해 그것과는 대치되는 원리를 갖고 있는 민본주의를 요청하고 있다. 민주주의의 역설이다. 민중은 민본을 실행해줄 정치가를 부르고 있고, 정치가는 민주주의 제도와 절차를 기반으로 민본정치를 실행함으로써 민주주의를 성숙시키게 될 것이다.

법가와 유가가 내·외라는 방식으로 결합하였다면(외유·내법), 민본과 민주는 상·하라는 방식으로 융합할 수 있다(상민본·하민주). 밑에서는 이익과 욕망을 추구하는 민중이 민주주의 제도와 절차에 따라 정치가를 선출하고, 위로는 선출된 정치가가 인의(仁義)의 원리에 따라 민본을 실행한다.

근대성과의 조우 이래의 기간은 제4유교를 위한 서곡이었고 이제 제4유교의 물결이 시작되었다고 본다면, 민본과 민주의 결합은 그 물결 중의 한 부분일 것이다. 앞으로 이 물결이 어떤 다양한 모습을 보여주며 전개될지는 모른다. 새로운 유교 이론이 등장할 것이다. 유교의 포괄성은 융합이라는 이 시대의 요구에 호응한다. 정치에서 시작된 근대성과 유교의 융합은 경제, 자연, 종교, 예술 등에서의 융합으로 이어질 것이다.

6. 맺음말—안철수 2막

2012년 대한민국 18대 대통령선거의 주인공은 유교적 정치가 안철수였다. 그러나 그는 진정한 주인공이었던가? 민중에 의해 무대로 불려나와 춤을 추었던 것이 아닌가?

> 정치에 직접 뛰어들어 긍정적인 변화를 만들어내든, 혹은 직접 나서지 않아도 기성 정치에 긴장감을 불어넣는 역할을 하든, 국민의 열망을 대변해야 하는 것 아닌가 하는 책임감을 느꼈어요. 제가 정치에 참여하느냐 하지 않느냐는 제 욕심에 따라 결정되는 것이 아니라, '주어지는 것'이라는 생각을 하게 됐죠. (《생각》 30)

정치경험뿐 아니라 조직도 없고 세력도 없이 오직 민중에게서 듣는 이야기에만 의존하여(《출마선언문》) 주어진 배역을 충실히 연기한 배우가 주체적 정치가라고 할 수 있겠는가?

유교 정치가는 민중의 마음(民心)을 통해 하늘의 명(天命)을 읽어내어 정치(人事)에 임했다. 그러나 천명과 민심의 '모든 것'이 '알 수 있는 방법'을 통해 정치가에게 전해지는 것은 아니다. 따라서 정치가는 비장한 책임감을 가지고 주체적 결단을 통해 천명·인심과 인사를 연결시킬 수밖에 없다. 미지의 세계를 향한 주체적 결단이야말로 유교 정치가의 본령이다. 이 글의 본문에서도 지적했고, 위의 인용문에도 나오는 무거운 책임감에 따른 9월 19일의 출마 결단은 안철수가 유교적 정치가로 설명될 수 있는 사건이었다.

그러나 안철수에게 유일한 준거인 민중은 고정 불변하는 실체가 아니다. 민중은 수시로 유동할 뿐이다. 게다가 민중의 마음은 모순될 때가 얼마든지 있다. 그러한 민중의 마음을 잡으려는 것이 얼마나 위험한 일인가? '의미'와 '가치'를 중시하는 안철수의 동기주의에 호응하던 민중이지만 민중은 오히려 결과에 민감하지 않던가? 대선 이후, '안철수를 중심으로 단일화를 이루어 정권교체에 성공하든가, 아니면 적어도 문재인으로 단일화했다면 승리를 견인했어야 하지 않은가'라는 결과론적 비판이 안철수에게 향해지고 있다. 안철수가 여느 정치가들과 다른 것은 그가 유교적 정치가로서 갖고 있는 동기주의에 있다. 그러한 그가 만약 결과주의에 기웃거린다면 그의 존재 의미는 사라질 것이다. 안철수의 딜레마이다. 이 딜레마를 어떻게 돌파해갈 것인가? 정치가 안철수 2막의 과제이다.

안철수는 "낡은 물줄기를 새로운 미래를 향해 바꿔"놓았다. "미래는 지금 우리 앞에 있"(《출마선언문》)다고 확언하였다. 그러나 제4유교로서의 민본민주주의는 미지의 길이다. 민본과 민주는 양립 가능한가? 근대적 민주주의에서 진정성의 정치는 가능한가? 과연 이 과제를 안철수는 풀 수 있는가? 민중은 풀 수 없는 문제를 제시한 것인가? 아니면 잘못된 문제인가? 우리는 역사의 미로를 헤맬 것인가? 그러나 민중이 제기한 문제에는 정오(正誤)가 없다. 옳은 문제도 틀린 문제도 정답도 오답도 없다. 단지 풀어갈 뿐이다. 이미 우리 앞에 그 문제는 던져졌을 뿐이다.

1961년의 쿠데타가 산업화운동의 시발점이 되었고, 1979년의 박정희 암살이 민주화운동의 시발점이 되었다면, 2012년 안철수 민란은 인문화운동의 시발점이 되어 문명사적 변화의 대미를 향한 문을 열어놓았다. 미래가치를 향한 물줄기는 다양한 분야에서 다양한 인물에 의해 다양한 물길이 만들어지면서 대한민국의 대지를 적셔갈 것이다.

> 저는 기업을 경영하면서 나름대로 '영혼이 있는 기업'을 만들고자 애써왔습니다. 기업이 존재하는 것은 돈을 버는 것 이상의 숭고한 의미가 있으며, 여기에는 구성원 개개인의 자아실현은 물론 함께 살아가는 사회에 기여하는 존재가 되어야 한다는, 보다 큰 차원의 가치도 포함된다고 믿어왔습니다. (《생각》 273)

권력을 갖는 것 이상의 숭고한 의미를 지닌 '영혼이 있는 정치'를 향한 그의 도전은 2막으로 접어들었다.[32] 바로 눈앞 4월에 보궐선거가 펼쳐진다.[33] 맹자는 천하를 얻기 위해서는 전국 7웅과 같은 대국이 아니어도 가능하다고 했지만, 사방 백 리라도 되는 소국의 군주는 되어야 맹자의 설득 대상이 될 수 있었듯이, 민중의 여망을 담아내기 위해서는 안철수에게도 '사방 백 리' 정도의 정당은 급선무이다. 비록 이번 선거에서 교두보를 확보한다 해도 자신의 정체성을 유지하면서 험준한 정치지형을 돌파하기는 쉬워 보이지 않는다. 아마도 그가 기댈 곳은 여전히 민중일 뿐이다.

전국시대의 민중은 맹자의 주장에 공감했을 것이다. 그러나 맹자는 자신

---

32) 쿠데타의 주모자인 박정희가 산업화운동의 주인공이 되었지만, 박정희 암살의 실행자인 김재규는 민주화운동의 주인공이 되지는 못했다. 안철수가 인문화운동의 주인공이 될지 아니면 시발자로 그칠지는 예단할 수 없다.

33) 이 글은 2013년 2월 21일에 탈고했다. 어색한 서술이지만 당시의 느낌을 살리기 위해 수정하지 않았다.

의 뜻을 실현하지 못했다. 그 후 맹자의 사도들도 맹자의 유훈을 실현시키지 못했다. 그것은 민중에게 선택할 수 있는 권리가 없었기 때문이다. 지금 민중은 민본주의에 공감하고 있고, 그들은 선택할 수 있는 민주적 권리를 가지고 있다.

그러나 민중은 믿을 수 있는가? 민중을 믿게 만드는 것은 정치가의 몫인가?

| **참고문헌** |

마루야마 마사오(丸山眞男),《현대정치의 사상과 행동》, 김석근 옮김, 서울: 한길사, 1997.

마키아벨리,《군주론》, 강정인 · 문지영 옮김, 서울: 까치, 2003.

박종민·배정현, 〈정부신뢰의 원인: 정책결과, 과정 및 산출〉,《정부학연구》 17-2, 2011.

성백효,《맹자집주》, 서울: 전통문화연구회, 1991.

안철수,《안철수의 생각》, 제정임 엮음, 서울: 김영사, 2012.

이상익,《유가 사회철학 연구》, 서울: 심산, 2001.

이승환,《유가사상의 사회철학적 재조명》, 서울: 고려대학교출판부, 2001.

장현근 편저,《중국정치사상 입문》, 서울: 지영사, 1997.

장현근,《맹자, 바른 정치가 인간을 바로 세운다》, 서울: 한길사, 2010a.

장현근, 〈公(public) · 共(common) 개념과 중국 秦 · 漢 정부의 재발견—禮 · 法의 분화와 결합〉,《정치사상연구》 16-1, 2010b.

최장집,《어떤 민주주의인가》, 서울: 후마니타스, 2007.

한국의 학교폭력, 어떻게 이해할 것인가?

김준호(사회학과 명예교수)

이 글은 학술적인 형식을 갖추지 않은 이른바 잡문이다. 참고문헌도 없고 각주나 미주도 없다. 학교를 떠난 후 쓰는 첫 번째 글인데, 번거로운 형식을 갖추지 않고 글을 쓰니 이렇게 편할 수 없다. 공짜 비행기 표를 주는 상술로 출발한 마일리지 제도가 '상아탑'이라는 최고 교육기관인 대학에 도입되는 시점에서 마일리지 점수를 위한 글이 아니라 편한 마음으로 평소에 생각한 바를 가감 없이 글로 정리할 수 있어 어느 날 갑자기 용도 폐기된 기분이 드는 이때에 많은 위안과 자부심마저 든다. 그러나 경험적인 조사 연구를 평생 해왔으며, 적지 않은 이들이 '통계쟁이'라 부르던 사람이 30년 가까운 경험적 연구 결과를 토대로 쓴 글이다. 다시 말해 구체적이고 경험적인 근거를 각주나 참고문헌으로 밝히지 않았을 뿐이지 아무런 근거 없이 쓴 글은 아니라는 점은 밝히고 싶다.

요즘 한국은 이른바 학교폭력으로 온통 시끄러웠다. 학교폭력은 지난 10여 년 이상 간헐적으로 주목을 받았으나 다른 큰 사건이 터지면 다시 수면 아래로 가라앉곤 했다. 이번에도 선거가 다가오니 한때 신문이나 TV 뉴스의 첫머리로 다뤄지더니 어느새 잊혀가고 있다. 이런 악순환에 익숙해질 법도 한데 화를 참기 어려운 걸 보면 비록 은퇴했으나 아직 늙지는 않은 것 같아 실소가 나오기도 한다.

1. 한국 청소년 비행의 특징

청소년 비행이란 용어는 법률적인 개념은 아니고 학술적인 용어이다. 따라서 학자에 따라 그 범위가 다를 수 있으나, 흔히 청소년 범죄와 지위비행(Status offense)으로 나누어 생각할 수 있다. 청소년 범죄란 형법에 범죄로 규정된 행위를 말하며, 청소년이 이러한 범죄를 저질렀을 때 청소년 범죄라고 부른다. 한편 지위비행이란 청소년이라는 사회적 지위 때문에 청소년에게 허용되지 않는 다양한 행위를 포함한다. 음주와 흡연처럼 비교적 사소한 행위부터 친구들을 지속적으로 괴롭히거나, 금품을 갈취하는 이른바 학교폭력과 같은 행위를 포함한다. 청소년 범죄와 지위비행을 명확히 구별하기는 힘들다. 학교폭력의 정도가 매우 심각하면 범죄로 규정될 수도 있으나 형법으로 처벌할 정도가 아닌 사소한 폭력도 있어 명확히 구별하기 어렵다. 이러한 청소년 비행의 두드러진 특성을 각종 자료를 통해 살펴보기로 하자.

1) 폭력성

한국의 학교폭력을 이해하기 위해서는 먼저 한국의 범죄와 청소년 범죄의 두드러진 특징부터 살펴볼 필요가 있다. 한국에서 본격적인 범죄 통계는 1963년 당시 중앙정보부에서 처음으로 집계하기 시작하였고, 그 후 대검찰청에서 그 업무를 담당하여 현재에 이르고 있다. 범죄 통계는 국가가 수집하는 통계 중에서 가장 신빙성이 낮다고 해도 과언이 아니다. 소위 숨은 범죄(Hidden crime)가 여러 이유 중에서 대표적인 원인이다. 환언하면, 범죄 피해를 입고도 경찰을 비롯한 사법당국에 신고하지 않는 사례가 많기 때문이다. 이러한 한계에도 불구하고 전국적으로 집계되는 모집단 자료라는 점에서 범죄 및 일탈 연구에서 제외하기 어렵다. 한국 범죄 및 청소년 비행의 양적·질적 특성을 범죄 통계와 학술적인 연구 자료를 토대로 알아보자.

범죄 통계의 대표적인 지표인 범죄율이란 인구 10만 명당 범죄 발생 건수를 말한다. 재미있는 현상은 그 나라의 경제 수준과 범죄 발생 건수는 정적인 관계가 있다. 일반적인 기대와 달리 잘사는 나라의 범죄 건수가 가난한 나라보다 거의 예외 없이 많다. 미국과 서유럽의 잘사는 자본주의 국가들의 범죄 건수는 6,000~8,000건이며 중진국은 3,000~6,000건 정도이며 후진국은 3,000건 이하가 많다. 물론 선진국은 발생한 범죄가 효율적인 행정 체계 때문에 집계될 가능성이 높아 숨은 범죄가 적을 수 있으나, 한 나라의 범죄율의 변화를 볼 때에도 이러한 현상이 발견된다. 한국의 경우 후진국 시절이던 1960년대에는 3,000건 이하였으나, 1970~80년대 경장성장기에는 범죄율이 증가하여 3,000건이 넘어섰고, 현재는 4,000건이 넘어 범죄율에서도 중진국 수준에 이르렀으나, 경제 수준에 비해 범죄율이 높다고 보기는 아직 어렵다.

범죄를 크게 재산성 범죄와 폭력성 범죄로 나누어보면 역시 재미있는 현상이 발견된다. 일반적으로 경제 선진국은 재산성 범죄가 차지하는 비율이 매우 높아 90%에 육박한다. 특히 절도가 전체 범죄에서 차지하는 비율이 매우 높다. 그런데 한국은 폭력성 범죄의 비율이 상대적으로 높다. 범죄 통계가 처음 집계된 1960년대에는 폭력성 범죄의 비율이 30%를 넘었고, 경제성장과 더불어 사회가 혼란했던 80년대에는 50%를 넘어서기도 했다. 그 후 점차 그 비율이 줄어들기는 하나 아직도 30%에 달해 폭력적인 범죄가 차지하는 비율이 높다고 볼 수 있다. 이러한 폭력성은 특히 청소년 범죄에서 나타난다. 외국의 청소년 범죄는 절도와 같은 재산성 범죄가 성인 범죄와 마찬가지로 90% 이상을 점유하고 있으나 우리나라의 경우는 그렇지 않다. 성인 범죄에 비해서도 청소년 범죄에서 폭력성 범죄, 흔히 강력범죄라 부르는 살인, 강도, 강간 등이 차지하는 비율이 상대적으로 높아, 전체 강력범죄 중에서 청소년이 저지르는 비율이 재산성 범죄에 비해 높다. 한마디로 한국 범죄의 특성은 폭력성이 두드러지며 특히 청소년 범죄가 그렇다고 볼 수 있다.

2) 중산층 청소년 비행

청소년 범죄의 특성이 폭력성이라면 지위비행은 중산층 청소년이 주종을 이룬다는 특성을 보인다. 보통 범죄는 사회적인 약자가 많이 저지른다. 미국의 예를 들어보자. 사회적 약자인 가난한 사람이 부자보다, 젊은 사람이 나이 많은 사람보다, 흑인이 백인보다 범죄를 더 많이 저지른다.[1] 청소년 비행 역시 부모의 사회경제적 지위와 역관계가 있다. 즉 부모의 학력이 낮을수록, 수입이 적을수록, 직업 지위가 낮을수록 자녀의 비행이 증가하는 경향을 보이는데, 우리나라 청소년 지위비행은 이러한 경향에서 조금 벗어난 특성을 보인다. 특히 중고등학교 학생의 지위비행을 조사한 연구 결과를 보면, 부모의 교육과 직업 지위는 다른 나라와 다르지 않아 부모의 학력과 직업 지위가 낮은 청소년이 비행을 더 많이 저지르는 경향을 보이는데, 수입에서는 그렇지 않다. 비록 강한 관계를 보이지 않으나 가구 수입이 많을수록 자녀의 비행이 증가하는 경향을 보인다. 이러한 특성은 외국의 청소년 비행에서 찾아보기 매우 어렵다.

물론 한국의 심각한 청소년 범죄는 부모의 사회경제적 지위와 역관계가 발견된다. 즉 소년원이나 소년교도소 등에 수감된 비행 청소년은 하층 출신이 많은 것이 사실이나 중고등학교 학생들의 비행은 오히려 수입이 많을수록 더 늘어난다는 특성을 보인다. 심각한 범죄성 비행은 가난한 청소년들이 많이 하는 반면, 사소한 지위비행은 가구 수입이 많은 학생들이 더 많이 하는지 아니면 수입이 많은 부모들은 자녀가 심각한 청소년 범죄를 저질렀을 때 다양한 사회적 힘을 동원하여 소년원 등 비행 청소년 보호시설에 가지 않도록 조치를 한 결과인지 알 수 없다.

이미 언급한 바와 같이 부모의 학력과 직업 지위는 외국과 마찬가지로 한국에서도 역관계를 보인다. 이러한 점을 모두 고려하면 부모의 학력과

1) 예외가 있다면 사회적 약자인 여자가 남자보다 범죄를 훨씬 적게 저지른다는 점인데, 이는 범죄사회학이 설명해야 할 중요한 현상이다.

직업 지위는 비교적 낮은 편이나 수입은 많은 집안의 자녀들이 비행을 많이 한다고 볼 수 있다.

3) 학업과 청소년 지위비행

범죄 및 일탈행동을 설명하는 재미있는 이론이 있다. 사회통제이론은 모든 사람이 범죄를 저지르고 싶은 욕망 혹은 충동은 동일하다는 가정에서 출발한다. 과장을 하면 성인군자가 따로 있고 도적놈이 따로 있는 것이 아니라 성인군자건 도적이건 공짜로 물건을 갖고자 하는 마음은 비슷하며, 화가 났을 때 주먹을 휘두르고 싶은 마음도 다르지 않다고 가정한다. 그런데 성인군자는 말할 것도 없지만 보통사람들이 어떻게 이러한 범죄의 유혹에서 벗어날 수 있는가에 대한 해답에서 범죄의 원인을 찾고 있다. 규범을 벗어난 행위인 범죄와 규범을 준수하는 행위인 인습적 행위는 교차되기 어렵다. 특히 안정된 사회에서는 두 유형의 행위가 교차되기 쉽지 않다. 인습적 행위는 대부분 노력이 따른다. 예컨대 남에게 존경을 받는 사회적 지위를 차지하려면 어려서부터 공부를 열심히 해서 좋은 대학에 들어가야 하고, 대학생 시절에도 열심히 취업 준비를 해서 좋은 직장에 들어가야 하며, 직장에 들어가서도 맡은 바 일을 열심히 해야 인정을 받을 수 있다.

통제이론은 바로 이러한 노력이 범죄의 유혹에서 벗어날 수 있는 조건 혹은 통제 요인이 된다고 강조한다. 직장에서 열심히 일을 하던 사람이 심각한 실수를 하면 지금까지의 노력이 헛수고가 될 수 있다. 하물며 직장에서 비리를 저지른다면 직장을 떠나거나 형사처벌을 받을 수도 있는 것이다. 한편 잃어버릴 것이 거의 없는 사람은 그렇지 않다. 직장에서 이런저런 사고를 많이 저질러 언제 잘릴지 모르는 사람은 횡령 등 비리를 저지를 기회가 있을 때 유혹을 뿌리치기 어렵다.

중고등학교 학생들의 인습적 행위란 무엇인가? 학업이 대표적이다. 학업 특히 성적은 학생들의 미래를 가늠할 수 있는 대표적인 지표이다. 특히 한국과 같이 학벌이 거의 신분인 사회에서 공부를 잘하는 일은 매우 중요하다. 공부 잘하는 것이 최고의 효도라고 하지 않는가? 어느 나라를 막론하고 학생들의 성적과 비행은 관계가 있다. 공부를 열심히 하여 학업에 전념하는 학생들은 성적이 좋으며 이러한 학생들은 비행의 유혹을 뿌리칠 수 있다. 한편 공부를 못하는 학생들은 명문대에 진학할 가능성이 높지 않으며 그 결과 좋은 직업을 얻을 가능성도 낮다. 공부를 열심히 하여 좋은 성적을 유지하는 것은 쉽지 않다. 비행을 포함한 다양한 유혹을 참아내며 열심히 공부할 때 가능한 것이다. 즉 학생에게 기대되는 인습적인 행위에 전념하는 학생들에게는 학업 그 자체가 비행을 막아주는 중요한 통제 요인이 되는 것이다.

한국에서 공부와 비행의 반비례 관계는 다른 나라에 비해 훨씬 강하다. 조금 과장을 하면 공부 잘하는 학생도 비행을 할 수 있으나, 비행을 일삼는 학생치고 공부 잘하는 사람은 거의 없다고 해도 과언이 아니다. 저조한 학업 성적이 비행의 충분조건은 아니나 거의 필요조건이라 간주할 수 있을 정도이다.

4) 학교폭력 피해와 가해의 교차

이 글의 주제인 학교폭력으로 주제를 좁혀 그 특성을 살펴보자. 학교폭력의 특성을 피해자와 가해자를 중심으로 알아보았을 때 두드러진 특징은 피해 경험과 가해 경험이 교차한다는 것이다. 일반적으로 소수의 가해자(예컨대 '일진'에 속하는 학생)가 다수의 일반 학생을 괴롭히는 것이 학교폭력이라 생각하는 사람이 많다. 발표자 역시 그런 선입관을 갖고 연구를 하는 과정에서 놀라운 현상을 발견하였다. 피해 경험과 가해 경험이 교차하는 비율이 매우 높다. 부연하면 넓은 의미의 학교폭력의 피해를 경험한 다수의 학생이 때에 따라서는 다른 학생을 괴롭힌다는 것이다. 연구에 따라 다르나 이러한 교차 비율이 70%에 육박하기도 한다. 즉 한국 중고등학생은 다른 학생들에게 괴롭힘을 당하기도 하며 동시에 괴롭히기도 한다는 말이다. 오늘의 피해 학생이 내일은 가해 학생이 된다. 항상 피해만 당하는 학생들의 비율은 매우 낮아 20~30% 정도이며 가해만 하는 학생은 더욱 많지 않아 10%도 안 된다. 덩치가 작은 중학교 저학년 학생은 상급생들에게 괴롭힘을 당하나 학년이 올라가면 저학년 학생들에게 폭력을 행사할 수 있다. 같은 학년이라도 자기보다 힘이 센 동급생에게는 피해를 당하나, 자기보다 약한 동급생을 괴롭힐 수 있다. 이른바 먹고 먹히는 먹이사슬이라 해도 과언이 아닌 것이다.

2. 한국 청소년 비행의 원인—학교폭력을 중심으로

이러한 특성을 보이는 한국에서 넓게는 청소년 비행, 좁게는 학교폭력의 원인은 무엇인가? 결론부터 말하면 어른들이 만들어놓은 한국 사회의 다양한 모순이 청소년들을 통해 표출된 어두운 모습이라고 필자는 생각한다. 흔히 요즘 아이들은 이해할 수 없다고 어른들은 말한다. 인터넷이 지배하는 사회, 물질적으로 풍요롭게 자라난 아이들, 게임에 빠진 아이들, 한 세대 전에는 상상하기 어려울 정도로 급변한 환경에서 성장한 아이들이라 이들이 저지르는 다양한 비행 역시 어른들은 이해하기 어렵다고 말한다. 그러나 이러한 아이들이 사회적인 진공 속에서 성장한 것은 아니다. 이들은 어른들이 만들어놓은 세상에서 태어나고 성장한 것이다. 이들이 하는 모든 행동은 그것이 좋건 나쁘건 결국 어른들이 그렇게 만들었다 해도 과언이 아니다. 위에서 언급한 청소년 비행의 특성을 중심으로 그 원인을 살펴보자.

1) 학벌이 곧 신분인 사회

'SKY 대학'이라는 말이 있다. 서울대(Seoul), 고려대(Korea), 연세대(Yonsei)의 알파벳 첫 글자를 조합한 말로서 한국의 소위 3대 명문대를 일컫는다. 하늘(Sky)처럼 높아 보통사람은 들어가기 어려운 대학이라는 현실을 상징적으로 표현하는 신조어이기도 하다. 어느 나라를 막론하고 명문대는 있다. 미국의 대표적 명문대인 아이비리그, 영국의 옥스퍼드, 케임브리지 대학 등 좋게 말하면 그 나라의 엘리트를 양성하는 대학이 있다. 이런 대학은 입학하기도 졸업하기도 어려우나, 졸업 후에는 사회적인 성공이 어느 정도 보장된다. 한국 역시 예외는 아니어서 한국에서 힘을 쓰는 사람이 대다수가 'SKY 대학' 출신이 많다. 학계는 말할 것도 없고, 법조계, 고위 관료, 재계, 의료계, 언론계 등에 종사하는 사람 중 이 대학 출신의 비율은 높다. 그렇기 때문에 부모가 이런 명문대에 자식이 입학하기를 바라는 건 어찌 보면 당연하다.

그러나 한국 명문대와 외국 특히 서구의 명문대와 다른 점이 있는 것 같다. 외국의 명문대는 비명문대에 비해 학교의 규모나 교육시설을 비롯한 전반적인 교육 여건이 차별화될 정도로 좋으며, 학생들의 공부에 대한 열정 역시 높은 편이다. 한국의 경우도 전반적으로 볼 때 유사한 점이 있으나, 학생들의 학창 시절을 보면 상당히 다른 점이 있다. 즉 명문대라 할지라도 비인기학과 학생들은 전공보다 취업에 더 많은 관심이 있어 전공은 소홀한 경향이 있다. 전공 선택 역시 그렇다. 외국도 의대, 법대, 경영대 등 인기학과에 입학하는 것은 쉽지 않으나 비인기학과에 입학하는 학생들의 대다수는 그 전공이 좋아서 선택하는 경우가 한국에 비해서는 높은 것 같다. 한편 한국은 수학능력시험 점수, 내신 성적 등을 비롯한 다양한 점수에 의해 전공을 선택하는 학생들이 많다. 소수의 학생을 제외하면 고등학교 문과 계열 학생의 대다수는 명문대 법대나 경영대에 가고 싶으나 점수가 모자라 다른 전공을 선택한다는 말이다. 점수가 좋지 않아 법대[2]나 경영대가 아닌 비인기학과에 입학한 학생들은 입학 후에 전공과목에 관심을 보이기보다 사법고시나 행정고시 등 고위관료를 충원하는 시험 준비에 몰두하거나, 언론이나 방송사, 대기업 등의 취업 준비에 더 많은 관심을 기울인다. 물론 요즘은 명문대 비인기학과와 비명문대 인기학과 사이의 선호도 격차가 줄어들고 있으나 아직도 명문대 선호도가 높다고 볼 수 있는데 왜 그럴까? 명문대 인기학과를 선호하는 건 당연하다고 볼 수 있으나, 명문대 비인기학과와 비명문대 인기학과를 놓고 어느 쪽을 선택해야 할지 고민하는

2) 법학전문대학원이 도입된 요즘에도 법학전문대학원 입학이 어렵기는 마찬가지이다.

이유는 무엇이며, 아직도 많은 사람이 명문대 비인기학과를 선택하는 이유는 무엇일까? 한국에서 대학이란 단순한 교육기관이 아니라 학연을 만들어주는 수단이기 때문이라 생각한다.

한국 사회는 연줄이 중요하다. 혈연, 학연, 지연이 아직도 매우 중요한 힘을 발휘한다. 삼성 같은 초국적 기업, 굴지의 세계적인 기업도 혈연에 의한 경영권 승계가 당연시된다. 이렇기 때문에 편법적으로 주식이 자식들에게 상속된다. 자본주의 사회에서 부모의 재산이 자식에게 상속될 수 있으나 경영권이 상속되는 건 당연하다고 보기 어렵다. 지금은 많이 좋아졌으나, 역대 대통령치고 누구도 친인척 비리에서 자유스럽지 못했다. 5공 시절의 전*환, 소위 민주화를 이루었다는 문민정부 시절에도 삼십대 젊은이가 아버지가 대통령이라는 이유 하나로 '소통령'이라 불리면서 무소불위의 권력을 행사했고, 이러한 비리를 척결하겠다고 외친 DJ 역시 자식들의 비리에서 자유롭지 못했으며, 사실이건 정치적인 흑색선전이건 노무현 전 대통령 역시 최근까지도 일부 신문 기사를 보면 그리 자유롭지 못한 것 같다.

혈연 다음으로 중요한 것이 학연과 지연이다. 독재 정권 시절의 'TK'는 지연과 학연이 혼합된 형태로 한국 사회를 좌지우지하던 집단이며, 최근의 '고소영'이라는 말 역시 대통령이 어떤 대학 출신인가에 따라 특정 학교 선후배가 실세가 되기도 한다. 문민정부 시절에는 심지어 특정 고등학교가 각광을 받기도 했다. 재벌에 따라 특정 지역 출신이 아니면 출세하기 어렵고, 특정 학교 출신이라야 출세를 한다는 말도 있었다. 사실보다 과장되었을 가능성이 많으나, 사람들이 그렇게 생각한다는 사실이 중요하다.

아직도 지연의 영향력이 적지 않으나 갈수록 약화되고 있다면, 학연은 그렇지 않다. 오히려 더 강화되는 것 같다. 국적은 바꿀 수 있으나 학적은 바꿀 수 없다는 말이 상징하는 바가 무엇일까? 국적보다 더 중요한 것은 학적이라는 뜻이 내포되었는데, 학적은 곧 학연의 출발이기 때문이다. 어느 학교를 졸업했느냐가 그 학교에서 어떤 공부를 어떻게 했는가보다 더 중요하다. 갈수록 대학교 성적이 중요해지는 건 사실이나 아직도 GPA보다는 졸업장이 더 중요하다. 조금 과장을 하면 서울 법대를 꼴찌로 졸업해도 평생 서울 법대 출신으로 대접받을 수 있으나, 지방 비명문대를 수석으로 졸업해도 비명문대 출신이라는 꼬리표가 평생 따라다닌다.

이러한 학연이 왜 중요할까? 선후배 사이의 돈독한 우정으로 미화되기도 하나 우정 이상의 사회적인 힘이 발휘되기 때문이다. 특히 우리 고려대학교는 이러한 점에서 유명하다. 한때 이런 말이 있었다. IMF 시절 모든 모임이 잘 안 되었으나 고려대학교 교우회, 전남 향우회, 해병대 전우회는 잘 되었다고 한다. 이 역시 사실 여부는 중요하지 않다. 실제보다 과장된 면이 없지 않겠지만, 고려대학교 졸업생은 선후배 사이의 관계가 단순한 동창 관계를 넘어 서로 도움을 주는 사이라는 것이다. 좋게 말해서 도움을 주고받는 것이고, 나쁘게 말하면 서로 특혜를 주고받는 것이며, 때에 따라서는 불법이니 편법을 동원해 기득권을 유지, 존속하며 가능하면 확대재생산을 한다는 말이 된다.

중학생 시절에 공부를 열심히 하지 않다가 고등학교에 입학한 후 열심히 공부하여 명문대에 입학한 학생은 주위의 부러움을 받는다. 중학생 시절에 공부를 열심히 하지 않았다 해서 불이익을 받기는커녕 오히려 입지전적인 인물 대접을 받을 수 있다. 그러나 고등학생 시절에 공부를 열심히 하지 않아 비명문대에 입학한 학생은 대학 시절에 공부를 열심히 해도 대접을 받기 어렵다. 역시 사실이건 과장되었건, 일부 재벌 회사는 비명문대 출신이 낸 입사원서를 거들떠보지도 않는다는 말이 있다. 이러한 점에서 한국의 대학은 일종의 '신분'이라 해도 과언이 아니다. 대학에 입학하는 순간 그 사람의 신분이 결정되며 그러한 신분은 죽는 날까지 학연이라는 형태로 영향력을 행사한다.

2) 가족과 학교

사회과학, 특히 사회학의 다양한 이론은 체계화된 상식이라 생각한다. 물론 전문적인 훈련과 연구가 필요하나, 다양한 복잡한 이론과 어려운 용어는 사람들이 모여 사는 세상, 곧 사회를 분석적으로 연구하는 과정에서 필요한 수단에 불과한 것이라 생각한다. 아무리 어렵고 복잡한 이론과 개념도 이러한 점을 과감히 제거하면 결국 상식에 부합되는 것이지 그 이상도 그 이하도 아니다.

범죄, 일탈, 청소년 비행에 관한 다양한 이론 역시 예외는 아니다. 학부나 대학원 과정에서 한 학기 동안 강의하는 청소년 범죄에 대한 다양한 이론을 이러한 상식적 틀로 생각해보면 청소년 비행의 중요한 원인은 사회, 가족, 학교, 그리고 친구라는 4가지 요인으로 수렴된다. 세상이 어지럽고 혼란하면 범죄는 많이 발생한다. 청소년 비행 역시 예외는 아니다. 또한 청소년 시절은 친구의 영향이 큰 발달 단계이다. 부모의 품을 벗어나 친구를 사귀면서 경우에 따라서는 부모보다 친구의 영향을 더 많이 받을 수 있다. 좋지 않은 친구를 사귀어 그 친구를 따라하다 보니 비행을 저지를 수도 있다.

또한 청소년 시절은 중고등학교에서 공부하는 시기이다. 이 시기에 공부를 열심히 하지 않으면 다양한 문제에 봉착할 수 있다.

그러나 이러한 4가지 요인 중에서 가장 큰 영향을 주는 것은 가족이다. 가족 혹은 가정에 큰 문제가 없는 청소년들은 사소한 비행을 할 수는 있으나 심각한 비행을 저지르는 경우는 거의 없다고 해도 과언이 아니다. 설사 그렇다고 해도 일시적이지 지속되는 경우는 찾아보기 어렵다. 겉으로 보기에는 별 문제가 없는 가정일 수 있으나 속을 들여다보면 문제가 적지 않은 경우가 있다. 한국 청소년 비행의 두 번째 특성으로 '중산층 청소년'이 비행을 많이 저지른다는 점을 상기해보자. 특히 수입이 많을수록 비행을 더 많이 저지르는 경향이 있다고 하였다. 왜 그럴까? 겉으로 보기에는 잘사는 집안의 아이들이 왜 비행을 더 많이 할까? 소위 가난한 결손가정 출신이 아니라 먹고살 만한 집안의 아이들이 왜 비행을 더 저지를까?

부모의 사회경제적 지위보다 더 중요한 것이 부모-자녀 관계이다. 비록 경제적으로는 어려움이 있어도 부모와 자녀가 정서적으로 친하면 큰 문제가 없을 수 있으나 부모와 자녀 사이에 갈등이 심하면 경제적으로 부족함이 없어도 다양한 문제가 야기될 수 있다. 왜 그럴까? 한국에서는 학업 성적이 부모-자녀 관계에 많은 영향을 주기 때문이다. 외국이나 우리나라나 가정의 사회경제적 지위와 자녀의 학업 성취 사이에는 상관관계가 있다. 쉽게 말하면 좋은 가정에서 태어난 아이들이 공부를 잘할 가능성이 높다는 점은 전 세계적으로 다를 바 없으나 한국은 조금 다른 점이 있다. 부모-자녀 관계가 자녀의 학업 성취도, 즉 성적에 영향을 준다는 점은 동일하나, 한국은 자녀의 성적이 부모-자녀 관계의 질에 더 많은 영향을 준다는 특성이 있다. 부연하면 자식이 공부를 잘한다면 아무런 문제가 없는 가정에서 공부, 더 구체적으로 말하면 성적 때문에 관계에 문제가 발생할 수 있다는 말이다.

이러한 특성은 특히 중산층 가정에서 나타난다. 학벌이 거의 신분에 가까운 사회에서 상층이나 하층 역시 자녀의 학업 성적은 중요하다. 공부를 잘하지 못해도 상층은 피할 수 있는 길이 있다. 평생 신분처럼 피할 수 없는 비명문대 중하위권 대학에 보내기보다 조기유학으로 외국의 대학 졸업장, 그것도 제법 유명한 사립대학의 졸업장을 받을 수 있다. 상층 자녀에게 취업이란 그렇게 중요하지 않을 수 있다. 부모의 사업을 물려받을 수도 있고, 제법 큰 규모의 자영업을 시작할 수도 있고, 도심에 큰 빌딩이라도 있으면 임대료만으로도 여유롭게 살 수 있다. 물론 상층이라도 좋은 학벌은 중요하나 현실적으로 좋은 학벌을 만들기 어려울 때 다른 길이 있다. 한편 하층은 조금 다르다. 자본주의 사회, 학벌이 곧 신분인 사회에서 하층에게 열려 있는 유일한 신분 상승의 길은 학벌이라 해도 과언이 아니다. 그러나 상층처럼 조기유학을 보낸다는 건 오를 수 없는 높은 나무이며, 중산층처럼 고액 과외도 시킬 수 없다. 자식이 스스로 열심히 공부하는 길 이외에는 대안이 많지 않다. 그러나 공부를 잘하는 건 쉽지 않아 성적이 좋지 않으면 하층은 다른 대안을 생각할 수 있다. 이를테면 기술을 배운다든가, 체육이나 연예계 쪽으로 방향을 잡을 수도 있다. 물론 쉽지는 않으나 중산층과 달리 이런저런 대안을 생각할 수 있다.

그러나 중산층은 대안이 별로 없다. 상층처럼 조기유학을 보내기도 쉽지 않고, 설사 어렵사리 조기유학을 보내더라도 유학 후에 마련해줄 수 있는 길이 막연하다. 유학을 성공적으로 마치고 좋은 직장을 구할 수도 있으나, 국내 명문대를 입학하기 어려운 학생이 유학에 성공하기도 쉽지 않으며 그러한 상황에서 큰돈이 들어가는 조기유학을 결정하기도 어렵다. 그렇다고 하층처럼 기술을 가르치기도 어렵고, 체육이나 연예에 재능이 많지 않은 자식을 그 길로 보낸다는 것도 쉽지 않다. 한국의 중산층 대부분은 학력을 통해 지위를 성취한 가장이 많으며, 자식에게 지위를 물려줄 수 있는 유일한 길은 자식이 공부를 열심히 하여 명문대를 졸업한 후 좋은 직장을 얻는 것이라 해도 과언이 아니다.

이러한 여건 때문에 중산층은 특히 자녀의 학업 성적에 더 많은 관심을 쏟을 수밖에 없다. 중산층에게도 고액 과외는 부담스럽다. 그러나 가능한 모든 수단을 동원하여 고액 과외를 시킬 수밖에 없다. 이렇게 모든 노력을 하는데 자식이 공부를 열심히 하지 않거나, 열심히 해도 명문대에 입학할 수 있는 성적이 나오지 않으면 부모는 실망, 절망하게 되며 공부를 열심히 하라고 자식을 닦달하게 되며 그 결과 부모-자녀 관계에 금이 가기 시작하는 것이다. 특히 자녀가 둘 이상일 때, 한 자식은 부모의 기대에 부응할 만큼 공부를 잘하는데 다른 자식이 그렇지 않다면 공부를 못하는 자식은 가정에서 소외될 가능성이 높아진다. 한국의 모든 가정에서 공부, 엄밀하게 말하면 자녀의 성적은 다양한 가정 문제의 출발점이라 해도 과언이 아니다. 공부 때문에 야기되는 여러 가지 스트레스는 자녀는 말할 것 없고 부모에게도 견디기 어려운 과제인데, 특히 중산층은 더욱 심하다. 경험적인 조사 연구에 의하면 공부를 잘하는 하층 청소년의 비행이 가장 적고 공부를 잘 못하는 중산층 청소년의 비행이 가장 많다는 점이 이러한 현실을 잘 보여주는 것 같다.

3) 친구와 비행

청소년 비행의 원인을 쉽게 말하면 사회, 가정, 학교, 친구라고 하였다. 학교와 가정에 대한 관련성은 이 정도로 그치고, 친구와의 연관성을 살펴보자. 국내외 연구를 보면 청소년 비행과 가장 관련이 높은 요인은 친구이다. 친구와의 연관성을 과장하면 청소년 비행을 설명하는 친구 이외의 다른 모든 변인을 합한 것보다 친구라는 단일 요인이 더 크다고 해도 과언이 아니다. 그러나 친구가 비행의 원인인가에 대한 의문이 제기될 수 있다. 즉 비행 성향이 있는 친구를 사귀어 본인이 비행 청소년이 되는 것인가에 대한 물음이다. 친구와 비행 사이의 관계를 중심으로 다양한 이론과 경험적인 연구가 있다. 대부분의 이론은 친구→비행이라는 인과관계를 전제로 하나, 비록 소수이나 그 반대로 비행→친구라고 주장하는 이론도 있다. 다양한 이유와 경험적인 근거로 필자는 이러한 소수설이 한국의 청소년 비행을 좀더 타당하게 설명한다고 생각한다.

친구→비행을 '친구 따라 강남 가는' 가설, 비행→친구를 '유유상종' 가설이라 부르자. 두 가설 모두 설득력이 있다. 사회과학에서는 언제나 일방적으로 영향을 주는 관계는 없다고 해도 과언이 아니다. 어느 쪽 가설을 취하느냐는 상대적이며 설명하고자 하는 현상에 따라 갈릴 수 있다. 조금 현학적인 말을 하면, 비행을 사람 중심으로 볼 것인가? 아니면 행위 중심으로 볼 것인가에 따라 어떤 가설이 더 설득력이 있는가를 가늠할 수 있다. 비행 행위만 보면 '강남 가는' 가설, 즉 친구→비행 가설이 더 설득력이 있다. 그러나 사람을 설명 대상으로 보면 '유유상종' 가설이 더 설득력이 있으며, 특히 한국에서는 그렇다고 생각한다. 사람 중심 설명이란 이제까지 큰 말썽을 부리지 않던 청소년이 어느 날부터 말썽을 부리기 시작하여 이른바 문제 소년, 비행 소년이 되었을 때 그 원인이 과연 친구 때문인가, 아니면 친구와 직접적인 관련이 없는 요인 때문인가, 더 나아가 친구는 오히려 결과로 간주하는 것이 더 타당한가에 대한 의문에서 출발한다.

공부를 못하는 학생은 부모-자녀 관계에 문제가 생길 수 있다고 하였다. 공부를 잘한다는 것은 비행의 유혹을 뿌리칠 수 있는 통제 요인이라는 점을 상기해보자. 청소년 시기는 새로운 경험에 대한 호기심이 많은 시절이다. 이들에게 금지된 다양한 행위, 즉 넓은 의미에서 비행에 대한 호기심이 없다면 발달 단계에서 문제가 있다고 해도 과언이 아닐 것이다. 그러나 공부를 잘하는 학생은 이러한 호기심을 대학에 입학할 때까지 유예할 수 있다. 그러나 공부를 잘 못하는 학생은 이러한 통제 기제가 취약하여 쉽게 유혹에서 벗어나기 어렵다. 비록 공부를 잘하지 못하더라도 부모-자녀 관계에서 큰 문제가 없다면 또 하나의 통제 요인인 부모-자녀 관계가 비행을 막아주는 버팀목이 될 수 있는데, 이 두 가지 모두 취약한 청소년은 비행에 빠져들기 쉽다. 이들은 사소한 비행, 예컨대 음주나 흡연 등 비교적 약한 비행을 시작하고 갈수록 심각한 비행에 빠져들기 쉽다. 하라는 공부는 열심히 하지 않고 문제 행동에 빠져들면서 부모-자녀 관계는 더욱 악화되며, 학교에서도 문제 학생으로 낙인이 찍힐 가능성도 높아진다. 한마디로 이들은 가정과 학교에서 제대로 설 땅이 없다. 이러한 청소년들은 자기와 비슷한 처지에 놓인 청소년들과 가까워진다. 이렇게 무리를 지은 청소년들은 서로 영향을 주어 혼자서는 하기 힘든 심각한 비행에 빠져들게 되는데, 이러한 친구 집단 중 심각한 정도에 이른 학생 집단이 이른바 '일진'이 되는 것이다.

요약하면 공부(성적)→부모-자녀 관계(학교에서 소외)→사소한 비행→(비행) 친구 집단→심각한 비행으로 발전되는 인과 고리를 예상할 수 있다.

4) 금품 갈취

요즘 학교폭력의 심각성을 부인하는 사람은 많지 않다. 벌써 적지 않은 학생들이 학교폭력에 시달리다 스스로 목숨을 끊었기 때문이다. 그러나 불과 수년 전만 해도 학교폭력의 심각성을 말하면 "우리가 중고등학교에 다니던 시절에도 친구에게 폭력을 휘두르는 학생은 있었다"라든가 "아이들이 자라는 성장 과정에서 어느 정도 폭력을 행사하는 것은 있을 수 있는 일"이라며 큰 관심을 보이는 사람을 오히려 이상하게 생각하는 이들이 적지 않았다. 그러나 이 사람들이 잘 모르는 중요한 특징이 오늘날 한국의 학교폭력에 있으며, 이 점에 주목하면 학교폭력을 단순한 성장 과정에서 있을 수 있는 친구들 사이의 갈등에 폭력이 개입하는 것 이상의 문제점이 있다는 사실을 알게 될 것이다. 이른바 학교폭력이란 무엇일까? 학교에 다니는 학생들이 친구를 때리는 등 폭력을 행사하는 것일까? 물론 단순한 폭력은 있을 수 있으므로 우려할 필요가 없다는 말은 아니나, 한국의 학교폭력의 심각성은 폭력의 도구적인 성격과 관행화 혹은 일반화에 있다고 생각한다.

학교폭력이 사회 문제로 대두되기 전에도 많은 사람들이 생각하는 것처럼 학생들 사이에서 주먹질이나 패싸움은 있었다. 때에 따라서는 그 정도가 심각하여 심한 부상을 입기도 했다. 그러나 당시에는 친구에게 돈을 빼앗기 위한 수단으로 폭력을 행사하는 경우는 거의 없었다. 폭력의 도구성에 대해서는 뒤에 설명하기로 하고, 먼저 금품갈취 즉 친구에게 금품을 빼앗는 행위의 사회적인 이유를 살펴보자. 무엇을 하기 위해 돈을 갈취할까? 그것도 즉흥적, 일시적으로가 아니라 정기적으로 거의 관행처럼 빼앗는가? 참고서를 사기 위해서도 아니고 학원비를 마련하기 위해서도 아니다. 한마디로 유흥비나 명품 의류, 휴대폰 등 고가품을 마련하기 위해 친구들의 돈을 빼앗는 것이다. 그중에서도 유흥비 마련을 위해 돈을 갈취하는 일이 주종을 이룬다.

반복하지만, 청소년에게 금지된 다양한 행위에 포함되는 유흥은 청소년들에게 호기심의 대상이며 이러한 호기심은 적절한 통제 기제를 통하여 유예되어야 한다. 공부 때문에 부모와 사이가 멀어진 학생들에게 유흥에 대한 호기심을 막아줄 수 있는 효과적인 방법이 많지 않은데, 오히려 부추기는 요인이 한국에 있다. 어른들이 만들어놓은 다양한 퇴폐향락 문화가 바로 그것이다. 어떤 연구에 따르면, 한국의 젊은 여성의 4명 중 1명이 유흥업소에 종사한다는 충격적인 보고가 있다. 더 놀라운 사실은 이러한 유흥업소에서 제공되는 다양한 성적인 서비스를 한국 성인남자의 숫자로 나누어보면 적절치 못한 서비스를 이용하는 횟수가 한 달 평균 1.4회라고 한다. 물론 이러한 결과가 과장되었을 가능성도 있으나 분명한 사실은 한국처럼 퇴폐향락업소가 판을 치는 나라가 많지 않다는 사실이다. 강남 3구,

이른바 국내의 고급 주택가는 외국과 다른 특징이 있다. 외국의 고급 주택가는 유흥업소가 밀집한 지역과 멀리 떨어져 있다. 우리나라는 그렇지 않다. 고급 주택가와 고급 유흥업소가 공존하는 기이한 현상이 버젓이 벌어진다. 한때 고급주택가로 강남보다 더 각광을 받던 여의도도 예외는 아니다. 이발소치고 퇴폐업소가 아닌 곳을 찾아보기 어렵다. 제법 큰 빌딩에는 안마시술소가 있고, 서비스를 해주는 다양한 여자들이 있는 술집은 고급 술집일수록 비율이 높다.

한국에서 성공이란 무엇일까? 성공하여 힘 좀 쓴다는 기준은 무엇일까? 지나친 말일지 모르나 두 가지를 보면 알 수 있다. 첫째는 어느 정도 수준의 법을 어기고도 무사히 살 수 있는가이며 둘째는 평상시에 어느 수준의 향락을 즐길 수 있는가이다. 어떤 글을 보면 한국의 술집에는 10여 등급이 있다고 한다. 가장 아래에 동네 구멍가게에서 소주를 사서 마시는 것부터 고위 관료나 재벌급 인사들이 출입할 수 있는 밀실 업소도 있다. 유흥이란 우리 사회에서 실질적인 사회적 지위, 성공의 척도처럼 보인다. 뇌물을 주고받는 장소로서 유흥업소의 기능은 대단하다. 유흥 그 자체가 뇌물이기도 하나 유흥을 즐기면서 뇌물이 오가며 각종 비리성 밀약이 이루어진다. 어른들이 자제를 해도 청소년들은 유흥의 유혹에서 자유로울 수 없는데, 어른들이 만들어놓은 이런 세상에서 자라는 아이들에게 유흥이란 사람이 가능하면 해서는 안 되는 행위가 아니라 속된 말로 '폼 나게 사는' 기준이 되어 이들을 유흥의 세계로 끌어들이고 있는 것이다. 부모가 아무리 경제적으로 여유가 있어도 중고등학교에 다니는 자식에게 유흥비를 줄리 없다. 유흥비를 마련하는 유일한 방법은 친구들에게 빼앗는 것이며 이

것이 금품갈취가 학교폭력의 대표적인 유형이 된 주된 원인이라 생각한다.

5) 폭력의 제도화

다음으로 폭력의 도구적 성격에 대해 알아보자. 폭력이란 무엇일까? '힘을 이용하여 원하는 바를 얻는 과정에서 행사하는 강제력'이라 생각한다. 폭력에는 가시적이고 물리적인 폭력과 비가시적이고 제도적인 폭력이 있다. 학교폭력은 전자에 해당한다. 금품을 갈취하는 과정에서 가시적이고 물리적인 힘을 사용하는 것이다. 물리적인 힘은 주먹질일 수 있고, 협박이나 공갈일 수도 있다. 한편 비가시적인 폭력은 본인의 권력을 악용하여 원하는 바를 얻는 과정에서 발생할 수 있다. 이러한 비가시적인 폭력이 관행화되었을 때 제도적인 폭력이라 부를 수 있을 것이다.

한국의 근현대사를 보면 제도적인 폭력이 난무하였다. 일제 강점기에 일제가 행사했던 다양한 가시적, 비가시적 폭력이 있었고 해방 후에도 이와 유사한 폭력이 자행되었으며 군사정권이 행사한 폭력으로 이어졌다. 군사독재정권은 권력을 잡는 과정에서, 그리고 불법적인 권력을 유지, 존속, 확대하는 과정에서 다양한 폭력을 행사하였다. 경제계 역시 폭력에서 자유롭지 않다. 재벌의 재산 축적 과정에서 다양한 경제적 폭력이 동원되었다. 정경유착을 통한 재산 증식 과정에서 비가시적인 폭력은 중요한 수단이었다. 이러한 정치적·경제적 폭력은 세월이 가면서 일상적인 폭력이 되었으며 제도화되었다 해도 과언이 아니다. 민주화 이후 많이 개선되었으나 아직도 우리 사회에는 권력의 오남용이란 측면에서 폭력이 도처에서 발견된다.

폭력의 제도화에 결정적으로 기여한 것으로 대부분의 폭력이 결과적으로 정당화되었다는 점을 들고 싶다. 한 나라의 대통령이라는 사람이 정권을 잡는 과정에서 수없이 많은 국민을 학살하고 재임 기간에 수천억 원이라는 천문학적 자금을 불법으로 착복했으나 한적한 절에서 불과 몇 년을 지낸 후 아직도 건재하고 있는 사실을 보면 한국이 얼마나 제도적인 폭력에 무감각한지 알 수 있다. 그렇다! 우리나라에서 폭력은 대부분 정당화되었다. 정당화까지는 아니더라도 합당한 처벌이 없이 묵인되었다. 폭력을 비롯한 수단방법을 가리지 않고 원하는 바를 얻은 사람들은 대부분 만수무강에 큰 지장이 없이 잘살고 있다. 기껏해야 비난을 받을 뿐 그에 합당한 처벌을 받은 사람은 많지 않다. 한마디로 당한 사람만 억울한 세상이다. 학교폭력 역시 예외는 아니다. 오히려 피해를 당한 학생이 전학을 가는 경우가 많다. 학교폭력에 무관심한 학교는 사건이 발생하면 덮기에 급급하다.

절도보다 강도가 더 심각하다고 생각하는 사람이 많다. 왜 그럴까? 절도는 금품을 몰래 훔치는 행위이나 강도는 금품갈취 과정에서 폭력을 행사하여 신체에 심각한 위해를 가할 가능성이 있기 때문이다. 그러나 우리가 범죄의 심각성을 범죄의 본질적인 성격으로 판단하는 것은 아니다. 실질적으로는 어떠한 범죄에 대한 처벌 수준을 보고 그 심각성을 가늠하는 측면도 없지 않다. 처벌받지 않는 행동은 그렇게 나쁜 행위가 아니라고 생각할 수 있으며, 그러한 행동을 통해 얻는 바가 적지 않다면 나쁜 행위가 아니라 할 만한 행위, 해도 좋은 행위, 급기야는 할 수 있으면 하고 싶은 행위로 둔갑할 수 있다. 발각되지 않는다면, 설사 발각되더라도 처벌받지 않는다면 나도 사기나 강도짓을 해서 큰돈을 만지고 싶고 보기 싫은 인간들을 패주고 싶다.

제도적인 폭력에는 관대한 사람들이 왜 학교폭력에는 분개할까? 아니 분개하는 척하다가 곧 잊어버릴까? 이렇듯 우리 사회에는 폭력이 아직도 실질적으로 허용되고 있으며, 목적을 위해 수단의 정당성은 그렇게 중요하게 생각하지 않는다. 이러한 사회에서 가정과 학교에서 소외된 학생들이 유일하게 가진 권력인 물리적인 힘을 이용하여 원하는 바를 얻는 학교폭력이 난무하는 것은 어찌 보면 당연할지 모른다.

학교폭력의 원인에 대하여 서두에서 이런 말을 했다. 요즘 아이들이 이상한 것이 아니라 이러한 이상한 아이들을 우리 어른들이 키웠으며, 아이들은 어른들이 만들어놓은 못된 세상을 그들의 방식으로 적용하는 것이다.

6) 먹이사슬

마지막으로 학교폭력 특히 금품갈취의 특성을 살펴보고자 한다. 먹이사슬이란 문자 그대로 치열한 약육강식의 다른 모습이다. 자연의 세계에서 먹이사슬은 질서를 유지하는 자연의 섭리라 볼 수 있다. 적절한 먹이사슬로 자연 생태계는 그 나름의 안정이 유지된다고 볼 수 있다. 천적이 없는 종의 개체가 늘어나 생존을 위해 먹잇감을 마구 잡아먹으면 먹잇감인 종은 멸종의 위기에 놓이게 되고, 그 결과 먹잇감이 없는 종 역시 살아남기 힘들다. 그러나 인간 사회는 다르다. "사람은 죽음이 두려워 종교를 만들고, 삶이 두려워 사회를 만들었다"는 스펜서의 말이 나름 설득력이 있는 것 같다. 홉스의 말처럼 사람이 사는 사회가 만인 대 만인의 싸움판이 된다면 인간의 탐욕으로 강자는 약자를 괴롭히고 착취할 것이며 결국 모두 공멸할 것이다. 사회에는 법이 있어 이러한 인간의 탐욕을 통제하나 법이 제대로 기능하는 사회가 많지 않으며, 사회에 따라 정도의 차이가 있다. 좋은 나라란 다름이 아니라 법을 비롯한 사회규범을 통해 이러한 인간의 탐욕을 적절하고 정의롭게 조정과 통제를 하는 나라라고 생각한다.

한국 학교폭력의 두드러진 특징 중 하나를 '피해와 가해의 교차'라고 보았다. 자기보다 힘이 센 사람에게 괴롭힘을 당하거나 금품을 빼앗기나, 자기보다 약한 친구에게는 자기가 당한 행동을 자행한다는 말이다. 한마디로 학교폭력에는 먹이사슬, 약육강식이라는 무서운 질서가 있다. 피해는 당하지 않고 가해만 할 수 있는 힘이 있는 소수의 학생, 이른바 일진에 속하는 학생들은 직접 금품을 갈취하지 않는 경우가 많다. 설사 금품을 직접 빼앗을 때도 물리적인 폭력을 행사하기보다 간접적인 방법을 활용한다. 예컨대 돈을 빌려 달라고 하지만 빌려주는 사람이나 빌려 달라는 사람이나 '갚을 가능성이 없다'는 사실을 잘 알고 있다. 더 나아가 대학 축제의 중요한(?) 행사인 일일찻집 등을 열고, 비싼 가격에 물건을 팔기도 한다. 무언의 협박은 있으나 가시적인 위협이나 물리적인 폭력을 동원하는 경우는 거의 없다.

더 심각한 것은 이러한 행위가 정기적으로 마치 관례처럼 변하기도 한다는 점이다. 조금 극단적인 예를 들어보자. 특정 학교의 일진 중에서도 최고의 위치에 있는 학생은 후배 일진에게 정기적인 상납을 받는다. 후배 일진 학생은 선배에게 상납을 하기 위해 자기 후배에게 상납을 받고, 그 후배는 자기 후배 혹은 일반 학생에게 금품을 갈취한다. 한 학교를 넘어서기도 한다. 특정 지역을 장악한 학생들은 그 지역 내의 학생 모두를 대상으로 먹이사슬을 통해 필요한 금품을 쉽게 갈취할 수 있다. 사실 여부는 확실하지 않으나 10여 년 전에도 모 지역의 불량서클에 4대 천왕이 있었는데, 이들의 한 달 수입(?)은 어지간한 봉급생활자보다 많았다고 들었다. 우리의 아이들이 왜 이렇게 무섭게 변하였나? 인터넷에서 음란물이 범람하고, 폭력성 게임에 빠져서 그럴까? 물론 그런 면도 없지 않을 것이다. 그러나 그것이 근본적인 원인일까? 이들이 인터넷이나 게임의 영향을 받아 이런 무서운 행위를 창안했을까? 그렇지 않다고 생각한다. 어른들에게 배운 것이다. 어른들의 어두운 모습을 그들 나름의 방식으로 적용하는 것이다.

우리 사회는 먹이사슬이 있다. 대표적인 것이 뇌물의 상납고리이다. 이른바 부수입이 짭짤한 자리를 차지하려면 그리고 유지, 존속을 하려면 상급자에게 정기적으로 다양한 방법을 통해 상납을 해야 한다. 이러한 힘의 논리는 사람을 뛰어넘어 조직으로 발전된다. 건설 부조리는 하도급에 있다. 대규모 국책 건설 사업은 수의계약이 많다고 들었다. 대규모일수록 하도급 고리는 복잡하게 얽혀 있고, 이러한 먹이사슬에서 자행되는 불법적인 돈의 액수는 상상을 초월한다고 들었으며, 그 결과 부실공사가 나온다고 해도 과언이 아니다. 심지어는 여행업도 그렇다. 큰 여행사는 사람을 모집한 후 현지 여행사로부터 일정 액수를 받고 모집한 여행객을 보낸다. 큰 여행사에서 받은 돈으로는 수지를 맞출 수 없는 현지 여행사가 살아남으려면 이런저런 바가지성 판매장으로 여행객을 데려갈 수밖에 없다. 정경유착이란 무엇인가? 최고 큰손들의 먹이사슬이 아닌가? 재벌은 실세에게 천문학적인 액수의 정치자금을 제공하고, 권력을 잡은 실세는 그들에게 특혜를 주는 먹이사슬이다. 정치 비리의 근본 원인으로 간주되는 공천을 둘러싸고 오가는 다양한 검은 돈 역시 먹이사슬이다.

법조계의 비리는 말할 것도 없고, 지방 언론사들의 행패에 가까운 행태는 거의 관행이라 하겠다. 방송 3사를 비롯한 한국 언론계의 모습은 또 어떠한가? 왜 정치권력은 언론을 장악하려고 하는가? 의료계와 제약회사 사이의 관행인 이른바 '랜딩 비용' 역시 예외는 아닐 것이다. 심지어는 학계에도 논문 상납 관행이 있지 않은가? 종교계에서 헌금의 불법 유용, 자식에게 세습하는 과정에서 나타나는 어두운 모습 역시 예외는 아니다. 돈을 벌려고 사업을 시작한 사람들, 권력을 잡자고 정치를 하는 사람들이 수단방법을 가리지 않는 것은 어느 정도 이해할 수 있다고 치자. 그러나 종교계, 법조계, 학계, 언론계, 의료계는 썩지 말아야 한다. 이들은 그 나라의 도덕과 양심을 지켜야 하는데, 한국에서 모습을 보면 그렇지 않은 것 같다.

3. 대책은 있는가?

결론부터 말하면 없는 것 같다. 적어도 빠른 시일에 학교폭력을 근절할 수 있는 도깨비 방망이는 없다고 생각한다. 왜 이렇게 부정적으로 생각하는지 요즘 거론되는 이른바 대책의 문제점을 살펴보자.

1) 인성교육

학교폭력이 사회적인 문제로 대두했을 때 인성교육의 부재가 그 원인으로 가장 많이 거론되었다. 틀린 말은 아니다. 그러나 우리가 먼저 생각해볼 것은 왜 인성이 아니라 대학입시가 한국 중고등학교 교육에서 가장 강조되고 있는지를 알아봐야 한다. 원론적으로 인성이 교육의 가장 중요한 목표라는 점을 부인하는 사람은 없다. 그러나 실제로 우리 사회에서 인성이 중요한 덕목이며 인성이 훌륭한 사람이 대접을 받는가? 그렇지 않다. 사회적인 능력의 지표인 학벌이 없이 인성만 훌륭한 사람이 설 땅은 넓지 않다. 대학입시에서 인성이 얼마나 중요한가? 인성을 점수화하기 어려우나 설사 점수로 나타낼 수 있다고 하더라도 성적은 좋지 않은데 인성이 좋은 학생이 명문대에 입학할 수 있는가? 사법시험을 비롯한 국가고시에서 인성이 고려되는가? 기껏해야 실제로 아무런 영향을 미치지 못하는 면접에서나 고려된다. 재벌 회사의 입사시험은 어떤가? 역시 마찬가지이다. 사회적으로 아무런 대접도 받지 못하는 인성을 누가 열심히 교육할 수 있는가? 내 자식이 다니는 학교의 교장 선생님이 훌륭하여 인성교육을 강조한다고 하자. 다른 학교는 입시교육에 치중하여 명문대에 많은 학생을 진학시키는데 내 자식이 다니는 학교는 인성교육을 강조하고 입시 위주의 교육에는 신경을 쓰지 않아 명문대 진학률이 매주 저조하다면 나부터 학교를 찾아가 교장 선생님께 이렇게 따질 것이다. "당신의 교육철학이 훌륭하다는 점은 나도 인정한다. 그러나 내 자식의 인생을 당신이 책임질 수 있는가?"

말로만 떠들어대는 인성교육은 공허할 뿐이다. 실제로 인성을 중시하지 않는 사회, 학벌보다 인성이 훨씬 중요한 덕목으로 인정되지 않는 사회에서는 인성교육을 아무리 강조해봐야 소용이 없다. 만일 인성을 점수화하여 대학입시에 결정적 영향을 미친다면, 아마 한국에서는 인성 과외, 그것도 고액 과외가 판을 칠 것이라 생각한다. 어떻게 하면 인성을 좋게 보일 수 있으며, 좋은 인성 점수를 받을 수 있는가를 가르치는 고액 과외 학원이 나올 가능성이 높은 나라에서 애초에 인성이란 사전에 있는 단어에 불과하다.

2) 입시제도의 개혁

한국의 교육 문제는 심각하다. 명문대 입학을 위해서는 어머니의 태중에서부터 입시가 시작된다고 해도 과언이 아니다. 서울과 지방의 격차, 서울에서도 강남과 강북의 격차는 날로 심화되고 있다. 교육을 통한 지위, 계층, 계급의 세습이 이루어지고 있다. 인성은 뒷전이고 명문대 입학을 위한 성적이 곧 훌륭한 교육이다. 많은 사람들이 이러한 문제의 해결 방안으로 입시제도의 개혁을 말하고 있으며, 그 결과 대학에 재직하고 있는 교수들도 입시 업무를 관장하지 않으면 다양한 입시제도를 잘 모를 정도로 많은 제도가 시행되고 있다. 그런데도 왜 교육 문제는 날로 더 심각해지고, 교육 문제의 어두운 부산물인 학교폭력은 더 방치할 수 없는 지경에 이르렀는가?

입시철이 되면 일간지에 전국 대학교의 모든 학과의 순위가 나온다. 수능 점수, 내신 등급이 어느 정도일 때 어떤 대학 어떤 학과에 입학할 가능성이 있는지 예측하는 순위이다. 소위 입시 전문가의 예측대로 지원을 하다 보니 자기 충족적 예언처럼 적중도가 매우 높다. 정말 대단한 나라가 아니할 수 없다. 대학의 서열화는 무엇을 말하는 것인가? 졸업 후의 출세 가능성을 보여주는 것으로, 출세란 곧 사회적인 힘의 척도이며, 힘은 곧 다른 사람 위에 군림하는 것이다. 이제는 대학도 이러한 순위에서 자유롭지 못하다. 명문대가 되기 위해 중위권 대학은 발버둥 쳐야 하고, 명문대는 그 명성을 유지해야 한다. 아차 하면 순위는 바뀐다. 전국 대학 순위, 전 세계 대학 순위가 이제 대학 사회를 짓누르고 있다. 열심히 공부해야 알 수 있을 정도로 대학 교수 평가 기준이 복잡하다. 비행기를 많이 타면 주던 마일리지가 대학에 도입되고 있다. 교수직이 철밥통이라던 시절은 지나가고, 이제는 대학에서 살아남기도 쉽지 않다. 교육보다는 연구 업적, 프로젝트를 얼마나 많이 받아왔느냐가 교수의 능력이다. 스승과 제자 간의 돈독한 관계는 이제 상아탑에서 찾아보기 어렵다. 프로젝트가 많지 않은 교수에게 대학원 학생은 가지 않는다. 교수는 프로젝트를 얻어오는 세일즈맨이고 제자는 그 프로젝트를 담당하는 부하 직원이라 해도 과언이 아니다.

영어 강의, 도대체 이것이 무엇인가? 왜 한국 교수가 한국 학생들에게 한국 사회에 관한 내용을 영어로 강의해야 하나? 국제화 시대에 영어는 수단 이상의 의미를 지닌다. 영어를 잘한다는 것은 그 사람의 능력을 보여주는 대표적인 지표이다. 전공 공부는 소홀해도 영어를 잘하는 것이 취업에 유리하다. 대학 시절에 외국으로 영어연수를 가는 것은 이제 일상화되었다. 영어를 효과적으로 가르칠 수 있는 방법이 무엇인가? 강의를 영어로 하는 것일지 모른다. 영어를 잘 못하면 강의를 알아듣기 어려우며 좋은 학점을 받기 어려울 것이다. 설사 그렇다고 하자. 그래도 이건 너무 하는 게 아닌가? 치열한 국제 경쟁에서 살아남기 위해 영어가 아무리 중요하다고 해도 영어라는 단순한 수단이 전공 공부라는 목적에 우선되어야 하는가? 전공을 공부하기 위한 수단으로 영어가 필요한 것이 아니라, 영어를 배우기 위해 전공이 필요하다는 말이 아닌가? 목적과 수단의 전도가 아니라면 무엇인가?

복잡한 입시제도는 잘 모른다. 그러나 분명한 것은 이렇게 목적과 수단이 전도된 사회에서 입시제도가 아무리 바뀌어도 해결될 문제는 하나도 없고 오히려 더 복잡해질 뿐이라고 말하고 싶다. 입시제도 때문에 교육 문제가 발생한 것이 아니라 비정상적인 교육으로 입시제도가 더 복잡해졌기 때문이다. 교육이 제자리에 서기 전에는 어떠한 입시제도가 도입되어도 무용지물이 될 것이다. 위에서 언급하였지만 인성 점수가 입시에 많이 반영되면 고액 인성 과외가 나올 것이며, 심지어 뺑뺑이를 돌려 학생을 선발한다면 뺑뺑이 과외도 나올 수 있다. 차라리 내버려두는 편이 좋을 것 같다. 해마다 입시제도가 바뀌면 온 나라가 난리법석이 된다. 학부모, 교사, 학생 할 것 없이 모두가 새 입시제도에서 살아남으려면 어떻게 전략을 짜야 하나 고심하게 된다. 교육 문제를 해결하기는커녕 더 복잡하게 만들 뿐이다. 마차를 말 앞에 놓는 어리석은 짓을 언제까지 해야 하나?

3) 인터넷과 게임

청소년 비행, 특히 성(性)과 관련된 비행이 알려지면 인터넷에 범람하는 음란물이 그 원인으로 지목되며 폭력적인 비행은 폭력적인 게임의 영향이라고 주장하는 사람이 적지 않다. 물론 상관성은 크다. 즉 비행을 자주 하는 학생들은 공부보다 음란물을 많이 보는 경향이 있으며, 중독에 가까울 정도로 각종 게임에 몰두한다. 그러나 상관성과 인과성은 다르다. 부모와 친밀하고 공부를 열심히 하며 그 결과 좋은 성적을 받는 학생이 어느 날 인터넷에서 음란물을 시청한 후 음란물을 모방하고 싶은 욕망에서 끔찍한 성범죄를 저지르는 경우는 찾아보기 어렵다. 마찬가지로 공부를 열심히 하는 학생은 게임을 할 시간도 없거니와, 설사 폭력적인 게임을 좋아해도 친구를 괴롭히지 않는다. 인과 관계가 있다면 원인과 결과를 거꾸로 보는 편이 차라리 설득력이 있다. 성적이 좋지 않은 학생이 부모와의 관계가 원만하기 어렵고, 가정과 학교에서 소외된 학생이 인터넷과 게임에 빠져드는 것이다. 인터넷과 게임이 없다면 다른 대안을 찾을 테고 이러한 과정에서 비행은 시작되고 날이 갈수록 심각해진다.

설사 인터넷 음란물과 게임이 청소년 문제의 주범이라 해도, 이러한 못된 것을 만들고 유통하며 돈을 버는 사람은 누구인가? 청소년들이 운영하는 사이트도 있다고 하나 대부분은 어른들이다. 또한 이러한 문제를 개탄하는 어른들은 많으나 근절하려고 노력하는 어른들은 많지 않다. 특히 근절할 수 있는 수단을 갖고 있는 힘 있는 어른들, 좁게는 형사사법 기관에 종사하는 힘 있는 어른들, 이런 어른들은 입으로만 말로만 걱정할 뿐 실제로 이를 근절할 의지는 없다. 한국의 공권력은 대단하다. 사회적인 공감대가 많지 않은 문제에도 공권력이 개입하여 강제로, 비록 미봉적이나, 해결한다. 음란물에 대해서는 사회적으로 부정적인 공감대가 형성되었는데 근절할 의지만 있으면 해결할 수 있다. 그러나 이러한 부정적인 공감대 역시 원론적이다. 어른들은 음란물은 물론이고 다양한 향락업소에서 향락을 즐기면서 아이들은 즐기지 말라는 것은 어불성설이다.

4) 마지막으로

이제 결론을 내리자. 어른들이 정신 차리지 않고는 학교폭력이 해결되기는 어렵다. 학교폭력은 인터넷 음란물에 빠진 그리고 게임에 중독된 일부

나쁜 학생들이 일진이라는 폭력 집단을 만들어 선량한 학생들을 괴롭히며 금품을 갈취하는 행위가 아니라, 어른들의 어두운 모습을 자기들 나름대로 적용하여 약자를 괴롭히며 그들이 원하는 것을 힘으로 빼앗는 먹이 사슬이다. 어른들, 특히 힘이 있는 어른들이 제자리에 서기 전에 근본적인 대책은 없다.

법은 관점에 따라 정의롭지 않다고 볼 수 있으나 이러한 법도 제대로 지켜지지 않고 힘 있는 사람이 법 위에 군림하는 사회에서는 최소한의 정의도 보장되기 어렵다. 학력이 학벌이 되고, 더 나아가 학연으로 권력의 유지, 존속 수단으로 작용될 때 교육은 제자리를 지키기 어렵다. 대학이라도 제자리를 잡기를 바란다. 대학 평가에서 순위를 높이는 것이 거의 모든 대학의 실질적인 목표가 되었다. 교육은 뒷전으로 밀려나고 순위에 결정적인 역할을 하는 연구 업적, 프로젝트 수주가 교수의 자질을 판단하는 가장 중요한 기준이 되었다. 대학에서 연구를 한다는 것은 너무나 당연하다. 그러나 오늘날 세태를 보면 좋은 교육을 하기 위한 연구도 아니고, 진리를 발견하기 위한 연구는 더욱 아닌 것 같다. 대학 평가에서 좋은 점수를 받기 위한 연구가 대학을 지배하고 교수를 짓누르고 있다. 대학의 서열화는 갈수록 심화되고 있으나 이러한 현실을 개탄하기는커녕 앞 다투어 서열을 높이기 위해 전력을 기울이고 있다. 극심한 국제 경쟁에서 영어는 중요한 수단이라는 점은 어쩔 수 없는 현실이라고 하자. 그러나 대학에서 전공 수업이 영어를 숙달시키기 위한 수단이 된다는 것은 목적과 수단이 전도되는 극치를 보는 것 같다.[3] 대학이 이런데 고등학교에서 제대로 교육할 수 있을까? 교육은 뒷전으로 밀리고 입시가 그 절대적인 목표이다. 양질의 교육을 받기 위해서 명문대에 진학하는 것은 양질의 교육을 받기 위해서가 아니라 학연을 쌓기 위해서이다. 그래서 어렵사리 입학한 후 전공 공부를 열심히 하는 학생은 많지 않다. 전공보다는 영어 등 취업에 유리한 공부를 하는 것이 성공을 위해 효과적이라는 현실을 학생들도 잘 알고 있다.

이러한 대학의 현실이 학교폭력의 근본적인 원인 중 하나라고 주장하는 것은 비약일지 모른다. 그러나 어른들이 만들어놓은 사회가 제자리를 잡기 전에는 청소년 문제가 해결되지 않는다는 점은 확실하다.

3) 수단으로서의 영어 교육에 반대하지 않는다. 예를 들어 고려대의 경우 국제어학원을 영어학원처럼 운영해도 좋을 것 같다. 영어 전문 학원의 인기 강사를 초빙하여 학원에 가지 않고 학교에서 배울 수 있는 기회를 제공해도 좋다. 수업이 끝난 저녁 시간에 전체 학교가 영어학원처럼 운영되어도 반대하지 않는다. 그러나 전공 수업이 영어의 수단이 되는 것은 반대한다.

빅데이터 시대의 정보와 삶

백두권(융합소프트웨어 전문대학원)

들어가며

학문소통연구회의 일원으로 활동하면서 토론자로 참여하였고 사회도 맡았지만, 주제 발표는 오늘이 처음입니다. 오늘 제가 발표할 주제는 '빅데이터 시대의 정보와 삶'입니다. 그런데 여러분, 빅데이터는 무엇일까요? 정의를 말씀드리기에 앞서, 저는 빅데이터 전문가는 아니라는 점을 우선 밝히고자 합니다. 하지만 빅데이터 전문가가 아닌데, 왜 이런 발표를 하는가에 대한 이야기 또한 하고자 합니다. 저는 지난 25년 동안 데이터 공학 관련 연구를 해왔습니다. 빅데이터의 기초 단위는 바로 데이터입니다. 저는 그동안 데이터의 의미와 데이터를 어떻게 가공하는가에 대해 공부해왔습니다. 또한 데이터의 탄생부터 소멸까지 데이터의 라이프사이클에 관해서도 공부해왔습니다. 이러한 과정 덕분에 대학에서 후학을 양성하는 것뿐만 아니라 사회 각 방면에서 데이터 표준화 관련 활동도 해왔고, 국제기구에서도 25년 정도 활동해왔습니다. 오늘 이 자리에서 제가 여러분과 함께 빅데이터에 관해 어떤 이야기를 나눌까 고민하던 차에, 이과에서 많이 사용하는 이과적 용어인 '정보'라는 단어와 인문학에서 다루는 문과적인 용어인 '삶'이라는 두 단어를 통해 오늘의 주제를 표현해봤습니다. 이과적 용어인 '정보'와 문과적 용어인 '삶'은 21세기 우리 사회에서 소통의 중심에 있는 키워드라고 생각합니다. 요컨대, 우리 삶의 중심에 무엇이 있을까요? 정보가 있습니다. 그 정보를 잘 활용하고 사는 것이 우리의 삶이 아닌가 하는 의미에서 이렇게 주제를 선정했습니다. 그렇다면 본격적으로 빅데이터란 무엇이고, 우리 삶에 어떠한 영향을 끼치는가에 대해 발표를 시작하도록 하겠습니다.

빅데이터의 부상(浮上)

다음의 사진을 보시면 흥미로운 점을 발견하실 수 있습니다. 제일 위 사진 속 인물은 영국의 로열베이비 조지 알렉산더 루이스(George Alexander Louis)입니다. 아래 왼쪽은 〈강남스타일〉로 순식간에 세계적 스타가 된 가수 싸이의 사진이고요. 그 오른쪽엔 휴대폰 판매점 매니저에서 세계적 성악가가 된 폴 포츠(Paul Potts)의 사진이 있습니다. 그렇다면 이들의 공통점은 무엇일까요? 바로 하루아침에 벼락스타가 된 사람들이라는 것입니다. 저는 빅데이터(Big Data)도 이와 같은 벼락스타이자 우리 삶에 지대한 영향을 끼칠 빅 스타(Big Star)라고 생각합니다. 빅데이터라는 개념이 나온 것은 불과 4~5년 정도밖에 되지 않았습니다. 하지만 이러한 짧은 기간 속에

서도 어떻게 빅데이터가 사회 각 방면에서 주목받고 있는지에 대한 의문이 생겼습니다. 이러한 의문을 바탕으로 학계, 산업계, 국가의 권력기관까지도 왜 그토록 빅데이터에 관심을 갖고 있는지에 대한 이야기를 하고자 합니다.

먼저 빅데이터가 빅 스타라는 것을 객관적으로 검증할 방법에는 무엇이 있을까요? 세계적인 기관들, 예를 들어 가트너, IDC, EMC 등 시장조사 기관 및 기업 10곳 중에 9곳이 빅데이터를 IT 관련 올해의 키워드로 선정했습니다. 그 근거는 빅데이터 시장의 규모가 급격하게 증가한다는 점입니다. 빅데이터 시장의 규모는 작년 기준으로 봤을 때, 6,842억 달러(약 680조 원)였습니다. 2015년에는 무려 1조 6,920억 달러(추정치)에 달한다고 합니다. 이러한 급격한 시장 규모의 증가 추세와 맞물려 빅데이터는 우리 삶에 지대한 영향을 미치고 있으며, 이로 인하여 앞서 말한 빅 스타와 같은 역할을

- 전략적 빅데이터(가트너)
- 빅데이터(딜로이트)
- 빅데이터 분석기법은 IT사고를 변화(EMC)
- 빅데이터 도입 및 활용(NIPA)
- 빅데이터를 통한 가치창출(삼성SDS)
- 주류로 올라 선 빅데이터(IDC)
- 빅데이터와 BI(MS)
- 비즈니스 분석(IBM)
- 빅데이터 성정(CA테크놀로지스)

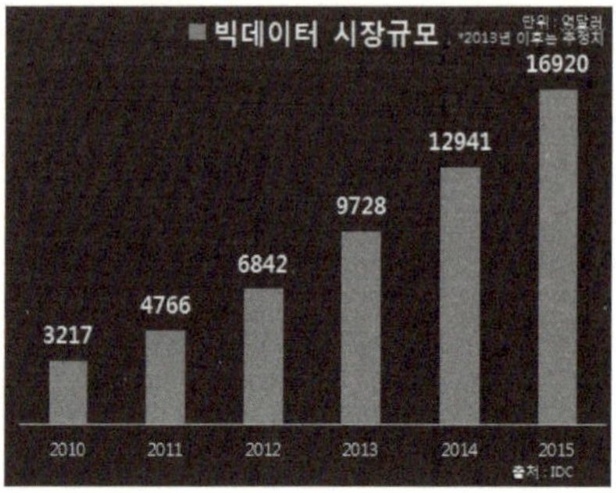

수행할 것이라고 생각합니다.

빅데이터란 무엇인가?

그렇다면 빅데이터란 무엇일까요? 질문에 답하기에 앞서, 빅데이터에 대해 잘 모르는 일반인들은 어떤 궁금증을 품고 있을까라는 의문을 토대로 아래 다섯 가지 물음을 선정해봤습니다.

첫째, 빅데이터는 무엇인가? 둘째, 빅데이터는 왜 빅 스타인가? 셋째, 빅데이터가 우리 사회에 무슨 역할을 할 것인가? 넷째, 빅데이터가 우리 생활에서 긍정적인 요소로 작용하는 것은 무엇인가? 다섯째, 빅데이터가 우리에게 부정적 영향을 미치는 것은 무엇인가? (빅브라더와 같은 감시체계로 활용될 수 있지는 않은가?)

이 다섯 가지 질문을 토대로 순차적으로 이 물음에 대한 제 견해를 말씀드리겠습니다. 저는 '빅데이터는 OOO이다'라고 정의해보고자 합니다. 일반적으로, 빅데이터의 기초단위인 데이터는 의미 있는 수치나 문자, 기호를 뜻합니다. 그렇다면 빅데이터는 과연 무엇일까요? 빅데이터에 관한 기존의 사전적 정의는 단순히 데이터의 양이 많은 것을 의미했습니다. 하지만 최근 들어서 그 정의의 범주가 한층 더 확장됐습니다. 저는 빅데이터란 대용량의 정형화된 데이터를 뜻하는 기존의 정의뿐만 아니라 비정형화된 일상의 정보들까지 포함하는 거대한 데이터의 집합이라고 생각합니다. 정형화된 데이터는 가공되고 표준화된 정보를 가리킵니다. 하지만 일상의 데이터 또한 빅데이터의 한 부분이라고 생각합니다. 카카오톡을 통해 사진을 주고받는 사례와 페이스북에 자신의 생각이나 상태를 업로드하는 등 자신과 그를 둘러싼 일상생활의 기록들이 그 예라고 할 수 있습니다. 이러한 일상적 요소들은 가공된 것이 아니지만, 이 정보들은 활용 가능한 가치를 지닙니다. 소비자 욕구 분석, 마케팅 기법을 위한 소비자의 반응 추이 등과 같은 비정형화된 정보를 수집하고 분석하는 툴이 있다면 어떻겠습니까? 바로 이러한 점에서, 비정형화된 일상의 정보들이 굉장한 가치를 갖고 있다고 할 수 있습니다. 요컨대, 제가 생각하는 빅데이터란 기존의 정형화된 데이터뿐만 아니라 일상적 정보들까지 다 포함하는 것을 의미합니다.

학문적인 관점에서, 빅데이터는 세 가지 특징을 지니고 있습니다. 이를 '3V'라고 명명합니다. 첫 번째 특징은 속도(VELOCITY)입니다. 빅데이터는 거의 실시간(real-time)에 가까운 정보를 생산할 수 있다는 것을 의미합니다. 여러분, '카카오톡'을 통해 사진을 업로드하는 과정을 떠올려보시기 바랍니다. 바로 누군가에게 눈 깜짝할 사이에 전송되지 않습니까? 이런 특징이 바로 속도라고 할 수 있습니다. 두 번째 특징은 대용량의 데이터(VOLUME)를 지니고 있다는 것입니다. 이는 빅데이터의 출현으로 인해 데이터의 크기와 양 등이 현저하게 증가했음을 의미합니다. 세 번째 특징

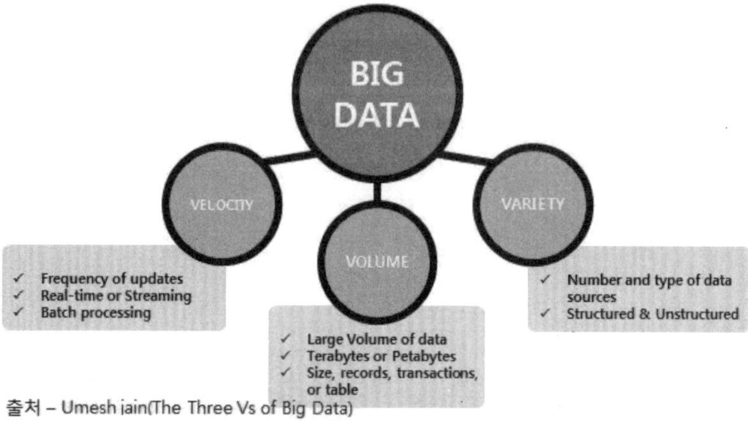

출처 – Umesh jain(The Three Vs of Big Data)

은 바로 빅데이터의 다양성(VARIETY)입니다. 과거에는 정형화된 데이터가 중심이었습니다. 이러한 데이터는 주로 물건, 사건, 인물에 대한 정보 위주로 가공됐습니다. 하지만 지금 우리가 사는 시대에는 오락, 일상생활 등 우리가 생활하는 거의 모든 분야에 관한 정보들로 넘쳐납니다. 바로 이 모든 것이 정보라고 할 수 있습니다. 이제 서두에서 빅데이터에 관한 질문으로 논의를 시작했듯이, 두 번째 질문을 통해 한층 진일보한 이야기를 이어가고자 합니다.

빅데이터는 왜 빅 스타인가?

두 번째 질문은 왜 빅데이터가 빅 스타인가 하는 것입니다. 세 가지로 정리해서 말씀드리겠습니다. 첫째, 데이터 양이 급격하게 증가한 측면이 있고, 둘째, 데이터 처리기술이 비약적으로 발전했기 때문이며, 마지막으로 이러한 흐름에서 빅데이터는 미래 경쟁력의 가치를 창출하는 원천이기 때문입니다.

1. 데이터 양의 급격한 증가

위 그림이 보여주는 바와 같이, 오늘날 데이터 사용량이 급격하게 증가하게 됐습니다. 예를 들어, 1분이라는 시간 동안 얼마나 많은 일들이 벌어질까요? 트위터의 경우, 98,000개의 트윗이 확산됩니다. 페이스북의 경우, 1분 동안 695,000개의 글 또는 사진이 게시됩니다. 또 E-mail은 1억 6,800만여 개의 메일이 송·수신됩니다. 이것이 1분 동안 교류하는 정보의 양입니다. 이 추세로 봤을 때, 2020년에는 데이터 사용량이 40ZB가 될 것으로 추정됩니다. 그렇다면 ZB(zettabyte: 제타바이트)라는 양의 크기는 얼마나 될까요? 제타(Zetta)라는 것은 우리가 흔히 알고 있는 기가(giga)의 2^{40}배입니다. 엄청나게 방대한 크기입니다. 아래 그래프를 보시면, 2011년의 정보량이 1.8ZB입니다. 이는 1.8조 기가바이트(gigabytes)가 되는 것입니다. 이

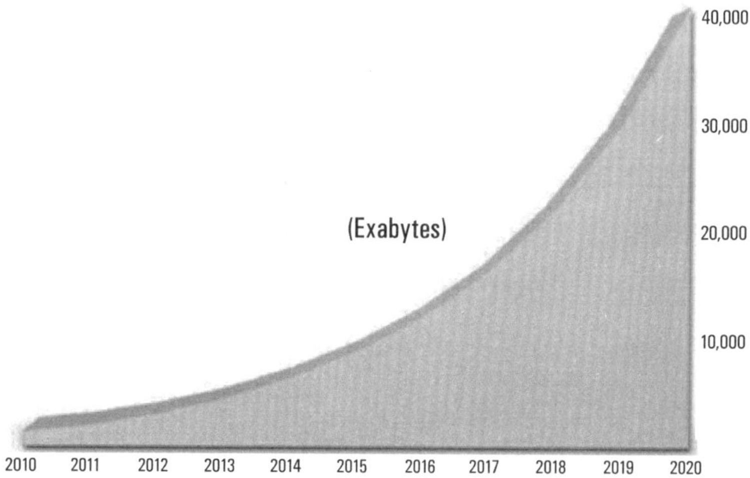

양의 크기를 고화질 영화로 비교하면 그 수가 무려 2,000억 개나 되는 데이터 양입니다. 한 사람이 무려 4,700만 년 동안 보아야 다 볼 수 있는 크기입니다.

그렇다면 빅데이터의 역사의 시작을 알린 사건은 무엇이었을까요? 여러분도 아시다시피 바로 애플의 아이폰 출시입니다. 2007년에 아이폰이 등장합니다. 우리나라에서는 2009년에 출시되었습니다. 아이폰이 왜 빅데이터의 시작을 알린 서막이었는가 하면, 이 기계가 정보 혁명을 수반했기 때문입니다. 인류 역사를 되짚어보면, 인쇄술의 급격한 발전으로 정보가 대량 보급되었습니다. 그 이전까지는 '카더라'라는 식의 정보가 지역 단위에서 한정적으로 전파되었는데, 인쇄술이 발달하면서 정보 보급에 혁명적 결과를 가져오게 된 것입니다. 그리고 20세기 중후반, 컴퓨터가 개발되면서 정보 자체가 디지털화되고, 인터넷이 등장하면서 개인들도 정보를 생산하거나 소비하는 것이 가능하게 되었습니다. 이렇게 해서 정보의 수평적인 소통이 가능해지기 시작했다는 것입니다. 급기야 2000년대 후반 소셜 네트워크 서비스(SNS)가 등장하는데, 이는 정보가 한층 더 개인화되었다는 것을 의미합니다. 수직에서 수평으로 정보가 자유롭게 범람하게 되었습니다. 정보의 수평적 소통이 얼마나 큰 의미인지 설명하기 전에 정보의 수직· 수평적 소통에 대해서 간단히 설명하겠습니다. 정보의 수직성을 간단히 설명하자면 정보가 개인화되기 전의 삶을 생각해보면 됩니다. 정보의 개인화 이전에는 TV, 라디오, 신문 등 언론매체를 통해 한정적인 정보만을 제공받을 수 있었습니다. 이러한 관계를 정보가 언론매체에서 개개인에게로 퍼지는 수직성이라고 할 수 있습니다. 하지만 인터넷의 발달, 스마트폰의 등장, 소셜 네트워크 서비스 등을 통해 언론매체가 아닌 개인이 정보를 유통할 수 있게 되고 누구든 정보를 생성하고 전달할 수 있게 되었습니다. 언제 어디서나 개인이 원하는 정보를 쉽고 빠르게 찾을 수 있는 정보의 수평성이 생겨난 것입니다. 이렇게 '정보가 수평화된 삶'에는 어떤 정보를 갖고 있느냐보다 수많은 정보에서 어떻게 의미 있고 유용한 정보를 찾을 수 있느냐가 더 중요한 요소로 부각되고 있습니다. 데이터의 증가에 따라서 정보를 바라보는 시각이 달라진 것입니다. 다시 부각해서 말씀드리자면, 정보가 급격하게 늘어나는 빅데이터 시대에서 의미있는 정보를 찾는 것이 점차 중요해지고 있습니다.

2. 데이터 처리기술의 발전—속도의 엄청난 증가와 데이터 저장 비용 절감

두 번째 이유는 데이터 처리기술이 발전하면서, 처리 속도가 엄청나게

출처 – IT시대의 빅뱅 대세는 '빅데이터' 다(TECH & FUTURE)

빨라졌다는 것입니다. 속도가 얼마나 빨라졌는가? 기술 발전의 흐름에서 간단히 설명 드리겠습니다. 소위 클러스터 기술이 등장하면서부터 병렬분산처리가 가능해졌는데, 이것은 슈퍼컴이 하던 일을 수십 대의 PC가 하게 되는 것을 의미합니다. 그런 기술들이 오픈 소스가 되고 2008년에는 '하둡'이라는 기술이 등장했는데, 하둡을 통해 데이터 처리 속도가 빨라지면서 빅데이터를 쉽게 분석할 수 있게 되었습니다.

또한 속도와 더불어 데이터 저장 비용이 매우 급감했습니다. 어느 정도로 감소되었느냐 하면, 1GB의 저장 비용은 1980년대 초에 10억 원이 넘을 정도였습니다. 하지만 2000년대 초반에는 100원 정도의 금액이 소요됐고, 현재 2010년대로 들어서면서 그 비용은 10원도 채 되지 않습니다. 저장비용의 감소로 최근 들어 클라우드 서비스가 더욱더 보편화됐습니다. 예를 들어, 여러 검색 업체들이 무료로 제공하는 클라우드 서비스를 여러분이 사용할 수 있게 된 것도 바로 이러한 이유에서 비롯된 것입니다.

3. 미래 경쟁력과 가치 창출의 원천

세 번째 이유는 빅데이터의 활용이 경쟁력 있는 미래 가치를 창출하게 한다는 것입니다. 정보화 혁명으로 기술적인 패러다임이 근본적으로 변화했고, 더불어 데이터의 사용량 또한 엄청나게 팽창했습니다. 바로 이러한 결과가 빅데이터의 출현을 야기하게 된 것입니다. 엄청난 데이터의 양(빅데이터)을 가공하고 분석하는 기술은 새로운 가치를 창출하게 됩니다. 예를 들면, 경제적 가치 창출에 활용하거나 범죄 예방 및 수사에 활용할 수도 있습니다. 또한 IT 패러다임 변화에 따라 새로운 산업 분야에 진출할 수도 있으며, 재해 예방과 대피, 후속 처리 등에도 빅데이터를 활용할 수 있습니다. 이처럼 오늘날 빅데이터의 출현과 팽창으로 인해 새로운 IT 패러다임이 바뀌는 시점에 와 있다고 할 수 있습니다. 하지만 이러한 변화는 새로운 재난의 형태로 우리에게 영향을 미칠 가능성이 있습니다. '정보의 바다'에서 '데이터 홍수 시대'로 변화하는 시대에 우리는 방대한 빅데이터에 제대로 대처하지 않으면 상당한 위험에 노출될 수 있습니다. 앞으로 기업들은 엄청난 양의 데이터에서 유용한 데이터들을 선별해야 하며 이를 운영·유지하는 데 드는 비용이 증가하는 문제에 직면하게 될 것입니다. 또한 데이터 처리 속도가 느려짐으로 인해 기업의 생산성 하락 우려가 발생할 수 있습니다. 세계 각국의 정부와 기업들은 빅데이터가 향후 기업의 성패를 가늠할 새로운 경제적 가치의 원천이 될 것으로 기대하고 있습니다. 앞으로는 빅데이터에서 유용한 정보를 찾아내 그 안에 잠재된 정보를 활용할 수 있는 기업들이 경쟁에서 시장을 선도할 것입니다.

빅데이터는 미래 사회에서 어떤 역할을 담당하게 될 것인가?

세 번째 질문은 빅데이터가 우리 사회에서 어떻게 사용될 것인가입니다. 인류가 역사를 쓰게 된 이유는 무엇이었을까요? "역사는 미래를 보는 거울이다"라는 명언이 있듯이, 역사의 중요성은 과거를 반추해 미래를 가늠할 수 있다는 데 있습니다. 다시 한 번 말씀드리자면, 우리 인류는 역사 서적, 유물 등 과거의 데이터를 통해서 미래를 예측하였고, 그 방법은 과거를 유추하는 것입니다. 하지만 역사적 데이터를 통해 산출된 일정한 현상과 법칙은 단기 미래를 예측하는 데는 적합할 수 있으나, 장기 미래 예측에는 부적합하다고 할 수 있습니다.

기록된 역사, 유물을 통해
인류의 과거를 유추

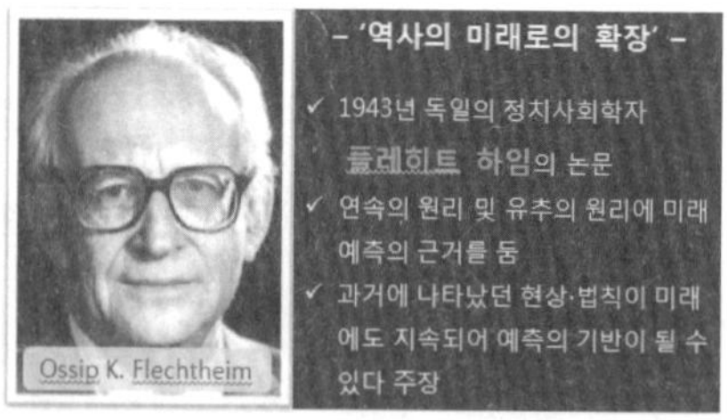

단기 미래 예측에는 적합하나,
모든 상황이 급변하는
장기 미래예측에 부적합

대량의 각종 데이터를 과학적인 검증과정을 거쳐 미래사회를 예측

〈머니볼〉이라는 영화가 있습니다. 메이저리그의 약체 팀이던 오클랜드 애슬래틱스가 1999년부터 2003년까지 데이터 분석과 활용을 통해 성공한 이야기를 다룬 영화입니다. 보통 구단에서 선수를 영입할 때, 가장 우선순위에 두는 선수는 타율이 높거나 홈런이 많은 타자들입니다. 하지만 이런 선수를 스카우트하는 데는 비용이 많이 듭니다. 재정 상황이 여의치 않던 오클랜드 구단은 저비용이면서 타율이 낮지만 출루율이 높은 선수를 영입하는 방식 등 저비용 고효율의 데이터 분석틀을 만들어 구단 운영 방식에 접목했습니다. 이러한 데이터 분석의 효과적 활용을 통해 최약체 팀이라 평가받던 오클랜드는 포스트 시즌에 진출하게 됐습니다. 앞으로 경영, 마케팅 등 사회 각 방면에서 이러한 빅데이터의 활용 가능성이 증가할 것입니다. 여러분, 혹시 〈관상〉이라는 영화 보셨습니까? 〈관상〉과 빅데이터의 공통점은 무엇일까요? 관상은 얼굴의 표면에 있는 그 자체가 아니라 얼굴에 표현되는 마음을 읽어내는 것입니다. 개인의 마음을 읽고 그를 통해 개인의 미래를 예측하는 것이 바로 관상인데, 빅데이터 또한 마찬가지 원

미국 독감 유행 수준

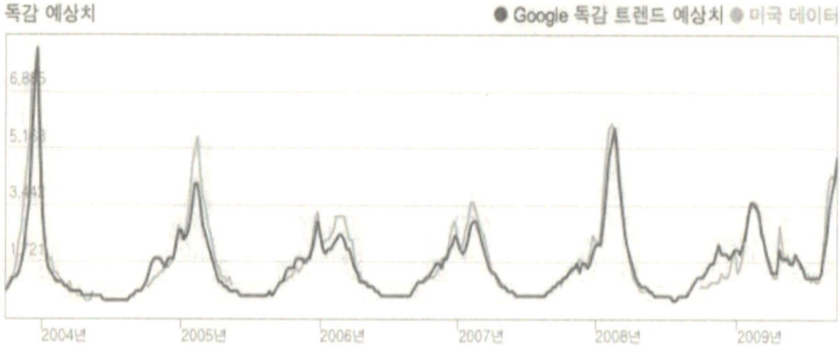

미국: 미국 질병 통제 센터에서 공개한 인플루엔자 의사환자(ILI) 데이터

리입니다. 빅데이터는 집단의 일상적 데이터를 보고 집단의 미래를 예측하는 데 활용할 수 있습니다. 이처럼 빅데이터는 앞으로 미래 예측 분야에 혁명적 결과물이 될 것입니다.

흥미로운 또 다른 사례가 있습니다. 2007년 구글에서 그 이전 기간의 검색어 분석을 통해 독감 유행의 패턴과 현재 발생 가능성이 높은 지역을 예측하는 독감 예보 서비스를 시작했습니다. 이 서비스는 구글에서 독감에 대한 증세나 호전 방법, 약품 등의 검색 등 빅데이터를 분석해주는데, 이는 독감과 인터넷 검색어의 빈도수와 같이 서로 직접적인 관계가 없어 보이는 요소가 실제 예측에서 어떻게 반영되는지를 잘 보여줍니다. 이 서비스를 통해 구글은 2009년 2월 대서양 연안 중부 지역의 주에서 감기가 확산될 것이라고 예측했는데, 이는 미국의 질병통제예방센터보다도 2주나 먼저 독감을 예측하게 되며 구글 독감 트렌드가 더욱 주목을 받게 되는 계기가 되었습니다. 더불어 구글은 질병통제예방센터의 보고서보다 1~2주 빨리 독감 바이러스의 활성을 예측하는 실시간 감지 시스템에 대한 컴퓨터 모델

위키리크스를 통해 분석한 아프가니스탄의 병력 움직임

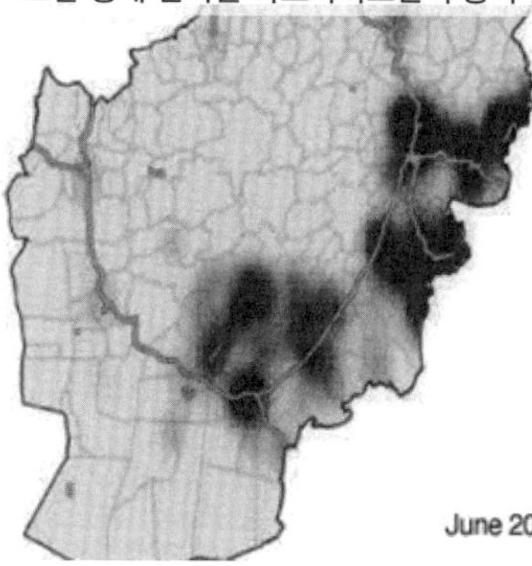

을 제시함으로써 그 결과가 세계적인 학술지《네이처(Nature)》에 게재되기 도 했습니다.

더 나아가 범죄 예방에도 굉장한 효과가 있습니다. 미국 테네시 주 멤피스 시의 실시간 범죄감시센터는 각종 데이터를 분석하고 사건 패턴을 수집해 범죄 예방에 활용했습니다. 이에 따라 범죄율이 30%나 감소했으며, 향후 범죄 발생 가능성이 높은 지역과 시기를 예측하여 적시적소에 인력을 배치해 범죄를 예방하는 성과를 거두었습니다. 또한 미국 라스베이거스와 미네소타의 로체스터 시 경찰은 IBM의 스마트시티 범죄 정보 분석 소프트웨어 및 플랫폼을 도입해 치안 활동을 강화하여 범죄를 예방한 사례도 있습니다.

마지막으로 〈위키리크스〉에 업로드된 데이터 분석을 통해 전 아프가니스탄의 병력 움직임을 알아채고 그에 대비한 전술을 제공했던 사례가 있습니다. 뉴욕대학교 박사과정 학생 드루 콘웨이는 〈위키리크스〉에 저장되어 있는 데이터를 분석하여 미국과 아프가니스탄 연합군의 병력 동향을 파악했습니다. 이러한 데이터 분석을 통해 탈레반의 활동 지역, 미국 동맹 지역을 한눈에 파악할 수 있었고, 시간의 흐름에 따른 전쟁 양상 변화 또한 예측할 수 있었습니다.

위 그래프를 보면, 이러한 정보들을 바탕으로 전쟁이 어떻게 진행되는지 알 수 있습니다. 이러한 데이터 분석의 활용 사례는 우리나라에서도 볼 수 있습니다. 지난 19대 대선에서도 각 방송사나 여론조사업체에서 SNS 등의 여론 변동 추이를 분석해서 대선의 승패를 예측했고, 그 결과가 실제 결과에서 크게 벗어나지 않았다는 것을 확인할 수 있었습니다. 또한 영화나 TV 프로그램의 흥행 여부라든가, 제품의 성패 여부도 빅데이터 분석을 통해 예측할 수 있습니다.

우리의 삶은 '빅' 데이터를 통해서 어떻게 달라질 것인가?

그렇다면 빅데이터가 우리 사회에 어떤 긍정적 영향을 미칠 것인지에 대해 알아보겠습니다. 첫 번째는 빅데이터를 통해 개인맞춤형 서비스 제공이 가능하다는 것입니다. 지금까지 교육, 복지 등 시민에 대한 서비스 부문이 권력 기관에 의해 획일적으로 조정되어왔습니다. 하지만 지금은 데이터의 양, 처리 속도, 다양성을 고루 활용해 맞춤복과 같이 개개인에게 맞춤형 서비스를 제공할 수 있는 시대라고 할 수 있습니다. 예를 들어, 요즘 공교육 붕괴현상이 사회적 이슈가 되고 있습니다. 그에 따라 정부와 학교 등 관련 기관에서는 강의실 환경, 교과서 변화 등 공교육 정상화를 위해 많은 노력을 하고 있습니다. 하지만 이미 학생들의 교육에 대한 근본적인 요구가 바뀌었다는 것을 반영하지 못하고 있습니다. 학생들은 획일적인 교육 방식이 아니라 개인에게 맞춰진 교육 시스템을 원합니다. 왜냐하면 다양한 정보와 그에 따른 변화가 많은 시대에 공교육이라는 것은 획일적인 요소가 있으며, 이것이 미스매치되기 때문입니다. 따라서 공교육 붕괴는 오히려 학생 개개인에게 맞춤형 교육 서비스를 제공함으로써 해결해야 합니다.

또 하나의 예를 들면, 요즘 복지에 관해 포퓰리즘 논쟁이 한창입니다. 획일적이고 무분별한 복지 시스템이 아니라, 개인 혹은 다양한 집단의 이해관계를 분석하고 해결할 수 있는 맞춤형 복지 시스템을 구축하는 것이 효과적입니다. 현재와 같이 극빈층이나 차상위층 등을 통계 수치에 따라 일원화된 잣대로 구분하지 않고 개개인의 현재 생활 상황을 더 면밀하게 관찰하면서 시시각각으로 변화하는 다양한 필요 사항을 파악하고 이를 적시에 제공하는 개인별 수요자 중심의 복지 서비스가 가능할 것으로 예상됩니다.

두 번째로는 일반인들이 슈퍼컴퓨터를 쓸 수 있게 되는 세상이 도래한다는 것입니다. 예를 들면 그래핀 반도체라는 것이 있습니다. 현재 반도체의

그래핀 반도체의 개발

- ☞ 전자이동이 기존 반도체보다 100배 이상 빨라 이론상 PC의 속도를 100배까지 빠르게 할 수 있음
  → 10여 년 전 슈퍼컴퓨터의 평균속도에 버금가는 성능
- ☞ 2012년 삼성전자가 그래핀을 이용한 반도체 메모리 개발에 성공하여 2016년경부터 상용화될 것으로 예상

처리 속도보다 100배 이상 빠른 이 반도체는 이미 작년에 삼성이 개발했습니다. 2016년에는 상용화가 가능하다고 하며, 이 반도체를 탑재한 컴퓨터의 성능은 10년 전 슈퍼컴퓨터에 달할 것이라고 합니다. 개인이 이러한 슈퍼컴퓨터를 사용할 수 있게 된다면, 인류 한 사람이 할 수 있는 역량이 획기적으로 늘어나기 때문에 빅데이터 시대와 연결돼 많은 변화를 가져올 수 있습니다. 예를 들어, 날씨 예측과 같이 현재 슈퍼컴퓨터가 담당하고 있는 일을 개인이 분석하여 유튜브에 올릴 수도 있고, 〈토이스토리〉와 같은 애니메이션 영화를 개인이 만들 수도 있을 겁니다. 한마디로 컴퓨터의 성능이 빨라지면서 지적 빅뱅의 시대가 올 가능성이 높다고 할 수 있습니다.

세 번째로는 데이터 사이언티스트(Data Scientist)가 최고 유망 직업으로 부상한다는 것입니다. 현재 데이터 성장 속도에 비해 이것을 처리할 수 있는 인력의 증가는 그에 미치지 못하고 있는 실정입니다. 데이터 사이언티스트보다는 못 하지만 데이터를 나름대로 분석하는 데이터 분석가의 평균 연봉이 2010년에 이미 월가의 평균연봉을 넘어섰으며, 데이터 사이언티스트가 주축을 이룬 '월마트 랩', '오바마 선거 캠프 빅데이터 팀' 등의 성공으로 데이터 사이언티스트에 대한 수요는 증가하고 있습니다. 이로 인해 데이터 사이언티스트의 양성을 위한 교육 과정이 급증하고 있습니다. 샌프란시스코, 뉴욕, 스탠퍼드와 같은 미국 유명 대학들이 데이터 사이언티스트의 양성을 위한 교육 과정을 늘리는 추세이고, 국내에서도 충북대학교 대학원 과정에 빅데이터를 연구하는 빅데이터 학과가 생겼으며 정부 차원에서 빅데이터 시대를 대비하려는 움직임을 보이고 있습니다.

네 번째로는 빅데이터를 선점한 기업들의 가치가 증가할 것이라는 점입

니다. 근래에 정보화 시대의 변화를 선점한 기업들로는 무엇이 있을까요? 여러분도 잘 아시다시피, 대표적으로 구글, 아마존, 우리나라의 네이버 등이 그 예라고 할 수 있습니다. 이러한 정보화 시대에 급속한 변화의 추이를 선점한 기업들이 그 시대를 이끌어갑니다. 가령, 20년 전에는 하드웨어를 생산했던 IBM이 최고의 회사였습니다. 10년 전에는 소프트웨어 중심의 마이크로소프트(Microsoft)였습니다. 지금은 구글과 같은 검색 업체나 페이스북과 같은 SNS 업체입니다. 또한 이것을 다 아우르는 애플이 있겠습니다. 그렇다면 10년 후엔 어떻게 될지 알 수 있을까요? 아무도 모릅니다. 10년 후 현재의 빅데이터 시장을 분석해서 시장을 선점하는 것이 무엇보다도 중요하다고 할 수 있습니다.

'빅' 데이터에 의해 빅브라더가 등장할 것인가?

마지막 물음입니다. 빅데이터가 우리에게 굉장히 부정적인 효과를 미칠 수 있다는 것도 생각해볼 수 있습니다. '빅브라더', 조지 오웰의 《1984》라는 작품을 통해 유명해진 용어입니다. 제가 어렸을 때는 중앙정보부가 나는 새도 떨어뜨린다고 유명했고, 우리 삶의 감시자 역할을 했습니다. 그렇다면 빅데이터가 빅브라더가 될 수 있는데, 그 근거는 네 가지 정도라고 생

각합니다. 우려를 낳는 실제 사례가 무엇이 있을까요? 예를 들어, 프리즘이라고 하는 미국의 정보매체가 미국 정보기관이 IT업체를 통해서 개인의 정보를 모았다는 것을 폭로했습니다. 정보기관은 그 목적이 테러 예방이라고 설명했지만, 시민들은 이것이 통제의 일환이라고 생각해서 국제적 이슈가 되기도 했습니다. 영국도 마찬가지입니다. 영국이 우리나라보다 더 많은 CCTV를 설치하고 있는 것으로 알고 있는데요, 범죄 예방, 테러 예방을 위한 목적으로 CCTV 설치뿐만 아니라 온라인상의 개인정보 또한 수집한 것으로 밝혀졌습니다. 이 예들에 비춰볼 때, 빅브라더가 나타날 수 있는 소지가 굉장히 크다고 생각합니다. 이와 같은 우려 속에서 빅데이터 인사이트 그룹에서는 "권력이 빅데이터를 악용한다면 빅브라더가 나타날 우려가 있다"고 말했습니다. 반면에 '빅브라더'는 기우라고 말하는 사람들도 있습니다. 다음 표를 참고하시면, 10년 전에 인터넷이 확산될 때도 이와 같은 우려가 있었다는 것을 알 수 있습니다. 하지만 오히려 정치 참여의 증가 등 긍정적 요소로 기능하지 않았는가라는 반론도 만만치 않았다는 것 또한

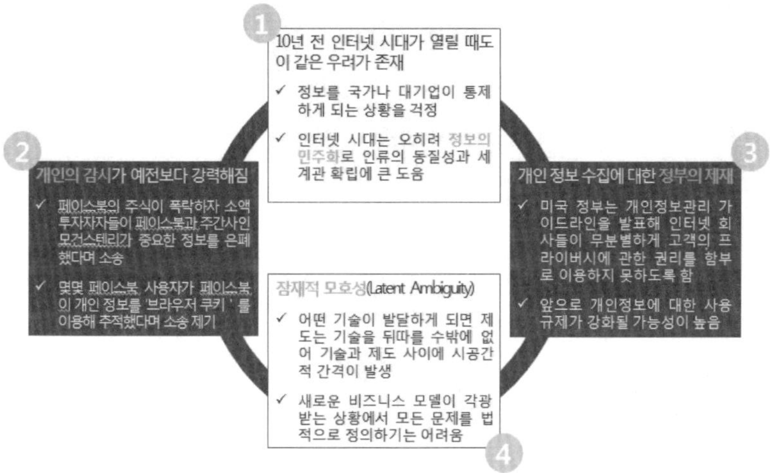

근거1.	근거2.
✓ 시간과 비용이 수반되는 빅데이터 분석의 특성상 결국 거대 기업이나 국가에 적합한 산업이라는 부분을 감안하기 때문	✓ 현재 지구 밖에는 군사위성까지 합하여 지상의 1m이내의 물체를 볼 수 있는 기구가 수십 대 존재 ✓ 전 세계 인터넷에는 모두 3000만개 이상의 개인용 센서가 설치되어 있음
근거3.	**근거4.**
✓ 악의적인 목적으로 해킹을 하게 되면 인터넷 상에서 얼마든지 원하는 정보를 얻을 수 있음	✓ 빅데이터를 통해 개인의 정보가 기존의 인터넷 시대보다 무분별하게 사용되기 때문에 발생하는 사생활 침해의 문제가 발생

알 수 있습니다. 그 외에도 개인정보 수집에 대한 정부를 향한 제재, 기술 자체의 모호성을 이유로 들어 기우에 불과하다고 말합니다.

지금까지 빅데이터에 대한 생각해볼 만한 5가지 질문과 제 나름대로의 견해에 대해 발표를 했습니다. 마무리도 질문을 통해 말씀드리려 합니다. 첫 번째 질문은 나는 빅데이터 시대에서 어떻게 살아갈 것인가, 두 번째는 우리는 빅데이터에 대해 어떻게 대응해야 하는가, 세 번째는 학문 간의 소통과 융합의 빅데이터가 어떻게 사용될 수 있을 것인가입니다. 이러한 세 가지 물음을 여러분에게 던지며 발표를 마치겠습니다. 감사합니다.

Part
3

과학 속의 삶,
삶 속의 과학

과학과 예술의 맛과 멋•

심광숙(물리학과 명예교수)

1. 과학과 예술

자연과학(Natural Science)의 연구 목표는 원래 우주만물을 구성하는 자연계를 보다 명확하게 이해하기 위해 알고자 하는(to know) 노력으로부터 비롯되었다. 즉 자연 속에 신비하게 감추어진 비밀스런 정보들을 하나하나 캐내기 위한 탐색활동인 것이다. 자연과학 분야 중 주로 공학으로 이루어진 응용과학 분야를 뺀 기초과학 분야는 물리학, 화학, 생명과학, 지구과학 등으로 이루어져 있다.

그러나 여기에선 자연과 예술의 아름다움을 주로 물리학의 대칭성 및 보존법칙을 중심으로 이해해보고자 한다. 동양에서는 물리학을 격물치지

• 이 글 가운데 일부는 계간 《서정시학》 봄호(2009)에 '시인과 과학자' 라는 제목으로 실렸다.

(格物致知)라 하며, 사물들의 이치를 깊이 연구하여 스스로 자신의 앎을 확고하고 명확하게 한다는 의미이다. 이는 중국의 고전인 사서(四書) 가운데 하나인《대학(大學)》의 첫 부분에 나오는 말이다.

서양에서 소위 물리학(Physics)이라는 말의 어원은 원래 자연이라는 말 뜻을 가진 그리스어인 'φυσική'라는 단어에서 연유되었다. 동양에서 말하는 자연(自然)의 본뜻은 '스스로 있는 그대로'라는 의미이다. '스스로 있는 그대로'의 뜻, 즉 자연을 표현하는 순수한 한글로는 '온새미로'라는 고운 우리말이 있다. 물리학은 우주의 시간과 공간에서 일어나는 물질의 성질과 그들 사이의 상호작용을 통한 운동을 탐구하는 학문이다.

한편 예술은 창의적이고 상상력을 바탕으로 이루어지기는 하지만 처음에는 꼭 과학적인 분야라기보다는 오히려 비과학적인 분야를 지칭하는 말이었다. 그러나 오늘날에는 과학을 예술로 표현하기도 하고 예술을 과학적으로 표현하는 창의적인 기법들을 활용하고 있다. 예를 들어 영어로 표현하는 첨단과학기술을 'The State of the Arts'라 부르는데 이는 아마도 과학기술이 예술의 경지에 이르렀다는 의미에서 이렇게 부르게 되었으리라 생각된다.

예술은 인류 문화의 큰 부분을 차지하고 있는 것으로 시각예술(미술, 조각, 사진, 서예, 콜라주, 건축), 문학(시, 소설, 수필, 희곡, 동화, 평론), 공연예술(음악, 무용, 연극, 영화) 등으로 나눌 수 있다. 그 외에도 이들을 융합한 다중매체를 통한 다양한 형태의 예술 활동들이 시대별, 장르별 또는 지역별로 새로이 탄생하기도 하고 사라지기도 한다.

2. 우주의 역사

물리학이 다루는 크기와 범위는 우주 태초의 대폭발(Big Bang)이 일어나는 순간의 공간적인 우주 크기에 해당되는 10^{-34}m부터 10^{26}m에 이르기까지, 무한히 작은 영역부터 무한히 큰 우주공간에 이르기까지 매우 넓은 범위의 공간과 시간 영역을 다루고 있다. 원래 한자어인 우주(宇宙)라는 말의 '宇'는 '공간'을 그리고 '宙'는 '시간'을 의미한다.

그러면 과연 물리학자들이 궁극적으로 풀고자 하는 자연에 대한 가장 큰 수수께끼는 어떤 것이었을까?

- 우주(Universe)는 과연 어디에서 왔는가?
- 우주는 무엇으로 만들어졌는가?
- 우주는 어디로 향해 가고 있는가, 즉 장차 우주의 운명은 과연 어떻게 될 것인가?

우주 자체의 탄생은 양자역학적 불확정성 원리에 의한 소위 진공상태에서의 양자요동(quantum fluctuation)에 의해 무수한 입자와 반입자들이 쌍생성(pair production)과 소멸(annihilation)을 반복하는 상태에서 급격하게 팽창하며 생성된 것으로 이해하고 있다. 이처럼 생성과 소멸을 하는 과정에서 물질이 에너지로 그리고 에너지가 물질로 변화하기를 반복하며 대폭발이 일어났다고 생각한다. 따라서 양자역학적 진공이란 아무것도 없는 빈 공간(empty space) 상태가 아니라 가상입자(virtual particles)들의 바다에서 쌍생성에 의한 물질의 존재와 쌍소멸에 의한 사라짐, 즉 에너지원인 빛의 출현이 되풀이해 발생하는 상태를 말한다.

대승불교의 경전인 《반야심경(般若心經)》의 중심 사상으로 우리에게 잘 알려진 "색즉시공 공즉시색(色卽是空 空卽是色)"이란 말이 있다. 여기서 '색'은 물질을 가리키며 '공'은 아무것도 없는 빈 공간을 의미한다. 따라서 물질이란 곧 아무것도 없는 진공 상태이며, 빈 허공 즉 진공이 곧 물질이라는 의미이다. 이는 다시 말해서 우주의 기원인 태초의 양자요동 상태에서 입자들 사이에 쌍생성과 쌍소멸이 반복적으로 되풀이되며 물질과 에너지로의 전환이 일어나는 이치와 같은 것이리라 여겨진다. 아무것도 없는 '무(無)'에 대한 종교적, 철학적 해석이 양자역학적 진공에 대한 물리학적 해석과 매우 유사함을 알 수 있는 대목이다.

프랑스의 상징주의 시인이자 평론가이고 사상가인 폴 발레리(Paul Valéry)는 과학과 철학, 문학작품 등을 통해 인간행위의 폭 넓은 영역에 걸친 경계를 넘나들며 주요한 원리들을 찾아내고자 했다. 그의 자연을 탐구하려는 시도 가운데 가장 대표적인 표현은 다음과 같다. "신은 아무것도 없는 무로부터 모든 것을 만들어냈지만 아무것도 없음을 통해서 본성이 들여다보인다"고 말했다. 아울러 "일반적으론 말로 표현하기가 거의 불가능한 것일지라도 시에서는 모든 것이 잘 표현될 수 있어야 한다"라고 주장하였다. 이 또한 인문학적 통찰을 통한 우주만물을 표현한 것이 아닌가 싶다.

우주의 역사는 시간적으로는 빅뱅 태초의 플랑크(Planck) 시간에 해당되는 10^{-43}초부터 대폭발 이후 계속 팽창하며 오늘에 이른 138억 년 동안 진화해온 과정을 다루고 있다. 여기서 플랑크 시간이란 하이젠베르크(Berner Heisenberg)의 불확정성 원리(Uncertainty Principle)에 따라 물리학이 정의할 수 있는 최소의 시간 단위이다. 아울러 코스모스(Cosmos)라 불리는 우주란 단순히 온 누리라는 뜻만이 아니라 질서 있고 조화로운 계로서의 우주를 지칭하는 표현이다.

그러면 우주 대폭발 이후 태초의 우주는 과연 어떠한 물질들로 이루어져 있었을까? 이에 대한 대답은 시간을 과거를 향해 거꾸로 돌려 현재 우주에 존재하는 물질들을 계속하여 수축해나가면 밀도는 매우 커지게 되고 온도는 무려 10^{27}K나 되는 매우 높은 에너지 상태에 이르게 된다. 대폭발 후 10^{-36}~10^{-12}초경에는 대통일적 힘으로부터 전자기약력이 분리되고 이후 격렬한 급팽창 결과 상전이(phase transition)를 통해 강력이 분리되어 쿼크 등이 만들어졌다. 이 상태에서 자유입자로 운동하던 쿼크들이 다시 결합하여 양성자 등의 강입자가 생겨나게 된다. 이 시기가 시간적으로는 대폭발 후 약 1μs경이다. 그 후 입자와 반입자가 출현하고 다시 우주 창생 3분쯤에 우주의 온도가 100억 도 정도로 낮아졌을 무렵 핵의 합성이 일어나며 헬륨 등 다양한 핵종들이 만들어졌다.

빅뱅 후 38만 년쯤에는 우주가 팽창되며 밀도도 낮아지고 온도도 낮아지게 되어 핵과 전자와의 재결합으로 인해 입자들과의 충돌로 산란되던 빛이 비교적 자유롭게 진행하며 분리되었다. 이때 만들어진 빛의 흔적이 바로 우주배경복사(Cosmic Microwave Background)로 남아 오늘에 이르게 된 것이다. 최초의 은하계가 형성된 것은 빅뱅 후 대략 5억 년 무렵이고, 우리 태양계는 빅뱅 후 80억 년경에 형성되었다.

자연에 존재하는 기본 상호작용으로는 질량을 갖고 있는 입자들 사이의 중력 상호작용, 전하를 띠고 있는 입자들 사이의 전자기 상호작용, 원자핵을 구성하고 있는 핵자들 사이의 강한 상호작용 그리고 방사성 핵이 붕괴하며 나타내는 약한 상호작용이 있다. 태초에는 이 네 개의 기본 상호작용을 일으키는 힘들이 모두 함께 하나의 통일된 힘으로 나타났다고 여겨 대통일장 이론으로 설명하고 있다. 중력 상호작용의 경우 아인슈타인의 일반상대성이론에 따르면 가속도운동하는 계에서 물리 법칙의 불변성을 말하고 있다. 특히 질량이 매우 큰 경우 공간과 시간이 평면적이지 않고 휘어지는 변형이 일어날 수 있다는 주장이다. 질량이 없는 빛조차도 중력렌즈 효과에 의해 휘어지게 된다는 이론이다.

우주를 구성하는 기본입자는 여섯 개의 쿼크(quarks)와 전자를 비롯한 여섯 개의 경입자(leptons)들이 있고 이 입자들 사이의 힘을 매개하는 네 개의 보존들(bosons)이 있다. 또한 표준 모형에서 예측하는 기본 입자들에 질량을 부여하는 것으로 알려진 힉스입자(Higgs particle)가 있다. 힉스 메커니즘 이론에 따르면, 우주 대폭발 직후에 대칭성이 깨지면서 우주의 진공 공간에 힉스장이 나타났으며 이로 인해 기본 입자들이 힉스장과 강한 상호작용을 할 때엔 무거운 질량을 지니게 되며 약한 상호작용을 할 때엔 가벼운 질량을 지니게 된다고 여기고 있다.

2013년 노벨물리학상 수상자는 49년 전 모든 입자들에 질량을 부여하는 것으로 알려진 힉스입자의 존재를 예견했던 피터 힉스(Peter W. Higgs) 영국 에든버러대 명예교수와 힉스입자 발견의 기초가 되는 힉스 메커니즘을 제안했던 프랑수아 앙글레르(François Englert) 벨기에 브뤼셀자유대학 명예교수에게 수여됐다. 힉스와 앙글레르는 1964년에 각각 우주를 구성하는 기본 입자들이 질량을 갖는 원리를 처음으로 제안했다. 이 이론에 따른 힉스입자는 그간 발견이 매우 힘들어 '신의 입자(God Particle)' 또는 '신이 감춰둔 입자(Hidden Particle)' 등으로 불렸다. 그러나 스위스 제네바에 위치한 유럽연합 고에너지물리연구소(CERN)의 거대강입자충돌형가속기(LHC)를 이용하여 수행한 8TeV 양성자-양성자 충돌 실험을 통해 2012년 질량이 125.5GeV인 힉스입자의 존재를 실험적으로 검출하였다. 그 결과 이론적 가설이 실험적 검출로 확증되어 노벨물리학상을 공동수상하게 되는 영예를 누리게 되었다. 또한 필자도 국제공동연구를 통해 참여한 LHC실험에서는 우주 태초의 물질 상태인 쿼크-글루온 플라즈마(Quark-Gluon-Plasma) 상태를 재현하기 위해 중이온(heavy ions)인 납핵(Pb)-납핵(Pb) 충돌실험을 통해 우주의 기원을 연구하고 있다.

3. 과학자와 예술가가 추구하는 길

프랑스의 후기 인상파 화가인 폴 고갱(Paul Gauguin)은 〈우리는 어디서 왔는가, 우리는 무엇인가, 우리는 어디로 가는가(D'où venons-nous/Que sommes-nous/Où allons-nous?)〉라는 작품을 1897년 말부터 1898년 초에 걸쳐 남태평양에 위치한 프랑스령 폴리네시아의 타히티 섬에서 그렸다. 그는 크기가 139.1×374.6㎝^{2}인 대작을 꼬박 한 달 동안 밤낮으로 그리며 작품을 만들었다. 이 그림은 원래 미국 보스턴 미술관에 소장되어 있다. 그러나 마침 2013년 6월 중순부터 9월 말까지 우리나라 서울시립미술관에서 빌려와 '낙원을 그린 화가 고갱'이라는 제목의 전시회를 가졌을 때 대표작으로 전시되어 많은 시민들의 관심과 감동을 불러일으킨 바 있다. 캔버스에 유화로 그린 그림을 통해 작가는 인간의 탄생에서부터 삶과 죽음에 이

Paul Gauguin, <우리는 어디서 왔는가, 우리는 무엇인가, 우리는 어디로 가는가>, 캔버스에 유채, 139.1×374.6㎝, 1897~1898, 보스턴 미술관.

르기까지 전 생애에 걸친 인간의 운명을 철학적, 예술적 함축성으로 풀이했고 그리하여 이 그림은 고갱의 최고 걸작이자 기념비적 작품이 되었다.

이처럼 창의적인 상상력을 바탕으로 물리학을 연구하는 과학자나 캔버스에 그림을 그려 자신의 생각이나 사상을 독창적인 상상력을 발휘해 표현하고자 하는 화가의 주제가 어쩌면 이렇게 똑같이 닮았는지 놀라울 뿐이다. 즉 우주의 발생 기원과 그것이 무엇으로 이루어졌는가? 그리고 우주의 운명은 과연 어디로 갈 것인가? 뿐만 아니라 인문학을 대표하는 형이상학적인 철학 연구에서도 우주를 구성하고 있는 인간의 존재에 대해서 똑같은 유추 해석으로 인간이 어디서 태어나 어디로 가는지, 그리고 인간 자체는 무엇인지를 스스로 묻고 있다.

한편 기독교에서 말하는 〈창세기〉의 '천지창조'는 아담에게 생명을 불어넣어주는 하느님을 그린 미켈란젤로의 바티칸 시스틴 성당의 천장 벽화에 나타나 있다. 아울러 어둠과 빛을 가르는 빛의 존재에 대해서 〈창세기〉에 기술하고 있다. 그러나 우주 태초인 빅뱅 이후 빛이 있었으니 이를 우주론적 창세기라 할 수 있겠다.

영국의 18세기 신고전주의 시대 시인 알렉산더 포프(Alexander Pope)는 웨스트민스터 사원에 안장되어 있는 뉴턴의 과학적 업적을 칭송하는 묘비명에 성경의 〈창세기〉에 나오는 다음 구절 "신이 말씀하시길, 빛이 있으라 하심에 빛이 있었나니(God said, Let there be light. There was light.)"를 빗대어 이렇게 썼다.

Nature and Nature's Laws
lay hid in night;
And God said, "Let Newton be"
And all was light.
자연과 자연의 법칙은
어둠 속에 숨겨져 있었네.
신이 말씀하시길 "뉴턴이 있으라" 하시매
그러자 모든 것이 광명이었으니.

"사월은 잔인한 달"로 시작되는 〈황무지〉로 우리에게 잘 알려진 미국 태생 영국 시인 T. S. 엘리엇(T. S. Eliot)의 또 다른 작품 중 〈네 개의 사중주〉 또한 봄, 여름, 가을, 겨울 사계절과 공기, 흙, 물, 불의 네 원소를 주제로 한 그의 대표적인 장편 시 가운데 하나이다. 그중 맨 마지막 장인 "리틀 기딩(Little Gidding)"의 마지막 소절 맨 끝 부분은 다음과 같은 내용이다.

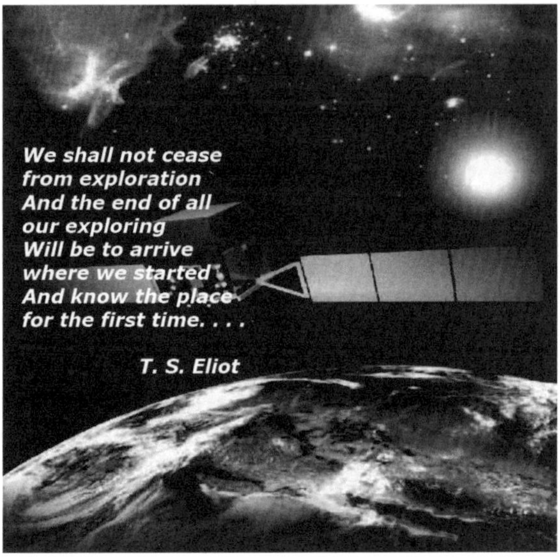

우리는 탐험을 멈추지 않으리라

그리고 모든 우리의 탐험 끝에는

우리가 출발했던 곳에 다다르게 되어

최초의 장소를 알게 될 것이다.

T. S. 엘리엇

이 구절은 지금으로부터 대략 138억 년 전쯤으로 알려진 우주 탄생 초기의 순간 대폭발이 일어났던 시절인 빅뱅을 연구하는 필자에게는 언제나 특별한 느낌으로 다가오곤 한다. 이는 의심할 바 없이 현대 과학자들이 가장 큰 의문으로 여기는 질문이 바로 우리의 존재와 그리고 우주를 구성하는 모든 물질들이 과연 어디서 출발했는지를 풀고자 하는 욕망 때문이다.

프랑스의 유명한 수학자이자 물리학자인 앙리 푸앵카레(Henri Poincaré)

는 수학과 문학의 차이점을 이렇게 기술하고 있다. "수학은 각기 다른 사물에 대해 같은 이름을 부여할 수 있는 예술이다(Mathematics is the art of giving the same name to different things)." 이는 서로 다른 사물의 성질에 대해 수학은 하나의 공리나 추론으로 설명이 가능하다는 말이다. 비슷한 유추로 "시란 하나의 사물에 대해 다양한 이름을 부여할 수 있는 예술이다(Poetry is the art of giving different names to the same things)." 즉 과학과 시 문학의 차이를 극명하게 비교, 설명해주는 말이다. 과학은 우주를 이루고 있는 다양한 사물의 성질을 하나의 통일된 이론으로 통합하여 설명하려는 노력을 펼치고 있다. 반면에 시 문학은 하나의 사물을 여러 관점에서 다양한 관찰과 숙고를 통해 표현하려는 시도를 하곤 한다는 점이다. 숙고하지 않는 삶은 아무런 가치가 없다는 소크라테스의 명언을 되뇌어보며 관측되지 않은 물리량은 물리적으로 아무런 의미가 없다는 말을 다시 떠올린다.

4. 시인과 과학자

시인과 과학자 사이는 얼핏 생각하기에 사뭇 다른 점이 많을 것 같아 보이나 사실은 여러 점에서 닮은 데가 많다. 이는 그들이 대상으로 하는 소재와 방법을 살펴보면 쉽게 알 수 있다. 즉 시인과 과학자 모두 시공간에서 일어나는 자연을 대상으로 시를 쓰고 그 현상들을 논한다는 점이다.

자연과학에서는 관찰하는 대상이나 현상을 분석하여 그중 가장 중요한 요소를 찾아내고 나머지는 거의 무시해버리곤 한다. 이렇게 하여 군더더기 없는 오직 이상적인 핵심 요소만을 부각시켜 보편타당성 있는 자연현상의 본질을 이해하고자 하는 것이다. 마찬가지로 시인의 경우 대상으로 하는 소재를 놓고 극도로 절제되고 함축된 어휘를 구사하여 시적(詩的) 작업을 한다. 그래서 오죽하면 프랑스의 시인이자 사상가인 폴 발레리는 시의 첫줄은 신이 준다는 말을 남겼을까!

〈누가 바람을 보았는가?(Who Has Seen the Wind?)〉라는 이 시는 영국의 여류 서정시인 크리스티나 로제티(Christina Rossetti)가 19세기에 쓴 작품이다.

Who Has Seen the Wind?

Who has seen the wind?
Neither I nor you;
But when the leaves hang trembling,
The wind is passing through.
Who has seen the wind?
Neither you nor I;
But when the trees bow down their heads,
The wind is passing by.

아무도 바람 자체를 직접 눈으로 볼 수는 없다. 그러나 바람의 존재는 나뭇잎이나 나뭇가지들이 흔들리는 것을 보고 알 수 있다. 따라서 비록 바람 자체를 눈으로 직접 볼 수 없다 할지라도 그의 존재를 부정하는 사람은 아무도 없다. 이처럼 과학적인 다른 현상들도 대부분 직접 눈으로 확인하거나 만져볼 수 없을지라도 가정과 실험을 통해서 그의 존재 여부를 간접적인 방법으로 증명해 보일 수 있다. 즉 사물의 존재를 인식하는 과학적 방법은 이론적 개념의 제시와 더불어 실험적 관측을 통해 이루어지고 있다. 따라서 이와 같은 개념들은 추상적이면서도 구체적인 양면성을 지니고 있다.

이 시를 단순히 과학적인 방법으로 살펴본다면 우선 바람은 왜 부는가라는 질문을 할 수 있다. 그것은 단순히 공기의 흐름으로서 대기 중의 공기 분자들 간의 압력 차이로부터 나타나는 물리적 현상이다. 그러면 그 공기 분자의 구성 성분들은 어떠한지? 이는 단순히 우리가 호흡할 때 필요한 산소분자뿐만 아니라 질소나 아르곤과 같은 기체 분자 등을 비롯해서 수소, 헬륨 등 다양한 혼합 기체로 이루어져 있다. 대부분 사람들이 알고 있기에는 공기 중엔 우리가 호흡하는 산소 분자가 가장 많이 포함되어 있는 줄로 생각하지만 사실은 질소와 아르곤 기체 성분들이 훨씬 더 많이 포함되어 있다. 이처럼 시를 통해 자연현상과 관련된 문제들을 시인들은 어떻게 표현했는지 알아보는 일은 매우 흥미롭다. 아울러 이를 바탕으로 학생들에게 자연과학과 관련된 문제들을 쉽게 풀이해 설명한다면 그 또한 교육적 효과가 매우 크리라 생각된다.

시인이나 과학자 모두에게는 언제나 상상력이 수반되는 창의적인 노력이 요청된다. 그 예로 사과나무에서 사과가 떨어지는 현상을 이 세상 모든 사람들이 똑같이 보고도 아무도 이에 관한 중요한 의미를 알아차리지 못한 채 오직 뉴턴 경(Sir Issac Newton)만이 그 현상을 이해하고 만유인력 법칙을 고안해낸 것이다. 비슷한 맥락으로 누구나 항상 자연의 품에 둘러싸여 함께 지내고 있건만 어찌 시인의 눈에만 유독 똑같은 현상일지라도 서로 다르게 보이고 그것을 표현함이 멋질 수 있을까. 결국 새로운 발견이란 다른 모든 사람들이 본 것을 보되, 아무도 생각하지 못한 것을 생각해내는 것이다.

과학자들은 망원경을 통해서 외계에 있는 아주 먼 별들을 보거나 혹은 입자가속기를 통해 우주를 구성하는 물질의 아주 작은 구성 성분들을 충돌시켜봄으로써 전 우주를 지배하는 모든 물리법칙들이 언제 어디서나 항상 불변이라는 사실을 알 수 있게 되었다. 이처럼 아름답고 조화로운 자연계를 설명하는 물리법칙들을 논리 정연하게 증명한 사람이 바로 독일의 천재 여류 수학자인 에미 뇌터(Emmy Noether)이다. 그에 따르면 물리계에 어떤 작용을 해서 물리계를 변환시키더라도 그 결과 물리계에 아무런 변화가 없다면, 이 물리계는 작용시킨 변환에 대해 대칭성이 있다고 말한다. 이와 같이 물리계가 어떤 변환에 대해 대칭성을 갖는가를 살펴보는 일은 자연계를 이해하는 중요한 요소가 된다. 또한 어느 물리계가 변환에 대해 대칭적이면 언제나 이에 수반되는 물리적 보존량을 얻게 된다. 이렇게 함으로써 주어진 대상 즉 자연현상을 더 잘 이해할 수 있게 된다는 것이다.

기하학적으로도 좌우 대칭이나 혹은 어느 축 방향으로의 회전 대칭성이 있으면 조화를 이루어 아름답게 보인다. 이러한 경험은 미술이나 건축 또는 음악을 통해서도 알 수 있으며 시를 통한 문학작품에서도 느낄 수 있다. 레오나르도 다 빈치(Leonardo da Vinci)의 그 유명한 인체를 그린 모습이나 미술 작품에서도 쉽게 찾아볼 수 있다. 봄, 여름, 가을, 겨울을 노래한 비발디(Antonio Vivaldi)의 〈사계〉는 계절의 주기적인 순환 과정을 환상적인 교향곡으로 표현한 것이다. 대칭성과 더불어 주기적인 현상은 우주의 질서와 조화로움을 나타내는 것이며 이런 것들이 바로 삼라만상의 이치를 이해하는 물리학의 맛과 멋 그리고 향기를 느끼게 하는 것이다. 그뿐만 아니라 이와 같은 아름다움의 추구는 인문학에서 지향하는 궁극적인 목표이기도 하다.

암울했던 일제 식민통치 시대에 〈동방의 등불〉이란 시로 우리 민족에게 커다란 희망의 노래를 전해준 아시아 최초의 노벨문학상 수상자인 인도의 시성 타고르(Rabindranath Tagore)는 물리학의 거성인 아인슈타인(Albert Einstein) 박사와 절친한 교류를 가진 바 있다. 우연하게도 두 사람 모두 빛(light)에 관한 시와 연구가 대표적인 작품과 업적으로 전해지고 있다. 아인슈타인은 20세기 초에 특수상대성이론의 두 가정을 통해 자연법칙을 설명하고 있다. 첫째, 관성기준틀에서 표현되는 모든 물리법칙들은 동일한 형태로 표현되어야 한다. 둘째는 광속도 불변의 법칙으로서 빛의 속력은 관측자나 광원의 상대속도와 관계없이 모든 관성기준틀에서 동일한 값을

아인슈타인과 타고르

갖는다는 것이다. 또한 그때까지 일반적으로 알려진 빛의 파동성뿐만 아니라 새로운 개념인 빛의 입자성에 대해서도 광전효과를 통해 명쾌하게 설명함으로써 그는 노벨물리학상을 수상하게 되었다.

타고르는 〈빛〉이라는 시를 통해 이렇게 노래하고 있다.

Light

Light, my light, the world-filling light,
the eye-kissing light,
heart-sweetening light!

Ah, the light dances, my darling, at the center of my life;
the light strikes, my darling, the chords of my love;
the sky opens, the wind runs wild, laughter passes over the earth.

The butterflies spread their sails on the sea of light.
Lilies and jasmines surge up on the crest of the waves of light.

The light is shattered into gold on every cloud, my darling,
and it scatters gems in profusion.

Mirth spreads from leaf to leaf, my darling,
and gladness without measure.
The heaven's river has drowned its banks
and the flood of joy is abroad.

그런데 타고르의 시 〈빛〉을 읽노라면 놀랍게도 빛의 이중성인 파동성과 입자성을 나타내는 시의 구절들이 오묘하게 표현되어 있다. 특히 "빛이 황금가루로 부서져 온갖 구름 위에 부서지는 오 내 사랑이여, 그리고 아낌없이 풍부한 보석으로 흩날리네"라고 노래하는 네 번째 연은 빛의 파동성만이 널리 알려져 있던 당시로선 대단한 통찰력이라 아니할 수 없다.

물론 시성인 타고르는 순수한 시적 상상력만을 발휘하여 이 시를 창작하였을 테고, 반면에 아인슈타인은 자연을 바라보는 과학자로서의 명석한 논리적 사고만을 통해서 이처럼 위대한 업적을 이루었으리라. 그럼에도 불구하고 우연치고는 두 사람의 생각이 얼마나 서로 일치하고 있는지! 그저 놀라울 뿐이다. 따라서 오늘날 세상 사람들은 이 두 위대한 거성을 이렇게 부르고 있다. 타고르는 위대한 사상가의 머리를 가진 시인, 그리고 아인슈타인은 위대한 시인의 상상력을 지닌 사상가라고. 창의성을 기르기 위해서는 항상 호기심을 가지고 겉으로 보이는 외양과 기존의 인식을 넘어서는 발상의 전환을 통해 상투적인 틀을 깨는 것이다. 이는 또한 서로 전공이 전혀 다른 비전문가와의 소통과 융합을 통해서도 이루어질 수 있다.

여느 사람들이 바라보는 빛은 보통 여러 색깔의 빛이 합해져 하얀색으로 보이게 마련이다. 과학도들이 이 빛을 프리즘을 통해 보면 빛이 파장에 따라 굴절률이 달리 일곱 가지 무지개 색을 띠게 된다. 그러나 시인의 눈에 비치는 빛은 마음의 프리즘을 통해 오색영롱한 형형색색의 빛깔로 바꾸어 놓는다. 동양의 현인 공자(孔子)도 모든 사물들은 아름다움을 지니고 있으나 그렇다고 해서 누구나 모두가 아름다움을 볼 수 있는 것은 아니라고 갈파하였다. 진정한 발견의 여정은 단순히 새로운 경치를 찾는 데 있지 않고 새로운 안목을 갖추는 데 있다는 말이다.

즉 자연의 아름다움을 볼 수 있는 혜안을 가진 시인이나 과학자 그리고 사상가만이 이를 보고 즐길 수 있다는 말이리라. 더욱이 21세기 초 문명시대에 들어와서는 유독 학문간 통섭이나 혹은 소통에 관한 이야기가 자주 대두되곤 한다. 이는 정녕 앞으로의 시대에는 시를 쓰는 감수성이 예민한 과학자, 그리고 넓은 사고의 폭을 가지고 스스럼없이 자연과학을 자유롭게 논할 수 있는 시인들의 작품 활동이 서로 상승작용을 하여 더욱더 새롭고 풍요로운 문화를 창조해나가리라 생각된다. 지난 천 년 동안 과학사에 가장 위대한 업적을 이룬 과학자로 선정된 뉴턴은 임종을 얼마 앞두고 자신의 일생을 되돌아보며 이렇게 말하였다. "세상 사람들에게 내가 어떻게 비쳐졌는지 모르지만 나는 단지 바닷가에서 보다 매끈한 조약돌이나 보다 예쁜 조개껍질을 찾아 놀고 있는 소년처럼 생각했지요. 내 앞에는 아직도 발견되지 않은 드넓은 진리의 대양이 펼쳐져 있답니다." 그는 고전물리학의 아버지라고 불릴 만한 위대한 업적을 남겼음에도 불구하고 자신이 발견한 업적은 아주 미미하고 아직도 자연에서 찾아야 할 주요한 발견들이 많이 남아 있다고 여겼다.

생전에 서로 학문적 견해가 달라 평생을 경쟁자로 지낸 로버트 후크(Robert Hooke)에게 뉴턴은 다음과 같이 편지를 썼다. "내가 더 멀리 볼 수 있었던 것은 오직 위대한 거인들의 어깨 위에 있었기 때문이다." 천동설이 지배적이던 시절에 처음으로 지동설을 주장한 코페르니쿠스, 행성들의 운동을 논리적으로 정리한 케플러와 망원경의 발명과 함께 실험과 이론을 통해 천체운동을 기술하며 지동설을 주장한 갈릴레오 등의 위대한 선배

과학자들의 앞선 업적을 기리며 한 말이다.

과학에는 민주주의가 없다는 말이 있다. 즉 과학은 다수결의 원칙이 통하지 않는다는 말이다. 단 한 사람을 제외한 모든 사람들이 굳게 믿어왔던 자연현상들이 완전히 틀린 생각일 수도 있다. 비슷한 맥락으로 예술 활동의 경우에도 그렇게 말할 수 있을 것 같다. 20세기에 가장 위대한 과학자로 추앙받고 있는 아인슈타인 역시 일찍이 이런 말을 한 바 있다. 이론물리학자란 자신을 제외하고 아무도 믿지 않는 일을 해보는 사람이고, 실험물리학자란 자신을 제외하고 모든 사람들이 믿고 있는 일을 다시 시도해보는 사람이라고.

5. 보이는 것과 보이지 않는 것(미지의 탐구)

지금까지 알려진 우주를 구성하는 물질 중 우리가 직접 관측할 수 있는 부분인 별과 은하 등은 우주 전체의 5%에 불과하고 나머지 95%는 그 실체를 제대로 파악하지 못하고 있다.

따라서 현대물리학의 궁극적인 목표는 보이지 않는 물체와 보이지 않는 에너지 즉 암흑물질(27%)과 암흑에너지(68%)의 실체를 밝히는 일이다. 즉 그것들에 물질을 구성하는 본질을 부여하고, 그로 인해 그것들이 우주의 미래에 어떠한 작용을 할지를 탐구하는 일이다.

그렇다면 과연 암흑물질이란 무엇일까. 이는 우주에서 작용하는 미지의 물질을 일컫는 것으로 암흑물질은 은하를 묶는 중력을 낳고, 암흑에너지는 중력에 거슬러 우주를 팽창시키는 역할을 하는 것으로 여기고 있다. 즉 초대칭이론을 통해 우주의 유력한 암흑물질 후보로 대두되는 것은 소립자

윔프(WIMP, Weakly Interacting Massive Particles)라고 생각하고 있다. '윔프'란 단어는 '약하게 상호작용하는 무거운 입자'의 머리글자를 따서 만들었다. 윔프는 우주가 생성된 직후 생긴 것으로 추측되고 있으며 다른 입자와 상호작용을 통해 반응하거나 스스로 붕괴하는 일이 없어 검출이 매우 어렵다. 암흑물질의 존재를 밝히는 것은 우주의 밀도를 알아낼 수 있을 뿐 아니라 현재의 우주가 계속 팽창할 것인지, 다시 수축할 것인지 등 우주의 미래를 알 수 있게 하므로 매우 중요한 과제라고 할 수 있다. 유럽우주기구(ESA)는 암흑물질·에너지를 파헤칠 유클리드(Euclid) 우주망원경을 2019년까지 발사할 예정이다. 한편 이에 맞서 미국항공우주국(NASA)도 WFirst라는 암흑 에너지 연구용 근적외선 망원경을 서둘러 우주로 발사할 계획을 세우고 있다.

프랑스의 작가이자 비행기 조종사인 생텍쥐페리(Antoine de Saint-Exupéry)는 어른들을 위한 동화라고 일컫는 《어린왕자(Le Petit Prince)》에서 "가장 본질적인 것은 눈에 보이지 않고 오직 마음을 통해서만 볼 수 있다(On ne voit bien qu'avec le coeur, l'essentiel est invisible pour les yeux)"고 말하지 않았던가.

노자(老子)의 《도덕경(道德經)》 제14장을 보면 아래와 같은 문장이 실려 있다.

> 視之不見 名曰夷 聽之不聞 名曰希, 搏之不得 名曰微
>
> 此三者 不可致詰 故混而爲一
>
> 보아도 보이지 않는 것을 일컬어 이(夷)라 한다. (invisible)
>
> 들어도 들리지 않는 것을 일컬어 희(希)라 한다. (inaudible)

잡아도 잡히지 않는 것을 일컬어 미(微)라 한다. (intangible)

이 셋은 어떻게 할 수가 없다. 그러므로 섞이어 하나를 이룬다.

한편 성경의 〈도마복음〉에 의하면 예수님께서,

너희가 어떠한 눈으로도 보지 못하는 것,

어떠한 귀로도 듣지 못하는 것,

어떠한 손으로도 만질 수 없는 것,

그리고 인간의 마음속에 떠오르지 않는 것을 주겠다고 말씀하셨다.

Jesus said, "shall give you what no eye has seen,

what no ear has heard, what no hand has touched.

what has not arisen in the human mind."

이처럼 우주만물에는 아직도 볼 수도 들을 수도 만질 수도 없는 물질과 에너지가 충만해 있다. 즉 알려진 것은 유한하고 미지의 것은 무한한데 이를 명확히 규명해내는 일이 바로 모든 분야의 학자들이 할 몫이다. 보이지 않는 것을 보려면 우주에 숨겨진 대칭성을 찾아내는 일이다. 어쩌면 우리 인간은 미지의 것에 대한 인식을 보다 넓히기 위해 신의 영역에 더욱더 가까이 가려는 노력을 쉼 없이 계속하나 보다.

인간의 독창적인 창의성과 상상력이 없다면 결코 오늘날과 같은 과학과 예술 분야의 발전이 이처럼 찬란하게 꽃 피울 수는 없었을 것이다. 20세기에 가장 위대한 과학자와 예술가로서 한 세대를 풍미한 《아인슈타인과 피카소》를 쓴 아서 밀러(Arthur Miller)는 창의성이란 통합적 사고와 상상력에서 나온다고 말하고 있다. 그리고 이들 과학과 예술 분야의 융합을 통해 탄생된 기술발달은 마침내 우리의 물질문명과 문화를 크게 발전시켜 인간의 삶을 보다 풍요롭고 안락하게 해줄 것이다.

프랑스의 저명한 수학자이자 물리학자인 앙리 푸앵카레는 자연을 탐구하는 과학자의 자세를 이렇게 표현하였다. 과학자가 자연을 연구하는 일은 그 자체가 유용하기 때문이 아니라 그 안에서 희열을 느끼기 때문이다. 즉 그 자체가 아름답기 때문이다. 만약에 자연이 아름답지 않다면 알려고 할 가치가 없을 것이다. 그리고 자연이 알 가치가 없다면 인생 또한 살 만한 가치가 없을 것이라고 말하였다. 이는 과학자들뿐만 아니라 자연을 대상으로 작품 활동을 하는 시인이나 화가 또는 음악가와 같은 예술가들의 경우에도 마찬가지일 것이다. 이처럼 창의성을 바탕으로 한 예술가의 작품 활동이나 자연을 탐사하는 과학자의 연구 활동 모두가 바로 과학과 예술의 맛과 멋 그리고 향기가 아니겠는가!

신경교육학의 출현[•]

| 신경과학이 교육에 대해 말하는 것들 |

김성일(교육학과)

1. 머리말

자신이 속한 사회의 교육 제도와 교육 환경 개선에 대한 열망과 의지가 갈수록 높아지는 것은 세계적으로 공통된 현상이다. 학교에서 학습한 내용이 새로운 분야에 전이되지 못하거나 창의적 문제 해결에 제대로 적용되지 못할 뿐만 아니라 학습자가 지니는 적성을 제대로 계발하지 못하여 학습에 대한 흥미와 동기가 현저히 떨어지고, 사회 구성원으로서 갖추어야 할 기본적인 노력성을 상실한 채 기능만을 기계적으로 익히는 현재의 교육 제도에는 근본적이고 혁신적인 변화가 요구된다.

그러나 이러한 교육의 제반 문제를 해결할 만한 효율적인 교육 정책이 제

• 이 글은 《인지과학》 17권 4호(2006), 《교육심리학》 25권 1호(2011), 《뇌로 통하다》 (21세기북스, 2013)에 실린 내용을 발췌하여 재구성한 것이다.

안되지 못하고 이를 뒷받침할 만한 합리적인 근거를 찾아내지 못하는 이유는 무엇일까? 그 주된 이유는 교육의 중심에 학습하는 인간이 있어야 함에도 불구하고 인간에 대한 근원적인 이해를 바탕으로 하지 않은 제도와 미봉책들이 난립해왔기 때문이다. 풍부하고 객관적인 자료의 수집과 분석을 통한 합리적인 추론 및 예측에 근거하지 않은 비과학적인 교육 패러다임의 비효율성은 이미 널리 알려져 있다. 이러한 교육 환경에서는 학습자의 잠재력을 개발하고 학습자가 건전한 사회 구성원으로 발달하는 데 도움을 주지 못하는 것은 물론 미래를 위한 다양한 인력을 양성하는 것 또한 어렵다.

이처럼 과거 20여 년간 전 세계를 지배한 교육 패러다임은 교육 제도의 거시적 효과에 중점을 두는 교육 정책 중심이었다. 그러나 최근 들어서는 학습자 개인의 학습 효과와 같은 미시적 효과에 초점을 맞추고 있으며, 공동체 학습이나 서비스 기반 학습 등의 접근을 통해 개인의 학습 과정이 사회적 네트워크와 연계됨으로써 학습과 교육의 인지생태적 가치를 높이려는 방향으로 변화되고 있다. 이러한 변화 추세와 함께 최근에 등장한 신경과학적 연구는 주로 미시적 수준에서 이루어지고 있지만, 학습자의 변화와 적응에 초점을 맞추어 이미 학습자의 발달 및 학습 과정에 대한 중요한 함의점을 제공하고 있다. 향후 교육 과정의 설계는 물론 학습 재료의 구성 및 교수법, 학습에서의 개인차와 평가 방식의 개발 등을 포함하는 학습 환경의 설계에 직·간접적인 영향을 줄 수 있을 것으로 기대된다.

과거에는 '뇌'나 '인지'에 대한 연구가 '교육'과는 독립적으로 이루어지면서 교육학 분야에서 필요한 연구 결과들을 발췌해 적용해나가는 방식으로 이루어져왔다. 또한 각 학문 간의 절대적 경계가 불분명해지면서 발생하기 시작한 학제적 연구 경향은 인지과학과 교육학 간의 새로운 학제적 협력을 유발시켰지만, 동시 협력을 통한 시너지 효과를 일으키고 있지 못하는 실정이다. 하지만 최근 뇌과학 연구의 비약적 발전과 뇌과학 연구와 인지과학 연구의 활발한 협력은 기존의 '학습과학'에 대한 새로운 가능성을 열어주고 있다. 그 가능성이 바로 '교육신경과학(educational neuroscience)' 혹은 '신경교육학(neuroeducation)'이라 일컬어지는 연구 분야이다. 신경교육학에서는 학습자 중심의 과학적 접근을 통해 실제 학습자의 뇌에서 발생하는 변화에 초점을 맞추어 각종 교수/학습 방법을 포함한 다양한 학습 환경을 최적화하는 것을 목적으로 한다.

2. 신경교육학 연구 동향

하나의 현상을 이해하는 데에는 다양한 수준의 분석과 설명이 존재할 수 있으며, 분석 단위에 따라 설명 수준이 달라진다. 동일 현상에 대한 다양한 설명 수준에서 수렴적 증거를 제공할수록 현상에 대한 이해가 더 정확해질 가능성이 높다(도경수·박창호·김성일, 2002). 교육과 관련된 현상을 이해하는 데에도 미세한 분자 수준에서부터 거시적인 사회문화 수준에 이르기까지 다양한 분석 단위와 설명 수준이 존재한다. 분석 단위의 미세한 정도에 따라 신경계 수준, 심리적 수준, 행동 수준 등으로 구분할 수 있다. 다양한 수준에서의 설명이 가능하다면 굳이 하나의 설명 체계에 국한하여 현상을 이해할 필요는 없다. 상이한 설명 수준이 만나는 접점을 통해 이전에는 설명이 어려웠던 현상을 새롭게 설명할 수 있기 때문이다. 신경과학의 급속한 발전으로 인해 다양한 심리적 현상에 대한 분석 수준에서의 근본적인 변화가 일어나고 있다. 인지신경과학을 비롯하여 정서신경과학, 사회신경과학, 발달신경과학 의사결정 신경과학(신경경제학) 분야의 연구 결과를 토대로 학습과 발달 과정에 관한 체계적인 연구를 통해 학습 현장 및 교육 정책의 혁신을 이루고자 신경교육학 분야가 탄생하였다. 신경교육학은 모든 학습은 뇌에서 이루어진다는 대전제 아래 인간의 사고 및 학습 과정에 대한 과학적이고 체계적인 접근 방법으로 뇌의 인지기능 및 구조에 대한 과학적 이해를 바탕으로 학습자의 뇌를 효율적으로 활용할 수 있는 적절한 교수-학습 환경을 디자인하고자 하는 실용적 목표를 둔 새로운 접근이다(Kim, 2012). 신경교육학은 인간의 뇌, 마음, 컴퓨터를 연결하는 학제적이고 과학적인 연구 결과를 토대로 좀 더 효율적인 학습 환경을 설계하여 개인에게 최적의 교육 환경을 제공하는 데 그 의의가 있다.

전통적인 학습 및 인지 이론들이 개념의 이해와 기억에 초점을 맞추던 것과는 달리, 신경교육학에서는 정서와 동기, 그리고 능동적인 의미 학습과 다양하고 풍부한 경험을 강조한다. 따라서 신경교육학에서는 개인 뇌의 고유한 기능의 극대화를 위해 개별화된 학습, 학습자의 흥미/동기 중심의 학습, 전이를 목적으로 하는 학습, 그리고 사회적 상호작용을 중시하는 커뮤니티 기반 학습에 초점을 맞춘다.

물론 현재 수준의 뇌 인지/사고 기능에 대한 인지신경과학적 연구 결과로는 실제 교육 장면에 직접적으로 적용할 수 있는 구체적인 학습 환경 디자인 원리를 도출해내기 어렵다. 그러나 뇌의 발달과 기능에 대한 연구 결과가 누적된다면, 뇌 발달에 기반한 교과 과정의 개발, 학습 재료 및 교육 방법의 개발, 그리고 학습과 관련된 개인차의 진단과 평가 도구의 개발, 기타 뇌에 적합한 학습 환경 디자인 등의 변화가 예상된다.

(1) 뇌 발달에 기반한 교육 과정 개발

다른 생명체와 마찬가지로 인간의 배아도 난자와 정자가 만나서 수정한 후 분열을 거듭하여 수많은 세포를 생성해낸다. 이 중에서 조만간 뇌로 발달하게 되는 신경세포도 생겨난다. 임신 후 약 1개월부터 뇌의 기본적인 구조가 갖추어지고 배아세포들은 곧바로 뇌신경세포로 발달한다. 임신 후반기부터는 신경세포가 분화하고 이동하기 시작하여 시냅스를 형성하므로 출생 이전의 태아 상태에서부터 뇌는 이미 발달하고 있는 셈이다. 이 시기 태아의 뇌는 기본적인 감각 정보를 처리할 수 있는 수준으로 발달한다. 소리를 감지할 수 있으며 익숙한 냄새와 맛에 대해서도 반응하기 시작한다.

유아는 태어날 때 대부분의 신경세포를 가지고 태어난다. 인간의 뇌는 대략 10^{12}개의 뉴런을 지니고 있으며 이들 뉴런은 각기 수많은 수상돌기를 가지고 있으므로 뉴런들 간의 연결을 이루고 있는 총 시냅스의 수는 약 10^{15}개에 이른다. 포유류 가운데 인간의 뇌가 체중 대비 비중이 가장 크다. 영유아기 동안 뇌는 급속도로 발달한다. 오래 전 경험주의 철학자 로크가 주장한 것과는 달리, 아기는 '빈 서판(백지상태, tabula rasa)'으로 태어나지 않는다. 발달심리학자들의 연구에 의하면, 아기들은 언어, 수 개념, 인과관계 및 물리적 현상에 대한 기초적인 이해 등 놀라운 능력을 가지고 세상을 마주한다. 이 위대한 선천적 능력은 출생 후 노출되는 환경의 질에 따라 다르게 발현되어 개인차로 발전한다.

추가니(Chugani, 1998)의 연구에 따르면, 신생아의 뇌에서 가장 활발한 영역은 1차 감각 운동 영역, 대상피질, 시상, 뇌간, 소뇌, 해마 등이다. 2~3개월이 지나면 두정엽, 측두엽, 1차 시각피질, 기저핵 등에서의 활동이 활발해지며, 6~12개월 시기에는 전두엽의 활동이 증가한다. 4세가 되면 대뇌피질이 성인 뇌의 두 배가량의 포도당을 사용하다가 사춘기가 되면 성인의 수준에 이르게 된다. 출생 직후 신생아는 새로운 경험을 통해 시냅스의 수가 급속하게 늘어나 3세가 되면 성인보다 2배나 많은 시냅스를 가지게 된다. 이렇게 과잉 생산된 시냅스 중 계속 사용되는 시냅스는 강화되는 반면, 일정 시간이 경과하면서 사용되지 않는 불필요한 시냅스는 솎아내기(pruning)를 하게 된다. 영유아 초기에 솎아내기를 하는 영역은 주로 청각과 시각이고 청소년기에는 전전두엽의 솎아내기가 활발하게 일어난다. 시냅스가 제거되면 전체적인 대뇌피질의 밀도도 낮아지게 되어 뇌는 더 효율적으로 환경에 대처할 수 있도록 발달한다. 그러나 시냅스 형성과 소멸 시기는 뇌의 영역에 따라 다르다. 뇌의 여러 영역이 동시다발적으로 발달하는 것이 아니라 생존에 우선적으로 필요한 부분부터 서서히 발달한다.

고그테이 등(Gogtay et al., 2004)은 아동들의 뇌를 8~10년 동안 추적하여 스캔한 결과, 4세에서 21세가 될 때까지 뇌의 회백질의 밀도와 부피가 영역에 따라 다르게 변한다는 사실을 밝혀냈다. 뇌의 구조적 발달은 감각 운동 영역에서 시작하여 점차 시각피질이 자리잡은 후두엽, 공간과 움직임 정보를 처리하는 두정엽, 언어와 기억을 담당하는 측두엽을 거쳐, 맨 마지막으로 사고와 판단의 고등 정신 기능을 담당하는 전두엽의 순으로 발달한다.

전두엽 중에서도 가장 앞쪽의 전전두엽의 발달은 청소년기에 절정을 이루고 이후 성인이 될 때까지 계속 발달한다. 아동기에는 전체적인 회백질의 부피가 증가하지만 사춘기 전후로 시냅스의 솎아내기 덕분에 회백질의 부피와 밀도가 감소한다. 요약하자면 뇌 발달은 대뇌피질의 밀도가 줄어드는 것을 의미하며 뇌의 뒷부분에서 앞부분으로 진행된다.

뇌 발달과 관련된 연구가 더 누적되어야 하겠지만 언제 어떠한 뇌 영역이 발달하는지에 대한 이해가 이루어지면 각 시기에 적합하도록 교과 과정을 개선할 필요가 있을 것이다. 추상적이고 논리적인 사고가 가능한 시기는 언제인지, 외국어 학습은 언제 시작하는 것이 효율적인지, 인성교육에 해당하는 타인에 대한 배려와 자기조절을 증진시키기 위한 학습의 적기는 언제인지 등에 대한 연구가 필수적이다.

(2) 뇌 기능 최적화를 위한 교수 - 학습 방법

인지신경과학 연구를 비롯한 뇌과학 연구가 과연 교육에 어떠한 도움을 줄 수 있을 것인가는 교육심리학자들 사이에서 한동안 논란이 되어왔다. 뇌과학 연구와 교육의 연계에 대해 회의적인 학자들의 주된 비판은 뇌과학 연구가 이미 알고 있는 것을 확인하는 단계에 머무르고 있다는 점과 뇌의 특정 영역과 기능과의 상관을 파악하는 수준이라는 점에 집중되어왔다. 그러나 최근 뇌 영상화 연구들을 살펴보면, 발달, 학습, 기억, 언어, 수학, 사고 과정에 대한 새로운 이해는 물론, 읽기 장애와 연산 장애를 비롯한 다양한 인지학습 장애, 발달 및 정서 장애 등의 원인 파악, 진단과 처방, 중재 프로그램의 효과에 관한 연구에 이르기까지 다양한 연구가 폭발적으로 진행되고 있다. 뿐만 아니라, 거울 뉴런의 발견과 마음이론(theory of mind)에 관한 활발한 연구는 타인의 의도를 파악하고 공유된 인지 과정에 대한 연구로 관찰학습, 협동학습 및 교수자-학습자 상호작용에 관한 많은 시사점을 제공하고 있다. 또한 지능, 창의성, 정서 및 인지적 조절 등에서의 개인차와 동기, 의사결정, 자기조절 등에 관한 연구도 많은 진전을 보이고 있어 학습 장면에의 적용가능성이 한층 높아지고 있는 추세이다.

1) 학습

모든 학습은 뇌에서 이루어진다. 주로 동물 연구를 통해 밝혀진 환경과 뇌신경세포의 발달 관계에 관한 연구는 풍요한 환경이 뇌신경세포들의 수상돌기 수, 모양의 변화, 및 혈관의 두께 변화 등을 가져와 대뇌피질을 더욱 두껍게 만든다는 사실을 밝혀냈다.

컴퓨터 게임이나 체스와 같은 복잡한 사고를 요구하는 과제를 하는 동안 전문가의 뇌와 초보자의 뇌를 비교하는 연구를 살펴보면, 전문가들은 초보자에 비해 일관되게 뇌의 활성화가 적은 것으로 나타났다. 체스 선수의 뇌 활성화를 살펴본 PET 연구 결과에 따르면 초보 체스 선수가 더 많은 혈당을 사용하여 좌반구를 단계적으로 사용한 반면, 전문 체스 선수는 더 적은 혈당을 사용하면서 우반구에서 총체적인 패턴을 보였다(Nichelli et al., 1994). 이러한 결과는 초보자의 경우 적절한 처리 영역을 찾지 못해 불필요한 영역을 활용하기 때문이거나 반복된 연습의 부족으로 자동화되지 못한 의식적인 처리를 반영하는 결과일 수도 있다. 우리는 뇌의 많은 부분을 활용하지 못하고 있다면서 아쉬워하지만, 역설적으로 뇌의 적은 부분을 활용한다는 것은 (그럼에도 불구하고 동일하거나 월등한 수행을 보이는 경우) 그만큼 능력이나 전문성이 뛰어난 것이라 해석할 수 있다. 전문가일수록 반복적인 훈련과 경험으로 인해 뇌신경세포의 수상돌기가 많아지고 길어지므로 시냅스 간격이 좁아지게 되고 이로 인해 신속하고 효율적인 반응을 하게 된다. 따라서 전문가는 제한된 뇌 영역을 사용하여 뇌의 나머지 부분을 더 효율적이고 생산적으로 사용한다고 볼 수 있다.

학습에 있어서 반복과 연습이 중요한 이유가 반복적인 경험이 뇌신경회로의 동기화를 유발하여 궁극적으로는 뇌를 효율적으로 사용하고자 하는 데 있다. 그렇다면 교과과정을 구성할 때 학습의 깊이가 범위보다 반드시 우선적으로 고려되어야 할 것이다. 정보의 과잉은 실제적인 연습과 경험을 제한하여 신경회로의 효율적 연결을 어렵게 하므로 새로운 내용을 학습할 때에는 다소 시간적인 여유를 가지는 것이 중요하다. 그러나 동일한 내용의 기계적인 반복이나 암기는 전이를 어렵게 하고 학습자의 흥미를 감소시키므로 유사한 학습 내용을 다양한 맥락에서 다양한 활동(실험, 프로젝트 수행, 토론, 매체의 활용, 현장학습, 협동학습)을 통해 경험하도록 하는 것이 중요하다.

2) 읽기

언어 산출과 이해에 관한 기초 연구는 상당한 진척을 이루고 있으나 언어 학습과 관련된 뇌과학 연구는 읽기 장애와 외국어 학습 분야에 집중되고 있다. 언어 처리와 관련된 수많은 뇌 영상 연구에서 비교적 일관되게 나타나는 결과는 언어 처리의 주 영역이 좌반구 중에서도 측두엽에 집중되어 있다는 사실이다. 언어 처리 중 문자와 철자 처리는 좌반구의 후두엽과 측두엽 및 두정엽과 관련이 있는 반면, 음운 처리는 측두-두정엽(temporo-parietal junction)과 관련이 깊은 것으로 밝혀졌다(Simos et al., 2002). 그러나 난독증(dyslexia)과 같은 읽기 장애를 보이는 아동과 청소년은 이러한 결손을 보완하기 위해 읽기 도중에 우반구를 많이 사용하며, 음운 과제 수행 시 후측두엽의 활성화가 줄어들고 전두엽의 활성화가 증가하는 것으로 나타났다(Brunswick et al., 1999). 발달적 난독증 아동들이 일정 기간 동안 음운 기술 훈련과 철자-소리 변환 훈련을 받은 후에는 우반구의 활성화가 현저하게 줄어들고 좌반구 측두엽과 두정엽 영역의 활성화가 정상화된 것으로 관찰되었다(Simos et al., 2002). 이러한 연구 결과는 발달적 난독증 아동의 읽기 능력 손상과 관련된 원인의 진단, 치료 방법, 치료 효과 검증 등에 매우 유용한 자료가 되고 있음을 보여준다(Goswami, 2006). 실제로 발달적 난독증의 원인은 개인차가 심하므로 이들의 근본적 문제를 진단하고 이를 조기에 발견하여 문제의 원인에 따라 개인에게 적합한 치료와 훈련 프로그램을 제공하는 것이 중요하다.

또한 외국어 습득에 관한 연구 결과에 따르면, 아동기에 제2외국어를 습득한 사람은 모국어와 외국어 처리 동안의 브로카(Broca) 영역 내에서 활성화되는 부분이 동일한 것으로 나타난 반면, 성인기에 외국어를 습득한 사람은 모국어와 외국어의 처리 영역이 구분되어 있다는 사실을 발견하였다(Kim et al., 1997). 이러한 결과는 외국어 교육이 여러 가지 중요한 의미를 지니는 국내의 현실과 관련하여 많은 시사점을 제공할 수 있을 것이라 여겨진다. 예를 들어, 외국어 학습에서 필요한 각 기술(발음, 문법, 읽기, 말하기, 쓰기 등)을 습득하는 적절한 시기에 관한 시사점을 제공할 수도 있으며, 언어 학습 분야에서 논란이 되고 있는 음운(phonics) 교육과 총체적 언어(whole language) 교육 방법의 효과성을 비교 검증하는 데에도 많은 도움을 줄 수 있으리라 기대된다(자세한 논의는 Shaywitz & Shaywitz, 2004 참조).

3) 수학

수학적 개념과 관련된 인지신경과학적 연구는 디한과 그의 동료들의 연구가 대표적이다(Dehaene et al., 1999). 디한 등(1999)은 수학적 연산과 관련된 세 개의 하위 체계를 구분하여 제안하였다. 수의 크기를 판단하는 데 사용되는 양적 체계는 두정간구(intraparietal sulcus)에서, 수의 언어적 명칭이나 수와 관련된 사실을 저장하기 위해 사용하는 언어 관련 체계는 실비우스(perisylvian) 영역에서, 그리고 시공간적 정보는 방추회(fusiform gyrus) 영역에서 각각 담당한다. 그러나 이러한 주장에 상반되는 연구 결과도 제기되고 있어 아직 확실한 결론에 도달하기에는 이르지만 수학 역시 나름대로의 문법과 의미를 지니고 있다고 가정하면 시간 경과에 따른 연구 방법을 적용해볼 수도 있을 것이다.

디한은 우리의 뇌가 수의 크기를 판단할 때는 심적 수직선 표상을 사용하여 비교하고 이러한 표상은 수 언어 표상(이십삼)이나 숫자 표상(23) 모두 공통적으로 관여한다고 주장하였다. 뇌 영상화 연구 결과는 수의 크기를 비교하는 과제에서는 수의 표현 양식에는 관계없이 양 반구의 두정엽과 후두엽이 활성화되는 것을 관찰하였다(Pinel et al., 2001). 수 비교와는 별개로 두정엽은 근삿값 추정(numerical approximation)에서도 중요한 역할을 한다. 덧셈 문제의 정확한 답보다는 대략의 답을 추정하는 과제에서 수 비교와 유사한 두정엽 영역에서의 활성화가 관찰되었으며 시각피질 역시 활성화된 것으로 나타났다(Dehaene, 1999).

자고 등(Zago et al., 2001)은 두 자리 숫자의 덧셈, 뺄셈, 곱셈이나 나눗셈과 같은 간단한 연산을 하는 동안에는 좌반구 두정엽 부위의 활성화를 관찰하였는데, 이는 손가락을 이용한 숫자 세기와 관련이 있다고 주장하였다. 발달적인 측면에서 모든 인간은 셈을 배울 때 손가락으로 셈하는 전략을 사용하는 사실로 보아 좌반구 두정엽의 활성화는 운동과 관련된 전두엽의 활성화와 상관이 있으며, 이러한 연구 결과는 발달 과정 동안의 초기 학습의 흔적이라 볼 수 있다. 그러나 세 자리 수 이상의 연속적이고 복잡한 연산을 하는 경우에는 전두엽과 두정엽의 아래 부위가 활성화되었다(Menon et al., 2000). 다소 복잡한 계산과 관련된 전두엽에서 두정엽에 이르는 네트워크의 국재화와 상호작용에 대한 연구는 시공간적 작업 기억의 관여, 언어적인 전략의 사용, 그리고 문제 해결과 관련된 목표 유지 등이 혼입될 가능성이 크므로 보다 체계적인 연구가 필요할 것으로 생각된다.

간단한 연산 과정을 처리할 때의 뇌 활성화 패턴을 사건 관련 fMRI로 연구한 메논 등(Menon et al., 2002)의 연구에 따르면, 2자리 숫자에 비해 3자리 숫자의 덧셈과 뺄셈을 하는 동안의 우반구의 각회(angular gyrus)와 두정간구가 활성화된다. 그러나 올바른 연산 공식을 처리할 때(2+2=4)와 비교해서 잘못된 연산 공식(2+2=5)을 처리할 때 활성화되는 뇌 영역은 좌반구 배외측(dorsolateral) 및 복외측 전전두엽(ventrolateral prefrontal)이다. 이러한 결과는 잘못된 연산을 처리하는 동안 부가적인 처리가 발생한다는 것을 의미한다. 만약 부가적인 처리가 재계산이나 재분석이라면 연산 과정과 관련이 깊은 두정엽 영역(각회와 두정간구)이 활성화되어야 하는데 이러한 결과는 관찰되지 않았다. 반면 작업 기억과 관련이 있는 배외측/복내측 전전두엽이 활성화된 것으로 보아 잘못된 답을 수정하기 위해 암산된 결과를 저장한다는 점을 시사한다.

디한 등(Dehaene et al., 2004)은 다양한 수학적 연산 과제를 수행하는 동안의 뇌 활성화 연구 결과를 토대로 수학적 정보처리 모형을 제안하고, 이러한 회로에서 각 세부 기능을 담당하는 뇌 영역을 밝혀내었다. 예를 들면, 수의 양적 표상은 좌우 두정간구가 맡고 있으나 언어적 표상은 좌반구 각회가 담당하고 있으며, 암산의 경우 하측 전전두엽이 담당하고 있다. 만약 정상적인 계산의 어려움을 보이는 연산 장애(dyscalculia) 학습자의 경우, 연산 과제 수행 중 각 뇌 영역에서 보이는 활성화 패턴을 관찰함으로써 그 원인을 진단하고 효과적인 치료나 훈련 프로그램을 제공할 수 있을 것으로 기대된다.

4) 신경가소성과 인지 훈련

뇌는 끊임없이 환경과 상호작용한다. 그 결과 빈번하게 노출되는 자극이나 자주 수행되는 행동에 따라 뇌의 구조와 기능은 변한다. 이렇듯 환경에 의한 뇌의 구조와 기능의 변화를 신경가소성(neuroplasticity)이라 한다. 60여 년 전에 이미 헵(Hebb, 1949)이 제안하였듯이 학습할 때 뇌에서 나타나는 변화는 시냅스 기능의 강도가 변화하는 것이므로 특정 정보를 처리하는 과정에서 특정 신경다발들 간의 흥분이나 억제 기능이 신경회로를 구성하게 된다. 이때 동기화된(synchronized) 신경통로는 반복되는 시냅스의 자극에 보다 효율적으로 반응하게 된다.

뇌 발달이 환경의 영향을 받는 예는 뇌 손상 환자의 경우에서 자주 관찰된다. 뇌 손상 시기가 이른 경우에는 다른 뇌 영역이 손상된 영역의 기능을 담당하여 정상적인 기능을 회복한다. 청각장애인의 경우에는 수화를 사용할 때 정상인의 언어중추에 해당하는 뇌의 활성화가 관찰되었으며(Neville & Bavelier, 1998), 시각장애인의 경우 점자를 읽을 때 시각중추가 활성화되었다(Roder et al., 2002). 이러한 결과는 특정 뇌의 영역이 특정 기능과 관련은 있으나 이러한 뇌 기능은 환경의 영향에 따라 가변적일 수 있다는 것을 의미한다.

최근의 연구들은 이러한 가소성이 아동기 발달에만 국한되는 특성이 아니라 성인기까지 계속된다는 증거를 제시하기 시작하였다. 예를 들어 맥과이어 등(Maguire et al., 2000)은 영국 런던의 택시 운전기사의 뇌와 택시를 운전하지 않는 일반인의 뇌를 비교한 결과, 택시 운전기사의 해마가 일반인보다 큰 것으로 나타났으며, 해마의 크기는 택시기사로 일한 기간과 정적인 상관을 보였다. 이러한 결과는 공간적 표상을 정교화해야 하는 성인의 경우에 나타나는 뇌의 가소성을 보여주는 예이다. 또한 판테프 등(Pantev et al., 1998)은 전문 음악가의 청각피질의 크기가 일반인에 비해 25%가량 클 뿐만 아니라 음악을 시작한 나이가 어릴수록 청각피질이 큰 것으로 나타났다.

음악 훈련을 받거나 운동을 하면 뇌의 구조와 기능이 변하듯이 외국어를 배워도 뇌가 변한다. 이중 언어 사용자들은 단일 언어 사용자보다 집행 기능이 더 뛰어나다. 그 주된 이유는 두 개의 언어를 효율적으로 사용하기 위해서는 인지적 조절과 관련된 네트워크를 사용해야 하기 때문이다. 즉, 두 가지 언어 중 하나를 선택하여 주의를 집중하는 동시에 다른 언어를 억제해야 하는데, 여기에 집행 기능이 관여하기 때문이다. 이와 유사하게 명상이나 악기 연주, 혹은 스포츠 게임 등도 집행 기능을 발달시키는 것으로 나타났다. 따라서 미래의 학교에서는 언어, 수학, 사회, 과학 등의 전통적인 교과 내용만을 배우기보다는 집행 기능을 발달시키기 위한 다양한 활동들로 교육 과정이 구성되어야 할 것이다. 특히 영유아기의 교육에서는 인지적 뇌 발달을 촉진시키기 위한 활동보다는 집행 기능의 향상을 위한 연극이나 게임 등 놀이 형식의 활동에 집중하는 것이 효과적이다.

신경가소성은 영유아의 뇌 발달에 지대한 영향을 미치지만, 효율성이 다소 떨어지기는 하여도 성인의 경우 역시 가소성의 효과는 유효하다. 이러한 신경가소성은 노년기에도 계속될 뿐만 아니라 단기간의 훈련을 통해서도 발생한다. 한 연구에서 하루에 90분씩 2주 동안 저글링 훈련을 받은 성인의 뇌는 시각-운동피질의 부피가 증가하는 것으로 나타났다. 훈련을 받는 동안 성인의 뇌는 기존의 신경구조를 변경하거나 재구조화하는 반면, 아동은 새로운 신경네트워크를 구축하는 경향이 많다. 따라서 특정 훈련의 질적 양적 효과는 뇌 발달 수준에 따라 천양지차가 날 수 있으므로 연령대별로 상이한 훈련 프로그램을 구성해야 할 것이다.

5) 학습에서의 개인차

학습과 관련된 특정 인지적 기능을 담당하는 신경회로가 모든 사람에게 공통적으로 존재한다는 증거들이 많기는 하지만, 개인의 뇌는 매우 독특하므로 이러한 신경회로의 효율성에 영향을 주는 개인적 특성이 있다. 학습 장면에서 가장 많이 고려되는 개인차 특성 중의 하나가 지능이다. 추상적인 추리 과제를 해결하는 과정에서 지능이 높은 사람과 낮은 사람은 뇌 활성화 패턴에서 차이가 난다. 지능이 낮은 사람들의 경우 뇌의 많은 영역이 활성화되는 것을 보여주는 반면, 지능이 높은 사람들은 상대적으로 적은 뇌 활성화 양상을 보였다(Haier et al., 1988). 이러한 연구 결과는 지능과 뇌의 활성화 패턴과 역상관이 있다는 것을 보여주는데 과제가 어렵지 않은 경우에는 높은 지능을 가진 사람이 뇌를 더 효율적으로 사용한다는 점을 시사한다. 하이어와 벤보우(Haier & Benbow, 1995)는 PET를 사용하여 수학 SAT 성적이 높은 남녀 학생이 수학 과제를 수행하는 동안의 뇌 활성화 패턴을 보통 학생과 비교한 결과, 수학 성적이 보통인 경우에는 남녀의 차이가 뚜렷하지 않지만 수학 성적이 높은 경우에는 남학생이 여학생에 비해 측두엽이 부가적으로 활성화되는 것으로 나타났다. 그러나 일반적으로 높은 SAT 수학 성적을 얻은 여학생의 비율이 남학생에 비해 상대적으로 낮은 관계로 연구에 참여한 여학생들이 언어적 특성에서도 매우 뛰어나서 이러한 결과가 나타났을 가능성을 배제할 수 없다.

영재와 일반 청소년의 뇌 활성화를 비교한 대부분의 연구에서 공통적으로 발견되는 현상은 영재가 양쪽 반구의 두정엽, 전두엽, 그리고 전대상회에서의 활성화가 상대적으로 크다는 점이다. 예를 들어 오보일 등(O'Boyle, Benbow & Alexander, 1995)의 뇌파 연구에서 영재는 일반 학생보다 우반구와 전두엽에서 강력한 알파파가 관찰되었으며 반구간의 상호작용이 매우 빠르고 활발한 것으로 나타났다. 또한 던컨(Duncun, 2003)의 연구 결과에 따르면, 유동적 지능(gF, general fluid intelligence)이 높은 실험 참가자가 낮은 참가자에 비해 전대상회와 외측 전전두엽의 활성화가 많은 것으로 나타났다. 과제의 양태와 관계없이 나타나는 이러한 뇌 활성화 패턴은 작업기억, 중앙 집행 능력 및 주의력 등의 일반적 정보처리 능력의 차이라 여겨진다.

한편, 남녀의 성차나 연령의 차이 역시 지속적으로 연구되고 있는 분야이다. 셰이위츠 등(Shaywitz et al., 1995)의 언어 연구에서는 동일한 음운 처리 과정 동안 남녀의 대뇌반구의 편재화를 비교한 결과, 여성의 경우 좌우반구를 모두 활성화시키는 반면, 남성은 좌반구의 편재화가 심하게 나타나는 것으로 발견되었다. 이와 같은 개인차 연구는 언어의 성차를 넘어서 주의력, 쓰기, 읽기, 셈하기, 이해, 문제 해결 등에서 장애를 보이는 학습자들과 정상 수행을 보이는 학습자들 간의 뇌 기능 차이의 비교를 통해 장애의 원인을 파악하는 데 많은 기여를 할 수 있을 것이다. 또한 특정 학습 방법과 교수 방법을 사용한 후의 뇌 활성화 패턴을 사용하기 전의 패턴과 비교하여 그 효과성 정도를 파악할 수도 있을 것이다. 뇌 연구 결과의 교육적 활용을 위해서는 특정 과제 수행에서의 성취도가 높은 학생과 낮은 학생들의 뇌 활성화 영역을 비교하거나 특정 영역에서의 전문가와 초보자의 뇌 활성화 차이를 비교하는 방식의 연구를 통해 효율적인 학습 방법이나 교수 방법에 대한 구체적인 제안을 할 수 있어야 할 것이다.

(3) 동기 및 정서를 고려한 학습 환경 설계

청소년의 뇌는 인지적 조절 기능을 담당하는 전전두엽의 발달이 아직 완전하지 않으므로 정서와 동기를 담당하는 변연계가 의사 결정에 많은 영향을 미친다. 이런 이유로 청소년들의 행동은 억제되지 못하므로 다소 충동적으로 보인다. 전전두피질은 오케스트라의 지휘 역할을 담당하므로 뇌의 여러 영역에서 오는 정보를 통합하여 환경에 대처하기 위한 효율적인 전략을 계획하고 집행한다. 전전두피질 중에서도 중요한 뇌 영역은 안와전두피질과 배외측 전전두피질이다. 가치 판단에 주로 관여하는 뇌 영역은 눈 바로 뒤편에 위치하고 있는 안와전두피질인 반면, 목표나 계획을 통한 인지적 조절 기능을 담당하는 영역은 배외측 전전두피질이다. 안와전두엽이 손상된 환자는 일반 인지 능력에는 큰 결함이 없는 것으로 보이지만 의사 결정에는 심각한 결함을 보인다. 그 결과 충동조절장애나 강박장애, 약물이나 도박 중독, 그리고 섭식 행동 이상 등의 문제 행동을 보이게 된다. 물론 청소년의 뇌는 손상된 뇌와는 차이가 있지만, 전전두피질 영역은 비교적 나중에 발달하는 뇌 영역으로 청소년기에는 온전한 발달에 도달하지 못한다. 반면에 감정과 동기를 담당하는 편도체와 선조체 등의 변연계의 뇌는 청소년기 이전에 이미 발달하기 시작하여 청소년기에는 활발하게 작동한다. 이와 같은 변연계와 전전두엽의 불균형적 뇌 발달로 인해 청소년들은 가치와 목표에 따라 판단하기보다는 감정과 보상에 좌우되기 쉬우므로 합리적인 의사 결정을 하기 어려운 것이다.

그럼에도 불구하고 우리의 교육 과정과 학습 환경은 이러한 불균형적인 뇌 발달 특성을 고려하여 설계되어 있지 않다. 청소년기에는 자기를 조절하고 타인과 공감하는 훈련이 절실한 시기인데도 과도한 인지적 부하와 학업 성취만이 강조되고 있다. 또한 청소년들은 보상에 민감하며 또래에 영향을 많이 받는 것으로 알려져 있지만, 정작 학교에서는 칭찬의 부재와 친구끼리의 경쟁으로 인해 학생들이 극심한 스트레스와 자존감의 손상에 시달리고 있다. 이 외에도 폭력 문화에의 빈번한 노출, 게임과 약물의 유혹 및 수면 부족 등이 청소년의 두뇌 발달에 부정적인 영향을 더하고 있다.

현재 학교 현장에서 빈번하게 발생하고 있는 따돌림, 성적 공개, 경쟁, 차별, 처벌 및 벌점 제도가 학생들의 뇌에 어떠한 영향을 미치는지 살펴보고 이들의 부작용을 최소화하는 방안을 개발하여 그 효과성도 뇌 영상 연구를 통해 검증해볼 수 있을 것이다. 실제로 김성일 등(Kim et al., 2010)은 과제 수행 후 제공되는 부정적 피드백이 상대평가와 절대평가 방식으로 제시될 때의 뇌 활성화를 비교하였다. 그 결과 유능감이 낮은 학습자는 상대평가 때 부정적인 정서를 담당하는 뇌 영역이 활성화되는 것으로 나타났다. 한편, 칭찬, 격려, 지지, 공감, 협동, 도움행동, 공정함 등의 사회적 자극과 맥락이 학생들의 보상중추를 활성화시키는지를 살펴보는 신경교육학적 연구를 수행하고, 보상중추의 활성화를 지속적으로 경험할 수 있는 학습 환경을 설계하여야 할 것이다.

1) 보상에 민감한 청소년의 뇌

동기와 직접적으로 관련된 가장 강력한 변인은 보상이다. 보상 체계의 주요 기능은 유기체로 하여금 긍정적 정서를 유발하여 접근 행동을 유도하고, 목표 행동의 빈도를 증가시켜 행동의 소거를 막는 것이다. 그 결과 유기체는 보상을 예측하는 단서에 주의를 집중하여 특정 자극과 보상의 연합을 학습하게 될 뿐만 아니라, 보상의 가치를 부호화하여 지속적인 보상을 얻기 위한 접근이나 회피 행동을 결정한다. 일차적 보상은 생존에 필수적이어서 모든 종들은 자동적으로 보상에 접근하도록 프로그램되어 있다. 그러나 보상을 경험하고 난 후에 이를 학습하는 과정과 미래의 보상을 획득하기 위한 선택 행동까지 고려하면 보상 처리는 단순한 과정이 아니다. 즉 보상의 처리 과정에는 보상의 가치를 부호화하는 과정, 보상을 기대하는 과정, 보상과 행동을 연합하는 과정, 보상을 얻기 위한 계획과 그에 대한 평가 과정 그리고 보상의 상대적 가치를 비교하고 업데이트하는 등의 일련의 복잡한 과정이 관련되어 있다(김성일, 2011).

보상과 관련된 주요 뇌 영역은 일명 '보상 회로'라고 알려진 중뇌피질 변연계(meso-cortico limbic) 도파민 경로이다. 도파민은 측좌핵(nucleus accumbens)을 포함한 복측 선조체(ventral straitum)와 전전두엽에서 분비되며 주로 동기 작용에 관여한다. 도파민 회로는 음식이나 약물, 성행동과 같은 일차적인 보상뿐만 아니라 돈이나 칭찬과 같은 이차적인 보상에도 활성화된다. 청소년기에는 도파민의 분비와 기능이 최고조에 달하며, 일명 보상 체계 혹은 쾌락중추라고 불리는 측좌핵의 발달이 급속도로 일어난다. 반면에 위험을 알리는 영역인 편도체가 비교적 느리게 발달하며, 행동과 인지적 조절의 역할을 담당하는 전전두엽의 발달은 가장 늦게 일어난다.

사람들은 바람직한 결과를 얻기 위해 동기 유발된 행동을 수행하기도 하지만 부정적인 결과를 피하기 위해서도 행동한다. 그러나 선택 행동의 결과가 불확실한 상황에서는 보상을 극대화하기 위해 자신의 이전 선택이나 전략을 고집할 것인지 아니면 새로운 대안이나 전략을 모색해야 하는지를 고민하게 된다. 이러한 상황을 활용(exploitation)과 탐색(exploration) 딜레마라 부른다. 이전 경험에 기초하여 습관적인 의사 결정을 하는 활용적 학습의 경우에는 선조체와 내측 전전두엽이 관여하는 반면, 새로운 대안을 모색하는 탐색적 의사 결정에서는 가치에 대한 판단과 추론을 담당하는 전두극피질(frontopolar cortex)과 두정간구(intraparietal sulcus)가 활성화되는 것으로 나타났다(Daw et al., 2006). 즉 접근 행동은 선조체에서 회피 행동은 편도체에서 각각 담당하지만, 접근 행동과 회피 행동의 조절은 전전두엽에서 담당한다. 뇌 발달 연구에 따르면, 청소년기에는 보상에 민감한 측중격핵의 발달이 급속도로 일어나지만, 위험을 알리는 영역인 편도체가 비교적 느리게 발달하며, 행동 조절의 역할을 담당하는 전전두엽의 발달은 가장 늦게 일어난다. 따라서 청소년기에는 탐색보다는 활용에 가까운 행동 패턴을 보일 가능성이 높다. 이러한 청소년기의 불균형적 대뇌 발달은 이 시기에 뇌가 보상에 민감해져 흥분과 쾌락을 추구하게 되고 그 결과 그들의 행동이 충동적이고 위험해 보일 수밖에 없는 이유를 잘 설명해주고 있다.

케이시와 커들(Casey & Caudle, 2013)은 보상에 대한 민감성을 살펴보기 위해 청소년, 아동, 성인에게 도박 과제를 수행하게 한 후 뇌 활성화 패턴을 비교하였다. 연구 결과, 큰 보상을 받는 경우에는 성인이나 아동에 비해 청소년의 측좌핵 활성화 정도가 큰 것으로 나타났고 작은 보상을 받는 경우에는 아동이나 성인보다 청소년의 측좌핵 활성화 정도가 작았다. 그러나 보상을 기대하는 동안에는 청소년보다 성인의 측좌핵 활성화가 더 큰 것으로 나타났다. 또한 기대했던 보상이 주어지지 않는 경우 성인은 가치 판단을 담당하는 안와전두피질에서 활성화가 발견된 반면, 청소년은 아무런 활성화도 발견되지 않았다. 따라서 기대했던 보상이 주어지지 않으면 성인만이 후속 보상을 추구하기 위해 기존 가치 체계를 갱신한다. 이러한 결과를 종합해보면, 청소년은 큰 보상을 받는 동안에만 보상에 민감하고, 보상을 기대하는 동안이나 기대했던 보상이 주어지지 않을 때에는 그다지 민감하게 반응하지 않는다는 것을 알 수 있다.

유사한 연구들에 따르면, 청소년기에는 보상과 같은 긍정적 피드백에 대한 민감성은 높은 반면, 처벌에 해당하는 부정적 피드백에 대한 민감성은 낮다. 부정적 피드백에 대한 뇌의 반응을 살펴본 결과, 인지적 조절에 관여하는 전대상피질(anterior cingulate cortex)과 배외측 전전두피질(dorsolateral prefrontal cortex)의 활성화는 14~15세가 되어도 나타나지 않았다. 부정적 피드백을 받았을 때 아동이나 초기 청소년들의 전전두엽이 활성화되지 않았다는 사실은 처벌을 받은 후 수행을 반성하고 대안적 전략을 탐색하는 데 어려움이 있다는 것을 의미한다. 따라서 처벌이나 부정적 피드백을 통해서 청소년의 행동을 변화시키려는 노력은 그다지 효과가 없다. 청소년을 위한 효과적인 피드백은 처벌보다는 칭찬에 있다. 바람직하지 않은 행동을 처벌을 통해 수정하려는 것보다 바람직한 행동을 보상을 통해 강화시켜주는 것이 효과적인 시기다. 이러한 맥락에서 아동과 청소년을 위한 효과적인 피드백 제공 방식에 대한 연구가 절실하다.

2) 또래관계

체인 등(Chein et al., 2011)은 청소년이 친구들과 함께 있으면 평소와 다른 행동을 보이는지를 알아보는 흥미로운 실험을 진행하였다. 또래의 존재 여부가 위험을 감수하는 데 미치는 영향을 살펴보기 위해 MRI 스캐너에서 청소년과 성인의 모의 운전 행동 시 뇌 활동 패턴을 비교, 관찰하였다. 출발 지점에서 목적지까지 모의 자동차를 운전하는 동안 20개의 교차로를 지나야 하는데, 교차로를 통과할 때 노란 신호등이 깜박거린다. 이때 운전자는 정지할 수도 있고 속도를 내어 빨리 지나갈 수도 있으나 일정 시간 안에 교차로를 지나지 못하면 사고가 나게 된다. 실험 결과, 예상대로 청소년이 성인보다 위험한 결정과 사고의 빈도가 높은 것으로 나타났다. 그러나 이 연구의 가장 흥미로운 결과는 혼자 운전할 때와 옆방에서 친구가 지켜보고 있을 때의 차이가 연령에 따라 다르게 나타났다는 것이다. 성인은 혼자 운전하든지 친구가 지켜보든지에 상관없이 사고 빈도가 비슷했지만, 청소년은 혼자 운전할 때의 사고율은 성인과 비슷하였으나 친구가 볼 때 월등하게 사고 빈도가 높았다. 뇌 활성화 패턴을 분석해본 결과, 청소년의 경우에는 친구가 보고 있을 때 복측 선조체와 안와전두피질을 포함한 보상 관련 뇌 영역이 활성화되었다. 친구의 존재 자체가 곧 보상으로 작용한 것이다. 반면 성인은 친구의 존재 여부와 상관없이 보상 영역의 활성화가 낮았다. 대신 인지적 조절을 담당하는 외측 전전두엽의 활성화는 청소년보다 성인에게서 훨씬 더 큰 것으로 나타났다.

이처럼 청소년들은 혼자 있을 때와 친구들과 있을 때 뇌의 작동 방식이 다르다. 청소년들은 친구가 곁에 있을 때 전혀 다른 사람이 된다. 청소년들은 위험을 지각하고 충동을 조절하는 전전두엽의 기능이 덜 발달한 데 비해 사회정서적인 보상 체계는 이미 잘 발달되어 있어 이들 간의 불균형이 발생한다. 이 시기에 친구들의 존재는 보상 체계로 하여금 위험한 행동에서 얻을 수 있는 보상의 측면에 더욱 민감하게 반응하도록 만들기 때문에 위험을 무릅쓰게 되는 것이다.

사회신경과학 연구에 따르면, 물리적인 보상이나 고통에 의해 활성화되는 뇌 영역이 사회적인 보상이나 고통을 느낄 때의 뇌 영역과 일치한다. 가족의 사망이나 따돌림, 부당한 대우 또는 부정적인 평가를 받으면 신체적인 고통을 받을 때의 뇌회로인 배측 전대상피질(dorsal anterior cingulate cortex), 시상(thalamus), 뇌섬엽(insula) 등이 활성화된다. 반면 남을 돕거나 협동을 할 때, 좋은 평판이나 공정한 대우를 받을 때에는 복측 선조체와 복내측 전전두피질 등의 보상 체계가 활성화된다. 이러한 연구 결과가 시사하는 바는 사회적 강화와 처벌의 효과가 물리적 보상이나 신체적 고통만큼이나 강력하다는 점이다.

최근 학교 현장에서 빈번하게 발생하여 그 심각성이 사회적 문제가 되고 있는 따돌림은 학생들의 뇌에 어떠한 영향을 미칠까? 아이젠버거 등(Eisenberger et al., 2013)은 실험 참가자들로 하여금 스캐너 안에서 모니터를 보면서 다른 두 명의 가짜 실험 참가자들과 공을 주고받는 공놀이 게임에 참여하도록 하였다. 게임을 하던 도중에 두 명의 가짜 참가자들이 짜고서 더 이상 실험 참가자에게 공을 패스하지 않을 때, 따돌림 당한 실험 참가자의 뇌를 관찰하였다. 실험 결과 놀랍게도 따돌림을 당한 사람의 뇌에서는 물리적 고통을 느낄 때 활성화되는 배측 전대상피질 영역이 활성화되었다. 알지도 못하는 사람과의 별 의미 없는 단순한 놀이에서 배제되었을 때조차 뼈가 부러졌을 때와 같은 고통을 느낀다는 점은 시사하는 바가 많다. 친구가 전부인 청소년 시기에 또래들로부터 따돌림을 당한다는 것은 이보다 몇 배나 더 고통스러운 일인지를 짐작할 수 있다. 이후의 유사한 실험에서 타인으로부터 거절당하는 것에 민감한 사람일수록, 대인관계에서 자신감이 큰 사람일수록 따돌림 받았을 때의 배측 전대상피질의 활성화와 고통은 더 큰 것으로 밝혀졌다.

따돌림을 당해보지 않은 청소년들은 그 고통이 얼마나 심각한지 알지 못하기 때문에 그저 장난삼아 따돌리는 행위를 하기도 한다. 발달신경과학 연구에 따르면 청소년들은 사진 속 인물의 감정을 파악할 때 편도체를 활성화시키는 데 비해, 성인들은 전전두피질을 사용한다. 타인의 감정을 정확하게 판단하기 위해서는 정서적 반응을 담당하는 편도체의 작용만으로는 한계가 있어 사고와 조절을 담당하는 전전두피질의 관여가 필수적이다. 따라서 청소년은 타인의 감정이나 마음을 읽는 데 서툰 것으로 밝혀졌다. 이 시기에는 뇌 발달이 온전하게 이루어지지 않아 타인을 이해하고 배려하기보다는 자신의 감정이나 보상-처벌의 원리에 따라 행동하게 된다. 반면 일부 아이들은 따돌림을 받는 것이 얼마나 고통스러운지 익히 알고 있기에 자신이 따돌림을 받지 않기 위해서 따돌림에 동참하거나 방관하는 경우도 있다. 앞서 살펴본 것처럼 또래의 압력에 저항하기란 여간 힘든 일이 아니기 때문이다.

3) 자기조절

청소년의 충동적인 행동은 유혹에 빠지는 것과 흡사하다. 유혹은 장기적인 측면에서는 가치가 별로 없는 즉각적 보상의 다른 표현이다. 우리는 일상에서 수많은 유혹들로 둘러싸여 있다. 시험공부를 해야 하는데 TV에서 방영되고 있는 흥미진진한 드라마, 다이어트를 결심했는데 친구들이 먹고 있는 맛있는 음식들, 이 모든 유혹에 저항하기란 여간 힘든 일이 아니다. 그러나 모든 청소년들이 유혹에 쉽게 빠지는 것은 아니다.

유명한 마시멜로우 실험에서 알 수 있듯이 만족을 지연시키는 능력은 즉각적인 보상보다는 장기적인 보상의 가치를 인식하는 능력이다. 이러한 자기조절 능력을 지닌 아동들은 훗날 성인이 되었을 때 여러 가지 사회/인지/정서적 지표에서 나은 것으로 밝혀졌다. 케이시 등(Casey et al., 2011)은 종단연구에서 마시멜로우 실험에 참가했을 당시 4세이던 아동들이 40년이 지나 중년이 된 후에 다시 자기조절 능력을 측정하였다. 그 결과 이들의 만족지연 성향과 자기조절 능력은 40년이 지난 후에도 큰 변화 없이 일관된 것으로 밝혀졌다. 또한 긍정적인 얼굴표정에 대한 반응을 억제해야 하는 과제를 수행하는 동안 이들의 뇌 활성화 패턴을 비교하였다. 40년 전 연구에 참가하여 만족지연에 성공했던 사람들은 전전두엽이 활성화되었지만 만족지연 실패자들은 복측 선조체의 활성화가 두드러진 것으로 나타났다. 이는 만족지연자들이 행복한 얼굴표정이라는 유혹에 저항하기 위해 인지적 조절을 담당하는 전전두엽을 활성화시킨 반면, 만족지연 실패자들은 억제를 해야 하는 과제임에도 행복한 얼굴이라는 자극을 보상으로만 지각했다는 것을 의미한다. 연령별로 비교한 연구에서는 청소년의 행동 자료와 뇌 활성화 패턴이 만족지연 실패자들과 매우 유사한 것으로 나타났다. 보상에 민감한 청소년의 뇌가 민족지연에 실패하도록 유도하는 것이다.

자기조절은 인생의 많은 중요한 선택에 결정적인 영향을 미친다. 순간의 유혹에 빠져서 시작하게 된 행동이 지속적으로 강화를 받게 되면 습관이 된다. 친구를 상습적으로 괴롭히는 것과 컴퓨터 게임에 중독되는 것도 마찬가지다. 일단 습관이 되어버리면 상황은 아주 고약해진다. 뇌가 이미 익숙해져서 자동으로 처리해버리기 때문에 만족도가 별반 높지 않거나 나중에 후회를 해도 습관적 행동은 반복된다. 특히 전전두엽의 기능이 제대로 발달하지 않은 청소년의 경우 습관의 고리에서 벗어나기 위한 자기조절은 엄청난 노력과 시간이 소요되는 고통스러운 과정이다.

유혹을 물리치는 가장 효과적인 방법은 우선 목표를 설정하고 세부적인 하위 목표를 구성한 다음 그 실행 계획을 구체적으로 작성하는 것이다. 목표가 확실하면 유혹의 매력에 저항하기가 쉬워진다. 계획이 구체적이고 세부적일수록 그 효과는 더 커진다. 목표는 유혹을 물리치는 데 대단히 효과적이어서 나중에 바뀌는 한이 있어도 항상 목표를 지니고 있는 것이 중요하다. 가정과 학교는 청소년들이 유혹에 저항할 수 있도록 목표를 설정하게 한 다음, 지속적으로 목표를 수정하고 갱신하여 미래를 계획할 수 있도록 점검하고 도와주어야 한다.

3. 뇌과학과 교육학 간의 연계 전망과 과제

신경교육학은 이제 막 걸음마 단계이다. 따라서 현재까지 축적된 연구 결과를 토대로 실제적인 교육 개혁을 기대하기는 어렵다. 그 주된 이유는 현재의 연구는 매우 기초적인 연구로 제한적이고 단편적인 연구 결과에 불과할 뿐만 아니라 극복하여야 할 여러 가지 제약(단원성 가정의 문제, 국재화의 한계, 시공간 해상도의 기술적 문제 및 연구 방법론의 제약 등)으로 인해 교육 현장에 적용 가능한 더 직접적이고 실용적인 연구가 불가능하기 때문이다(상세한 논의는 도경수·박창호·김성일, 2002 참고).

그러나 현재의 뇌 영상 기술의 발전 속도와 방대한 연구 결과의 축적 속도로 미루어 짐작하건대, 조만간 다양한 유형의 연구가 가능해지고 그 결과 학습 환경 설계와 교육 정책 결정과 관련된 유용한 시사점을 찾을 것임은 명백하다(Ansari & Coch, 2006). 이미 인지 기능별 뇌 지도화가 상당한 수준까지 진척되었으며, 단순 기능적 상관을 넘어서 뇌 발달 과정과 분산된 뇌 연결회로망을 탐색하고 있는 수준이다. 다양한 자극과 경험에 의한 뇌 변화 및 발달 과정이 좀 더 상세하게 밝혀지면 앞으로 특정 교수-학습 환경(교수/학습/평가 방식 등)이 뇌 기능에 미치는 인과관계 연구로도 발전할 것으로 기대된다.

뿐만 아니라 특정 학습 과제를 수행하는 동안 뇌의 변화를 살펴봄으로써 학습, 기억, 언어, 주의 및 수학 등의 다양한 영역에서 개인차의 원인을 규명하고 학습 장애를 진단하고 치료하는 과정에서 이미 많은 도움을 주고 있다. 만약 학습자 개인의 학습 양식이나 인지 과정 및 학습 전략 사용에서의 개인차를 측정하고 평가할 수 있다면, 개인의 뇌/인지 기능을 극대화하는 개별화된 교육/훈련/학습 전략 프로그램 등의 개발과 영재 선발과 교육 프로그램의 개발에도 중요한 공헌을 할 수 있을 것으로 생각된다. 또한 학습자의 정서와 동기의 중요성을 강조하고, 현재의 교과목 구분의 한계를 벗어나 동일한 뇌 영역의 활성화를 수반하는 다양한 학습 내용을 통합적으로 연계하는 통합 교과 과정의 개발 등에도 신경교육학은 많은 기여를 할 것으로 판단된다.

뇌과학 연구를 교육적으로 이해하기 위해서는 다음과 같은 몇 가지 사항에 주의를 기울여야 한다. 우선 연구의 목적과 가설이 무엇인지를 분명하게 파악하여야 한다. 연구가 기초 이론의 쟁점을 해결하거나 기술적인 물음(기억을 담당하는 뇌 영역은 어디인가)에 답하기 위한 것이라면 일단 교육적 함의를 이끌어내는 것에는 신중을 기해야 한다. 다음으로 유사한 연구 결과가 일치하는지 검토하여야 한다. 과학은 추측과 논박을 통한 점진적이고 합리적인 합의에 의해 발전하므로 반복되는 연구 결과가 누적되었을 때에만 타당한 교육적 시사점을 도출할 수 있다. 또한 실험 과제나 실험 자극, 실험 참가자 등이 실제 교육 장면과 유사한지에 따라서 연구 결과의 일반화 가능성과 활용 가능성이 달라지므로 실험 설계에 대한 정밀한 검토가 요구된다.

뇌과학 연구와 교육학 연구의 관계는 단순히 뇌과학 연구 결과에서 교육적 시사점을 찾아오는 일방향적 관계를 넘어서 교육학 연구가 뇌과학 연구의 방향을 결정하는 방식의 양방향적 관계로 발전하여야 한다. 학습과 관련하여 아직 해결되지 않은 다양한 문제들, 혹은 상반된 이론과 연구 결과, 더 효율적인 교육 환경 설계를 위한 다양한 물음들이 새로운 뇌 연구 방법을 개발하고 뇌 연구의 방향을 결정하는 데 많은 공헌을 하게 될 것이다. 또한 방법론적인 측면에서 자극에 대한 뇌의 반응을 측정하고 분석하는 것이 교육심리학 연구 분야에서 새로운 유형의 종속변인으로 자리 잡게 될 것으로 기대된다.

향후 신경교육학 분야의 연구가 지향하여야 할 연구 영역으로는 기존의 인지 및 학습 이론의 타당성을 검증하고 쟁점을 해결하는 연구를 비롯하여 각종 학습/교수/평가 방법의 구성 요소가 되는 인지 기능을 이해하는 연구가 필요하다. 또한 학습에서 개인차의 내용과 원인을 규명하는 연구와 효율적인 교수 행위와 관련된 특정 신경회로를 탐색하는 연구도 필수적이다. 초보자와 전문가의 심성 모형 및 뇌 인지 기능에서의 차이와 뇌 발달 과정 및 발달에 따른 뇌 기능 변화, 영재와 학습장애자의 인지적, 정서적, 동기적 특성에서의 뇌 기능 차이 규명, 각종 학습 및 인지 양식에 따른 뇌 활용 차이 등에 관한 연구 또한 이루어져야 할 것이다.

이러한 연구 결과를 토대로 학습 과정에서의 뇌 인지 기능에 대한 연구 결과가 축적되어 뇌의 기능에 대한 이해가 높아지게 되면, 각종 교수/학습 및 평가 방법의 개발과 같은 미시적인 변화는 물론, 학습자의 정서와 동기를 중요시하는 학습 환경의 설계에서부터 학습자의 뇌 발달을 고려하여 교육 과정과 학제를 개편할 수도 있을 것이다. 또한 유급 제도의 효과성, 청소년의 행복감 증진과 일탈 행동 예방을 위해서도 뇌과학 연구 결과가 활용될 수 있을 것이다. 또한 영유아교육, 평생교육, 영재교육 및 특수교육과 관련된 각종 정책 입안과 교육 프로그램 구성에도 뇌과학 연구 결과가 많은 공헌을 할 수 있을 것으로 기대된다. 최근에 누슨 등(Knudsen et al., 2006)은 뇌신경과학, 경제학, 행정학, 및 교육학 분야의 연구 결과를 토대로 유아기의 교육 환경에 대한 중요성을 강조하고 이에 대한 투자를 최우선으로 하여야 미래의 국가노동력을 강화할 수 있을 것이라는 예측을 내놓기도 하였다.

4. 맺음말

신경과학의 급속한 발달에 힘입어 학습과 관련된 뇌의 작용과 구조 및 기제에 대한 이해와 관심이 높아지는 추세에 있는 것은 사실이다. 그러나 이러한 연구 결과가 보다 효율적인 학습 환경의 설계와 구성에 시사하는 바는 무엇인가? 현재로서는 이러한 연구 결과를 교육 장면에 직접 활용할 수 있는 단계에 있다기보다는 교육과 관련된 연구에 대한 새로운 방향과 아이디어를 제공해주는 수준이라고 하겠다. 또 다른 측면에서 신경교육학 연구의 필요성은 다양한 교수/학습 방법의 효과성을 검증하고, 학습과 교육 분야에서 쟁점이 되고 있거나 문제 해결을 필요로 하는 물음에 대한 구체적인 해답을 얻기 위한 응용적인 교육신경과학적 연구가 가능하도록 하는 데 있다.

브루어(Bruer, 2002)는 특정 신경계의 기능에 대한 이해에서부터 교실에서의 인지적 행동으로 일반화할 수 없으므로 교육은 신경과학에 의해 설명될 수 없다고 주장하였다. 그러나 이러한 주장은 뇌과학 연구 결과에 대한 잘못된 해석이나 과잉 일반화 오류에 대한 경고이자 현재 교육과 관련된 뇌과학 연구의 제한점을 지적하는 것이지 뇌 연구 결과와 교육의 연계 가능성에 대한 근본적인 반대라고 보기는 어렵다. 따라서 뇌신경과학 분야의 기초 연구 결과를 지나치게 확대 해석하거나 과잉 일반화하는 오류를 최소화하여야 하며, 논란의 소지가 있는 소수의 연구 결과를 성급하게 현장에 오용하거나 이를 상업적으로 악용하는 경우를 경계하고 사전에 예방하여야 할 것이다. 특히 뇌 연구 결과를 특정 이데올로기를 지지하기 위해 편파적으로 끌어다 붙이는 식의 성급한 적용 역시 유의하여야 한다. 예를 들어, 조기교육을 주장하는 이들이 뇌 발달 연구 결과를 과잉 해석하여 자신의 주장을 관철하는 사례와 우뇌형/좌뇌형 학습자 등의 오개념이 만연하게 되고 이를 토대로 성급하게 사이비 뇌교육을 양산하게 되는 것은 경계하여야 할 것이다. 이를 위해 교사, 교수, 학부모 및 학생을 포함한 교육과 관련된 모든 구성원들은 뇌에 대한 올바른 이해와 함께 신경과학적 연구 결과를 올바르게 이해할 수 있는 기본 능력을 길러야 한다. 이를 위해 뇌에 대한 이해를 증대시키는 교과 과정과 각종 교육 및 훈련 프로그램의 개발이 절대적으로 필요하다. 교사의 입장에서 학습자의 뇌에 무슨 일이 일어나는지, 특정한 학습 활동 혹은 학습 환경이 학습자의 뇌에 어떠한 영향을 미치는지에 대한 이해가 효율적인 학습 환경의 설계에는 필수적이다. 교사의 재교육과 연수는 물론 예비교사를 위한 교육 과정에도 청소년의 뇌에 관한 과목이 개설되어야 마땅하다.

아직은 걸음마 단계의 신경교육학 분야이지만 기초 신경과학 분야의 연구 결과가 누적되기만을 기다리고 있기에는 우리의 학습 환경은 너무나 열악하다. 뇌신경과학 분야 연구자들의 주요 관심은 뇌 자체의 기능에 대한 근본적인 이해에 있으므로 이를 응용한 교육적 프로그램의 개발과 교육과 관련된 연구 주제에 대한 뇌과학적 연구는 교육학 분야의 몫이다. 따라서 교육학의 연구 분야 중 신경교육학이 기초 분야로 자리 잡아 교육과 관련된 실제적이고 유용한 연구 주제를 신경과학적으로 접근할 수 있는 교육 및 연구 환경의 조성이 필수적이다. 국가 차원에서 신경교육학 연구와 관련된 기본 정책을 수립하고 신경교육학이라는 새로운 패러다임에 근거한 학제 간 연구를 집중적으로 기획하고 지원해야만 미래의 경쟁력 있는 교육 환경을 만들기 위한 개혁적이고 합리적인 정책을 하나씩 수립하고 실천해나갈 수 있을 것이다.

| **참고 문헌** |

김성일(2013), 〈청소년의 뇌를 위한 교실이데아〉, 《뇌로 통하다》, 김성일, 김채연, 성영신 편저, 21세기북스, pp. 21~54.

김성일(2011) 〈동기에 대한 신경교육학적 접근: 동기과정의 재개념화〉, 《교육심리연구》 25(1), pp. 87~110.

김성일(2006), 〈뇌기반 학습과학: 뇌과학이 교육에 대해 말해주는 것은 무엇인가?〉, 《인지과학》 17(4), pp. 375~398.

도경수, 박창호, 김성일(2002), 〈인지에 관한 뇌 연구의 개괄적 고찰, 평가, 및 전망〉, 《한국심리학회지: 실험 및 인지》 14(4), pp. 321~ 343.

Ansari, D., & Coch, D.(2006), "Bridge over troubled waters: education and cognitiveneuroscience", Trends in Cognitive Sciences, 10, pp. 146-151.

Bruer, J. T.(2002), "Avoiding the pediatrician's error: how neuroscientists can help educators (and themselves)", Nature Neuroscience, 5, pp. 1031-1033.

Brunswick, N., McCrory, E., Price, C., Frith, C., & Frith, U.(1999), "Explicit and implicit processing of words and pseudowords by adult developmental dyslexics: A search for Wernicke's wortschatz", Brain. 122, pp. 1901-1917.

Casey, B. J. & Caudle, K.(2013), "The teenage brain self control", Current Directions in Psychological Science 22, pp. 82-87.

Casey, B. J., et al.(2011), "Behavioral and neural correlates of delay of gratification 40 years later", Proceedings of the National Academy of Sciences of the United States of America, 108, pp. 14998-15003.

Chein, J., Albert, D., O'Brien, L., Uckert, K. and Steinberg, L.(2011), "Peers increase adolescent risk taking by enhancing activity in the brain's reward circuitry", Developmental Science, 14, F1-F10.

Chugani, H. T.(1998). "A critical period of human development: Studies of cerebral glucose utilization with PET", Preventative Medicine, 27, pp. 184~188.

Dehaene, S., Molko, N., Cohen, L., & Wilson, A. J.(2004), "Arithmetic and the brain", Current Opinion in Neurobiology, 14, pp. 218~224.

Dehaene, S., Spelke, E., Pinel, P., Stanescu, R., & Tsivkin, S.(1999), "Sources of mathematical thinking: Behaviroral and brain-imaging evidence", Science, 284, pp. 970~974.

Duncun, J.(2003), "Intelligence tests predict brain response to demanding task events", Nature Neuroscience, 6, pp. 207~208.

Eisenberger, N. I., Lieberman, M. D., & Williams, K. D.(2003), "Does rejection hurt? An fMRI study of social exclusion", Science, 302, pp. 290~292.

Gogtay, N., et al.(2004), "Dynamic mapping of human cortical development during childhood through early adulthood", Proceedings of the National Academy of Sciences of the United States of America, 101, pp. 8174~8179.

Goswami, U.(2006). "Neuroscience and education: from research to practice?" Nature Neuroscience Reviews, 7, pp. 406~413.

Haier, R. J., & Benbow, C. P.(1995), "Sex differences and lateralisation in temporal lobe glucose metabolism during mathematical reasoning", Developmental Neuropsychology, 11, pp. 405~414.

Haier, R. J., Siegel, B. V., Neuchterlein, K., & Hazlett, E.(1988), "Cortical glucose metabolic rate correlates of abstract reasoning and attention studied with positron emission tomography", Intelligence, 12, pp. 199~217.

Hebb, D. O.(1949), The Organization of Behavior. New York: Wiley.

Kim, K. H., Relkin, N. R., Lee, K. M., & Hirsch, J.(1997), "Distinct cortical areas associated with native and second languages", Nature, 388(6638), pp. 171~174.

Kim, S.(2012), "Neuroeducational approaches on learning" In N.M. Seel (Ed.), Encyclopedia of the sciences of learning (pp. 2448~2451), New York: Springer.

Kim. S., Lee, M., Chung, Y., & Bong, M.(2010), "Comparison of brain activation during norm-referenced versus criterion-referenced feedback: The role of perceived competence and performance-approach goals", Contemporary Educational Psychology, 35, pp. 141~152.

Knudsen, E. I., Heckman, J. J., Cameron, J. L., & Shonkoff, J. P.(2006), "Economic, neurobiological, and behavioral perspectives on building America's future workforce", Proceedings of the National Academy of Sciences, 103, pp. 10155~10162.

Maguire, E. A., Gadian, D. G., Johnsrude, I .S., Good, C. D., Ashburner, J., Frackowiak, R. S., & Frith, C. D.(2000), "Navigation-related structural change in the hippocampus of taxi drivers", Proceedings of the National Academy of Sciences of the United States of America, 97, pp. 4398~4403.

Menon, V., Mackenzie, K., Rivera, S. M., & Reiss, A. L.(2002), "Prefrontal cortex involvement in processing incorrect arithmetic equations: Evidence from event-related fMRI", Human Brain Mapping, 16, pp. 119~130.

Menon, V., Rivera, S. M., White, C. D., Glover, G. H., & Reiss, A. L.(2000), "Dissociating prefrontal and parietal cortex activation during arithmetic processing", NeuroImage, 12, pp. 357~365.

Neville, H. J., & Bavelier, D.(1998), "Neural organization and plasticity of language", Current Opinion in Neurobiology, 8, pp. 254~258.

Nichelli, P., Grafman, J., Pietrini, P., Alway, D., Carton, J., & Miletich, R.(1994), "Brain activity in chess playing", Nature, 369, p. 191.

O'Boyle, M. W., Benbow, C. P., & Alexander, J. E.(1995), "Sex differences, Hemispheric laterality, and associated brain activity in the intellectually gifted", Developmental Neuropsychology, 11, pp. 415~443.

Pantev, C., Oostenvel, R., Engelien, A., Ross, B., Roberts, L. E., & Hoke, M.(1998), "Increased auditory cortical representation in musicians", Nature, 392, pp. 811~814.

Pinel, P., Dehaene, S., Riviere, D., & LeBihan, D.(2001), "Modulation of parietal activation by semantic distance in a number comparison task", NeuroImage, 14, pp. 1013~1026.

Roder B., Stock O., Bien S., Neville H., & Rosler F.(2002), "Speech processing activates visual cortex in congenitally blind humans", European Journal of

Neuroscience, 16, pp. 930~936.

Shaywitz, S. E. & Shaywitz, B. A.(2004), "Reading disability and the brain", Educational Leadership: What Research Says about Reading, 61, pp. 7~11.

Shaywitz, B. A., Shaywitz, S. E., Pugh, K. R., Constable, R. T., Skudlarski, P., Fulbright, R. K., Bronen, R. A., Fletcher, J. M., Shankweiler, D. P., Katz, L., & Fore, J. C.(1995), "Sex differences in the functional organization of the brain for language", Nature, 373, pp. 607~609.

Simos, P. G., Fletcher, J. M., Bergman, E., Breier, J. I., Foorman, B. R., Castillo, E. M.. Davis, R. N., Fitzgerald, M., & Papanicolaou, A. C.(2002), "Dyslexia-specific brain activation profile becomes normal following successful remedial training", Neurology. 58, pp. 1203~1213.

Zago, L., Pesenti, M., Mellet, E. Crivello, F., Mazoyer, B., & Tzourio-Mazoyer, N.(2001), "Neural correlates of simple and complex mental calculation", NeuroImage, 13, pp. 314~327.

건강한 성, 행복한 삶●

김해준(고려대 의대 예방의학교실)

필자는 '원만하고 왕성한 부부 성생활은 부부의 사랑을 더욱 깊게 하여 가정을 행복하게 할 뿐만 아니라 우리 사회를 평화롭고 건전하게 만들어 줄 수 있다'는 나름의 소신을 가지고 살아왔다. 비록 성의학을 전공하지는 않았지만 필자는 지난 33년간의 결혼생활에서 알게 된 체험과 의학 정보를 더 많은 부부들에게 소개하기 위하여 2008년 7월에 《뉴 마인드 뉴 섹스(New Mind New Sex)》라는 책을 출간하였다. 그 책에서 필자는 "보다 쉽게, 보다 빠르게, 보다 확실하게 오르가슴에 오르는 데 필요한 지식"을, 남편과 아내가 각각 유념해야 할 12가지 사항으로 정리하여 소개한 바 있다. 그 내용 중 일부를 발췌하여, 새롭거나 중요한 성지식 '뉴 섹스(New Sex)'

● 이 글은 《남성과학회지》 vol. 6 no. 3(2008)에 게재된 글을 수정·보완한 것임을 밝힌다.

와 부부가 갖추어야 할 마음과 각오 '뉴 마인드(New Mind)'를 소개하고자 한다.

우리가 쉽게 접하는 인터넷상에는 "Sex가 좋은 점" 또는 "Sex는 신이 내린 최상의 보약"이라고 소개되는 말이 있다. 심폐 기능 향상, 면역 기능 강화, 통증 완화, 뇌·심혈관계 질환 등과 같은 성인병의 예방, 노화 예방, 다이어트 효과, 전립선 보호, 피부미용 효과, 골다공증 예방, 골반 질환 예방 등과 같은 부수적 효과를 부부 성행위를 통하여 얻을 수 있다는 것이다. 또한 영어에서 성행위를 말하는 'making love'를 인용하면서 "Sex는 (부부의) 사랑을 (더 깊게) 만드는 행위"라고 말한다. 이것과 함께 자주 거론되는 말도 있다. "부부의 성행위에서 오르가슴만을 추구해서는 아니 된다. 과정을 즐기는 데 의미를 두어야 하며, 오르가슴은 부수적인 것이 되어야 한다"라는 말이다. 좋은 말이긴 하지만, '오르가슴'에 도달하기가 그리 쉽지 않기 때문에 나온 말이 아닌가 생각한다. 흔히 아내가 오르가슴에 도달하지 못하면, "아내의 성감이 둔하기 때문에" 또는 "남편이 행위를 잘 못하기 때문에"라고 어느 한쪽에 책임을 떠넘기곤 한다. 그러나 굳이 그 책임을 따진다면 부부 모두에게 있는 경우가 대부분이다. 따라서 부부 성생활의 문제점을 해결하려 할 때뿐만 아니라 지금보다 더 나은 부부 성생활을 이끌어내려 할 때에도 부부가 함께 노력해야 한다.

'조루'에 대한 정의는 다양하다. 음경 삽입 후 사정할 때까지 경과 시간의 길고 짧음, 또는 삽입 후 사정할 때까지의 진퇴 운동 횟수의 많고 적음에 따라 정의되기도 한다. 그러나 세계보건기구에서 정의한 '조루'라는 현상은 "남성의 사정 조절 능력이 부족하여 스스로 원하기 전에 사정해버리는 상태"를 말한다. 한편 세계적으로 유명한 성의학자 마스터스와 존슨(Masters and Johnson)은 "부부 성생활 100회 중 아내가 오르가슴에 오르기 전에 먼저 사정하는 경우가 50회, 즉 50%를 넘는 경우"를 '조루'로 일컫는다. 후자의 기준을 적용하였을 때, 필자가 '조루'라는 자격지심에서 벗어난 것은 37세의 나이로 중년이 되어서였다. 필자가 조루에서 벗어나는 데 가장 중요했던 성지식은 'G-스팟'이란 여성의 성감대를 알게 된 것이다. 그때까지 과연 어떤 문제점이 있었기에 아내가 오르가슴에 도달하는 비율이 50%도 아니 되었을까? 아마도 많은 부부가 공통적으로 겪는 문제점이 아닌가 생각한다.

첫째, 전희의 중요성을 충분히 이해하지 못했다. 그때는 어느 정도의 애무로 애액이 분비되어 질구가 매끄러워지면 곧 음경을 삽입하였다. 애액으로 젖어들면 삽입이 용이하다는 것일 뿐, 지금 삽입하면 곧 오르가슴에 오를 정도로 아내의 몸과 마음이 뜨거워져 있다는 것을 나타내는 징표가 아님을 미처 생각하지 못했다. 아내가 삽입을 원할 때까지 좀 더 전희를 계속하고, 아내가 삽입해 달라고 할 때 삽입성교를 시작하였다면 좀 더 일찍 조루에서 벗어날 수 있었을 것으로 생각한다.

둘째, 사정 욕구를 억제하고 통제하는 능력이 부족하였다. 나이가 들면서 사정 억제력은 조금씩 강화되지만, 청년기에는 대개의 경우 사정 억제력이 충분치 않아 삽입 후 조금만 강한 자극이 느껴져도 곧 사정해버린다. 필자가 젊었을 때, 사정할 것만 같은 위기를 미리 회피할 수 있는 방법을 더 일찍 터득했더라면 참으로 좋았을 것이란 생각이 든다. 필자는 그것이 천천히 움직이는 슬로 템포(slow tempo)라고 믿는다. 이것은 자신의 숨 쉬는 템포가 흐트러지지 않을 정도로 천천히 움직이면서 아내의 호흡에 맞추어 숨을 들이쉬고 내쉬는 것인데, 사정을 억제하기도 쉽고, 그 결과 더 오랫동안 삽입을 지속할 수 있으므로 아내를 오르가슴, 나아가 한 번의 행위에 여러 번의 오르가슴을 느끼는 멀티오르가슴에 도달할 수 있게 한다.

셋째, 깊게 삽입하여 빠르게 움직이는 것이 더 사내답고 또 아내가 더 좋게 느끼는 것으로 오해했다. 사정 억제력도 충분치 않은 상태에서의 그런 움직임은 조루 현상만을 촉발할 뿐임에도 말이다. 나중에 아내로부터 들어보니 천천히 움직일 때의 느낌이 더 달콤하고 더 자극적으로 느껴진다고 했다. 아내의 호흡에 맞추어 천천히 움직이면서 아내의 질 속 따스함과 매끄러움과 조여짐의 느낌을 즐길 줄 아는 여유로움이 부족하였다.

넷째, 알고 있는 의학 지식을 효과적으로 활용하지 못했다. 질의 감각신경 분포는 질구로부터 3분의 1 깊이까지의 구간에 많고, 이 구간에서도 특히 전면부 질벽에 많다는 지식이다. 비록 의과대학을 다닐 때 성생활에 대한 별도의 교육을 받은 적은 없지만, 적어도 해부학과 산과학 지식으로 감각신경의 질 내 분포 특성은 알고 있었다. 그러면 삽입성교를 할 때 이 구간에 더욱 효과적인 자극이 주어지도록 삽입의 깊이를 얕게 하고 귀두가 질 속을 드나들 때 가능하면 전면부 질벽에 더 많이, 더 강하게 닿을 수 있도록 노력했어야 했다. 돌이켜보면 나의 음경은 아내의 질 속을 드나드는 단순한 움직임으로 일관하였다. 알고 있는 지식을 실제 행동으로 발전시킨다는 것은 분명 쉬운 일이 아니다. 필자가 이번에 소개하는 여러 가지 정보를 배워 지식으로 만들기는 쉽겠지만 실제 행동으로 옮기기는 힘들 수도 있음을 미리 일깨워본다.

다섯째, 성생활에 대한 부부간 대화가 부족하였다. 만약 필자가 아내에게 좋은 느낌을 주는 움직임, 나의 애씀에 비하여 좋은 느낌이 없는 움직임, 좋기는커녕 오히려 싫은 움직임이나 행위, 남편이 해주면 좋을 것 같은 움직임이 무엇인지를, 진지하게 서로 묻고 서로 답하고 서로 요구할 수 있는 대화의 시간을 가졌다면 더 일찍 아내에게 부부 성생활의 기쁨을 안겨줄 수 있었을 것으로 믿는다. 필자에게 미흡했던 몇 가지를 소개하였지만 이중 가장 중요한 것은 대화의 부족이었다고 생각한다.

필자는 중년에 접어든 37세부터 이후 12년가량의 기간 중에 10여 번의 대수술(경추골융합술 3회, 양측 인공고관절수술 2회 등)을 받아 상당 기간 성기능 장애를 겪었고, 또 지금도 일상생활에 제한을 받고 있다. 그럼에도 불구하고 만 64세 동갑내기 우리 부부가 지금까지도 원만하고 왕성한 부부 성생활을 영위할 수 있게 된 데는 사랑하는 마음으로 필자를 이해하고 격려하며 함께 노력해준 아내와 그리고 서로 대화하며 연구한 결과라고 생각한다. 다시 한 번 부부간의 대화가 중요함을 강조하면서, 여러 부부들에게 도움이 될 것으로 여겨지는 성생활 관련 정보 '뉴 섹스'를 소개한다.

① 일반적으로 여성이 오르가슴에 도달하기 어려운 이유를, 여성의 성적 반응 속도가 남성보다 늦기 때문이라고 생각한다. 그러나 남자와 여자가 각각 자위를 통하여 사정/오르가슴에 도달하는 시간이 비슷하다는 점(여성의 50%가 3분 이내에 도달)과 자위행위를 통하여 쉽게 오르가슴에 오르는 여성이 막상 삽입성교에서는 오르가슴에 오르지 못하는 사례들을 관찰한 킨제이(Kinsey)는 여성의 성적 반응이 남성보다 늦기 때문에 오르가슴에 도달하기 어렵다는 다른 학자들의 말에 동의하지 않았다.

② 삽입성교에서 여성이 오르가슴에 오르기 어려운 것은 남성이 여성의 음부에 있는, 뜨겁고 황홀한 느낌을 불러일으키는, 이른바 스팟(spot)이라 불리는 곳을 효과적으로 그리고 지속적으로 자극하지 못하기 때문이다. 새로운 개념의 삽입성교법 CAT를 창안한 에이첼(Eichel)의 견해이다.

③ 여성의 외음부와 질 속에는 각각 2개의 스팟이 있다. 외음부의 음핵(clitoris)을 'C-스팟', 요도구(urethral meatus)와 그 주변을 'U-스팟'이라고 말하기도 한다. 각각을 자극할 때보다 이 두 개의 스팟(음핵과 요도구 주변)을 함께 자극할 때 좀 더 쉽게 오르가슴에 도달할 수 있다고 하여 'urethro-clitoral orgasmic complex'라고도 한다. 음핵에 분포한 말초신경인 음부신경과 요도구에 분포한 더 깊은 심부의 골반신경이 동시에 자극받기 때문에 느낌이 더욱 강렬하다. 예민한 만큼 외부 자극에 통증을 느끼기 쉽다. 충분한 윤활 조건 아래에서, 가능하면 커니링거스(cunnilingus)로 애무함이 바람직하다. 입술과 혀로 C-스팟과 U-스팟만을 효과적으로 자극하면 삽입성교 없이도 오르가슴은 물론 멀티오르가슴도 느낄 수 있다. 하이테(Hite)의 보고에 의하면 미국 여성의 30%는 구강성교를 통하여 오르가슴을 즐긴다.

④ 손가락 1~2마디가 삽입될 정도(2~5cm)의 그리 깊지 않은 질 속 전면부(배꼽 쪽) 질벽에는 'G-스팟'이, 그리고 질속 끝단 전면부 질벽과 자궁이 연결되는 전원개에는 'A-스팟'이 있다. 전자는 발견자의 이름 그라펜버그(Grafenberg)의 머리글자를 인용하여 'G-스팟'으로, 그리고 후자는 anterior fornix(전원개)에 있다고 하여 'A-스팟'으로 불린다. 흔히 '질 오르가슴'이라고 말하는 것이 'G-스팟' 자극성 오르가슴이다. 음핵 자극성 오

르가슴보다 느낌의 강도가 훨씬 높다고 한다. 슬로바키아의 병리학자 자비아치키(Zaviacic)에 따르면, 남성에게 있는 전립선 조직이 여성에게서는 퇴화하여 요도 주변에 요도 스펀지(urethral sponge)의 형태로 남아 있다고 하는데, 이 부위가 G-스팟으로 알려져 있다. 1950년에 처음 보고됐지만 일반대중에게 널리 알려지기 시작한 것은 1980년대였다. 필자는 첫 번째 경추손상과 수술로 성기능 장애를 겪고 있던 1987년에 그것을 처음 알게 되었는데, 그 지식은 우리 부부의 성생활 수준이 한 단계 도약하는 계기가 되었다.

⑤ 질 속에 음경을 깊게 삽입하였다 얕게 나옴을 반복하는 전통적인 'in & out' 움직임은 남성의 귀두에는 강한 자극을 주지만 전술한 4개의 스팟에는 효과적인 자극을 지속적으로 주지 못한다. 따라서 남성은 쉽게 사정을 하지만 여성은 오르가슴에 오르기 어렵다. 대부분의 사람이 연상하는 성행위는 삽입성교이다. 그러나 '음경의 삽입'은, 정서적으로 볼 때는 매우 자극적인 행위이지만 감각적으로 볼 때는 성감을 높이는 효율이 낮다. 삽입성교의 자극만으로 여성이 오르가슴에 오르는 비율은 30% 수준이다. 전통적인 'in & out' 움직임에서 보다 쉽게, 보다 빨리, 보다 확실하게 오르가슴에 오르려면 삽입성교에서 부족한 70%의 자극을 어떻게든 보충해주어야 한다. 필자의 경험으로 볼 때 가장 중요한 점은 음경을 삽입하기 전에 외음부에 있는 C-스팟(음핵)과 U-스팟(요도구 주변)을 손가락 또는 입술과 혀 또는 귀두로 충분히 자극해야 함은 필수적이다. 그리고 가능하다면 질 속에 있는 G-스팟도 손가락을 활용하여 자극함이 더 확실하다.

⑥ 음경을 삽입하여 진퇴 운동을 할 때 처음부터 깊게 삽입하여 빠르게

움직이는 것은 좋지 않다. 전희를 통하여 그동안 애써 쌓아올린 아내의 감각이 흩어질 가능성이 많기 때문이다. 아내가 충분히 뜨거워졌더라도 첫 삽입은 천천히 여러 번의 진퇴 동작으로 나누어 삽입함이 더 자극적이고 느낌도 좋다. 자그마한 진퇴 운동으로 아내의 G-스팟이 있는 깊이까지만 귀두를 삽입함이 바람직하다. 이후 귀두로 G-스팟을 적극적으로, 반복적으로 자극해야 하는데, 무의식중에 진퇴 운동을 하면 귀두는 G-스팟이 있는 질벽의 전면 벽이 아닌 후면 벽을 자극하게 되어 효과가 떨어진다. 또 한 가지 문제점은 자신도 모르는 사이에 삽입이 점차 깊어진다는 점이다. G-스팟을 자극할 때는 귀두 부위로 함이 효과적인데 삽입이 깊어지면 음경의 몸통 옆부분이 G-스팟을 스쳐 움직이기 때문에 효과가 반감한다. 따라서 삽입의 깊이를 정확하게 유지함이 필요하다. 전면부 질벽의 G-스팟을 효과적으로 자극하려면 아내와 남편 각자의 의도적인 노력이 필요하다. 필자는 정상체위에서 음경의 귀두가 좀 더 효과적으로 G-스팟을 자극할 수 있도록 배를 홀쭉하게 만들면서 요추부가 등 쪽으로 둥그렇게 되도록 자세를 취한다. 이 자세에서 소변을 참듯이 항문을 오므리는 듯한 케겔 운동을 하면 발기의 강도가 더 강해질 뿐만 아니라 발기된 음경이 복부에 더 가까워지면서 삽입 각도가 예리해져 전면부 질벽에 대한 접촉이 쉬워진다. 이 자세의 부수적 장점으로는 사정을 억제하기 쉽고, 팔꿈치로 상체를 떠받쳤을 때 아내에게 가해지는 자신의 체중을 크게 감소시켜 아래에 위치한 아내가 더 쉽게 자신의 둔부를 움직일 수 있게 한다. 이 자세를 취한 상태에서는 빠른 진퇴 운동이 어려워지는데 이는 단점인 것 같지만 슬로 템포가 훨씬 자극적이고 달콤한 느낌을 일으킨다는 사실을 고려하면 오히려 장점이라 할 것이다.

한편 아내는 음경의 귀두가 자신의 G-스팟에 더 잘 접촉할 수 있도록 남편을 이끌어주는 것이 필요하다. 이를 위하여 아내는 자신의 G-스팟이 어디에 있고, 그것이 자극받을 때의 느낌이 어떠한지를 알아두어야 한다. 자신이나 남편의 손가락을 1~2마디만 삽입하여 위치를 탐색하고 느낌을 익힐 수 있다. 이 부위가 효과적으로 자극받으면 소변이 마려울 때와 같은 느낌이 나타나는데, 이 단계를 넘어서면 골반이 녹아내리는 것과 같은 쾌감으로 발전한다. 제대로 자극하면 오르가슴은 물론 멀티오르가슴까지 느낄 수 있는데 삽입한 손가락을 움직일 수 없을 정도로 질벽이 수축한다. 때로는 오르가슴의 느낌이 터져 나오기 직전에 남자처럼 요도를 통하여 사정을 하기도 한다. 이제는 여성도 사정을 한다는 것이 인정되고 있다. 손가락으로 질 속을 자극하여 오르가슴에 오른다는 사실에 거부감이 있을 것이다. 그러나 이러한 방법을 통하여 G-스팟이 자극받을 때의 느낌을 익히고 오르가슴까지 느낄 수 있다면, 이후에는 멀티오르가슴까지 느낄 수 있을 뿐만 아니라 음경을 삽입한 상태에서도 더욱 쉽게 오르가슴에 오를 수 있다. 미국 여성들이 경험하는 오르가슴의 40%는 손과 손가락의 자극으로 얻어진다는 하이테(Hite)의 보고에 유념할 필요가 있다.

⑦ G-스팟은 질 속 2~5cm 정도의 그리 깊지 않은 곳에 있다. 따라서 음경을 삽입하여 귀두와 G-스팟이 서로 맞닿는 체위를 취하게 되면, 음경 길이의 약 3분의 1 내지 2분의 1만 삽입된 상태가 된다. 그 결과 음경 또는 남편의 불두덩이가 C-스팟(음핵)과 U-스팟(요도구 주변)을 효과적으로 자극할 수 없어 전희 때 애써 쌓아온 느낌이 반감되어버린다. 다행히 음경의

일부만이 삽입되어 있고 더욱이 배를 홀쭉하게 하고 등을 둥그렇게 한 삽입 자세를 취하고 있다면 부부의 하복부 불두덩이가 서로 떨어져 있게 되어 아내는 그 사이로 자신의 손을 넣어 C-스팟과 U-스팟을 스스로 애무할 수 있다. 남편이 그렇게 해 달라고 아내에게 부탁하였더라도 아내가 그런 행위를 하려면 대단한 용기가 필요할 것이다. 그러나 부부 성행위에 대하여 마음을 터놓고 대화를 자주하는 부부라면 그리 어려운 행위는 아닐 것이라 생각한다. 남편의 입장에서 볼 때 부부 성행위 중에 아내가 스스로의 음부를 자극한다는 것이 썩 유쾌하지 않을 수도 있을 것이다. 그러나 아내가 성적 만족감에 도달하기를 간절히 원한다면 이 방법은 매우 효과적인 행위임에 틀림이 없다. 성의학자들의 견해에 의하면 오늘날 거의 대부분의 여성은 자위를 통하여 오르가슴에 도달하는 방법을 알고 있다. 따라서 어떠한 자극과 느낌이 본인이 오르가슴에 보다 확실하게 오르게 하는지를 알고 있기 때문에 아내의 적극적 참여는 매우 중요하다. 이 방법은 보다 쉽게, 보다 빠르게, 보다 확실하게 부부가 함께 오르가슴에 오르는 길이기도 하다. 또 한 가지 방법은 ⑩에서 소개할 CAT 기법을 활용하는 것인데, 귀두가 질의 입구와 G-스팟 사이 구간에서 진퇴 운동을 할 때 음경의 등 쪽 부분이 음핵과 요도구 주변을 적당한 압력으로 누르면서 스쳐지나가도록 움직이는 것이다. 이 방법들에 익숙해지기 위해서는 남편은 음경의 등 부분이 아내의 음핵과 그 주변 부위에 닿아 제대로 자극하고 있는지를 아내에게 물어보는 노력도 필요할 것이다.

⑧ 삽입된 음경의 귀두로 G-스팟을 충분히 자극하면 아내의 호흡이 가빠지고 신음소리를 내뿜으며 질벽이 점점 수축됨을 느낄 수 있다. 이후에는 조

금 더 깊게, 그리고 아내의 호흡과 신음의 속도에 맞추어 조금 더 빨리 진퇴 운동을 해야 하는데 질 속 깊은 곳 전면부 질벽에 있는 A-스팟을 공략해야 한다. 무엇보다도 강조하고 싶은 것은, A-스팟을 향할 때 슬로 템포로 조금씩 여러 번에 나누어 나아가야 한다는 점이다. 아내의 호흡 속도에 맞추어 아내가 숨을 들이쉴 때 삽입하고, 숨을 내쉴 때 후퇴하거나 또는 그 반대로 하는 것도 좋은 요령이다. 슬로 템포에서는 사정을 억제하기 쉽고, 부부가 함께 더 좋은 느낌을 갖는다. 오르가슴은 물론이고 멀티오르가슴의 느낌으로 나아가기도 쉽다. 무엇보다도 부부의 체력 손실이 적어 더 오랫동안 즐길 수 있고 덜 피곤하다.

오르가슴에 가까워질수록 남편들은 사정을 참아야 한다는 긴장감을 결코 늦추어서는 아니 된다. 오히려 더욱 긴장하여야 한다. 대개의 경우 아내의 숨이 가빠지고 신음을 내뿜으며 질이 수축하기 시작하면 음경에 가해지는 자극과 함께 정신적인 흥분도도 급격히 상승하여 사정 억제력을 잃기 때문이다. 때때로 A-스팟이 자극받아 오르가슴에 가까워질수록 질강이 수축하지 않고 오히려 점점 넓어져 헐거워진 것처럼 느껴질 때가 있다. 그러나 오르가슴에 도달하면 예외 없이 질강이 수축하는데, 이런 현상이 동반된 오르가슴의 느낌이 훨씬 강렬한 것 같다.

⑨ 전술한 바와 같이 전통적인 'in & out' 움직임은 아내의 스팟 여러 곳을 효과적으로 자극하지 못하기 때문에 보조적 자극이 필요하였다. 이런 문제점을 해소하고자 1975년에 미국의 에이첼(Edward W. Eichel) 박사(현재 웹사이트 http://www.marriagescience.com 운영)는 새로운 개념의 삽입성교법, 'Coital Alignment Technique(CAT, 삽입성교체위정렬기법)'을 창안하였다.

이 성교법의 효용성이 일반대중에게 널리 알려지기 시작한 것은 2000년대에 들어서다. 창안자에 의하면 특별한 전희 행위 없이도 2~3분 내에 오르가슴에 오를 수 있다. 또한 여성이 오르가슴에 오르는 비율이 일반 체위에서는 23%인 데 반하여 77%로 향상되며, 더욱이 부부가 동시에 오르가슴에 오르는 비율이 일반 체위의 4.5%에서 50%로 향상된다고 한다. 필자의 체험에 의하면 별다른 전희 행위가 없는 상태에서도 몇 분 이내에, 그리고 동시에 오르가슴에 오르는 비율이 높다는 사실은 틀림이 없었다.

⑩ CAT의 작용기전과 체위정렬 및 움직임의 특징을 간단히 설명한다. 여성이 오르가슴에 도달하는 데 필요한 C-스팟과 U-스팟, 즉 urethro-clitoral orgasmic complex와 질 속의 G-스팟과 A-스팟을 성행위 내내 지속적으로 자극하기 위하여, 음경의 뿌리 부분(음경의 외부 노출 부분에서 치골에 가장 가까운 곳에서 만져지는 부분)과 아내의 치골 사이에, 아내의 음핵과 요도구 주변 조직이 놓이게 체위를 정렬한다. 체위정렬 방법은 일단 정상 체위에서 남편은 자신의 음경을 질 속에 가장 깊게 삽입한 후, 삽입 상태를 유지하면서 자신의 몸 전체를 아내의 머리 방향으로 이동한다. 이동하는 정도는, 아내의 두 손이 남편의 둔부에 닿으면서 남편의 머리가 아내의 머리맡 이부자리에 놓일 정도이어야 한다. 그 결과 질 속에 가장 깊게 삽입되었던 음경이 어느 정도는 질에서 빠져나오게 된다. 그러나 부부의 음부 및 불두덩, 하복부, 상복부, 그리고 가슴 부위까지 모두 맞닿아져 부부의 두 몸이 최대로 밀착된다. 또한 일반적으로 음경이 질에 삽입되었을 때 약 45도였던 삽입 각도가 수직인 90도를 넘어 100도보다도 커진다. 그 결과 음경의 귀두가 서로의 머리 쪽이 아닌 서로의 발치 쪽을 향하게 된다.

이렇게 체위가 만들어진 다음 움직이기 시작해야 하는데, ⓐ 음경의 뿌리 부분과 ⓑ 아내의 음핵과 요도구 주변 조직과 ⓒ 아내의 치골이 적당한 압력으로 서로 맞닿아 있는 상태가 행위 내내 유지되도록, 남편과 아내는 자신의 골반을 위아래로(up & down) 같은 방향으로 움직여야 한다. 즉 아래에 위치한 아내가 골반을 천장 쪽으로 들어 올리면 윗쪽에 위치한 남편의 골반도 천장 쪽으로 밀려 올라가야 하고, 남편이 골반을 방바닥 방향으로 내리면 아내의 골반도 방바닥 방향으로 밀려 내려가야 한다. 두 골반을 위로 올릴 때의 주도권자는 아내여야 하고, 아래로 내릴 때의 주도권자는 남편이어야 한다. 위와 아래로 움직일 때 행위의 주도권자는 60%의 힘을, 그리고 피동적 입장의 배우자는 40%의 힘으로 같은 방향으로 움직여야 한다. 그 결과 위로 올릴(up) 때는 피동적 입장에 있는 남편의 골반이 밀려 올라가는 형상이, 반대로 내릴(down) 때는 아내의 골반이 밀려 내려가는 형상이 된다. 그 결과 ⓐ 음경의 뿌리와 ⓑ 아내의 치골 사이에 놓인 ⓒ 음핵과 요도구 주변 조직에 적당한 압력의 마찰 내지 비벼주는 효과가 생겨 부부가 함께 오르가슴에 오르는 것이다. CAT 체위에서 남편과 아내의 책임은 각각 50 : 50이다. 따라서 아래쪽에 위치한 아내의 적극적인 참여가 절대적으로 필요하다. 부언할 사항은 이 방법으로 얻어지는 남편의 오르가슴은 'in & out'의 움직임으로 얻어진 귀두(음부신경) 자극성 오르가슴보다 더 강렬한데, 음경의 뿌리 부분이 자극받아 생긴 오르가슴은 전립선(골반신경) 자극성 오르가슴의 형태로 나타나기 때문이다.

아내가 보다 쉽게, 보다 빨리, 보다 확실하게 오르가슴에 오르려면 남편이 잘 해주어야 하는 부분도 있겠지만 이상의 설명에서와 같이 아내가 감당해야 할 부분도 많다. 이를 위하여 무엇보다 먼저 부부의 마음이 열려야 한다. 마음이 열리면 몸도 함께 열리기 때문이다. 이를 위하여 부부가 가져야 하는 마음과 새로운 인식, '뉴 마인드'를 권해본다.

① (부부에게) 나의 부끄러운 그곳을 사랑하는 배우자가 자세히 관찰해 볼 수 있도록 당당히 내보이겠다는 마음을 가지면 몸도 쉽게 열릴 것이다.

② (부부에게) 깊은 삽입과 빠른 움직임이 오르가슴에 더 쉽게, 더 빠르게 오르게 할 것 같지만, 슬로 템포의 움직임이 느낌도 더 좋고, 오르가슴에 오르기도 쉽고, 힘도 들지 않는다. 남편은 자신의 호흡이 흐트러지지 않도록 움직임을 조절하면서 아내의 호흡과 반응에 맞추어 진퇴 운동을 하는 것이 좋다.

③ (부부에게) 삽입성교는 부부의 몸이 하나로 결합된다는 '상징성'이 있어 좋지만, 삽입성교 이외에도 오르가슴에 도달하는 길은 많다. 손쉬운 다른 방법으로라도 자주 오르가슴을 느끼면 오르가슴을 느끼기가 점점 더 쉬워지며, 나중에는 삽입성교에서도 더욱 쉽게 느끼게 된다. 하이테(Hite)의 보고에 의하면 미국 여성이 경험하는 오르가슴의 40%는 손과 손가락 애무로, 30%는 구강성교로, 그리고 나머지 30%만이 삽입성교로 얻어진다.

④ (아내에게) 아내인 내가 보다 쉽게, 보다 빨리 오르가슴에 오르는 것은 나 자신의 행복일 뿐만 아니라 남편을 의기양양하게 만드는 최상의 내조이다. 대부분의 남성은 자신과의 성행위에서 오르가슴을 느끼는 여성을 더욱 사랑하게 된다고 한다. 그러므로 남편을 위하여, 그리고 남편으로부터의 더욱 깊은 사랑을 위하여 보다 쉽게, 보다 빨리 오르가슴에 오를 수 있도록 성감을 개발하여야 한다.

⑤ (아내에게) 아내인 내가 좀 더 적극적으로 부부 성생활에 참여하고, 남편의 움직임을 내가 좋아하는 느낌의 움직임으로 이끄는 것은, 나에게 오르가슴의 기쁨을 주려고 애쓰는 남편의 노고를 덜어주는 행동이다.

⑥ (남편에게) 아내가 좋아하는 행위나 움직임, 싫어하는 행위가 무엇인지 파악하고 아내가 더 적극적으로 성생활에 참여하고 몰입할 수 있도록 이끌어주어야 한다.

⑦ (남편에게) 아내가 원하는 바에 따라 움직이는 것이 남자의 자존심을 굽히는 것이 아니다. 아내가 오르가슴에 올라가기를 바란다면, 누구보다 자신의 느낌을 잘 아는 아내가 원하는 바에 따라 움직여야 하는 것은 당연한 일이 아니겠는가!

⑧ (부부에게) 원만하고 왕성한 부부 성생활을 위하여 서로 대화하고 연구하며 배우자를 이해하고 배려하고 격려하고 칭찬하는 자세가 필요하다.

⑨ (남편에게) 성기능에 어려움이 있거나 생기면 당당하게 성의학 전문가의 도움을 청하겠다는 각오와 실행하는 용기가 필요하다. 왜냐하면 전 세계 남성의 약 50%가 크고 작은 성기능의 어려움을 겪고 있을 정도로 그것은 나만의 부끄러움이 아니며, 무엇보다도 나의 성이 나만의 성이 아닌 우리 부부의 성이기 때문이다.

성행위 방법에는 부부마다 그들 나름의 'know-how'가 있을 것이다. 또한 수학 공식처럼 '이리저리하면 무엇이 될 것이다'와 같이 단정적으로 설명할 수 있는 것도 아니다. 그러나 필자가 소개하는 방법을 시도해보는 과정에서 여러분 부부만의 더 나은 새로운 성행위 기교를 익히고 계발할 수 있는 계기가 될 수도 있을 것이다. 제한된 지면 사정으로 더 자세하게 설명할 수 없는 많은 부분에 대하여 아쉬움을 느끼지만, 이 글이 여러 부부들에게 자그마한 도움이 되기를 간절히 바란다.

학문소통연구회는…

고려대학교 학문소통연구회는 점점 더 세분화, 전문화되고 있는 분과학문 간 장벽을 허물고, 학제간 상호 소통과 이해를 토대로 학문 연구의 통섭적 접근과 창조적 시각을 증진하기 위해 결성된 단체입니다. 이러한 목표를 위해 학문소통연구회는 2007년 10월 27일 창립 이래 다음과 같은 연구 활동을 진행하고 있습니다.

교내 학문소통의 활성화

① 정기 워크숍———'아름다움', '자연' 등 기존 분과 학문이 다루기 어려운 주제를 선정해 인문학과 사회과학, 자연과학 분야의 연구자들이 매월 함께 모여 발표하고 토론하는 학제간 공동 연구의 장 마련.

② 특별 워크숍———고려대학교 연구처와의 협력 하에 교내 연구소 및 연구 집단과 함께 공동의 연구 주제를 선정·발표·토론하는 학술 연구의 장 마련.

③ 학제 간 공동 강의———교양 강의 'SNS와 현대사회'와 같은 공동

강의 프로젝트를 통해 인문·자연·사회과학 분야의 교수들이 하나의 주제에 대한 다채로운 시각과 연구 성과를 학생들에게 소개하는 강의안 개발.

대학과 사회 간 소통을 위한 실천

① 연례 심포지엄과 명사초청 강연――――대학과 사회가 공유할 만한 학문적 주제나 시사성 있는 주제를 발굴해 해당 주제의 명망 높은 연구자 및 전문가를 초청, 발표와 토론의 장 마련.

② 동영상 활용――――학문소통연구회 주관 워크숍, 심포지엄, 강연에서 이뤄진 발표와 토론을 영상자료로 제작, 홈페이지에 올려 관심 있는 일반인과 연구자들 누구나 시청할 수 있도록 하는 소통 기회 마련.

③ 단행본 발간――――학문소통연구회 주관 워크숍, 심포지엄, 강연 등에서 소개된 발표문 중 출간 가능한 원고들을 모아 기존 연구 성과를 축적하고 연구자 및 일반 대중과의 학문 소통을 확대하는 기회 마련.

학문소통연구회 활동(2007-2014)

2014. 10. 31. 제52차 워크숍(틀, 안과 밖: 새로운 소통의 모색 4)

주제 1 : 언어의 줄다리기: 새 틀을 고민하는 새로운 언어 표현
(국어국문학과 신지영 교수)

주제 2: 몸과 의학과 사회(조선일보 의학전문 기자 김철중)

2014. 09. 26. 제51차 워크숍(틀, 안과 밖: 새로운 소통의 모색 3)

주제 1 : 3D 프린팅의 유용성(의과대학 정형외과 교수 송해룡)

주제 2 : 디지털 화폐와 비즈니스 혁명(코인플러그 대표이사 어준선)

2014. 07. 17. 제50차 여름 워크숍

주제 1 : 茶馬古道와 普洱茶의 세계(국어교육과 교수 전경욱)

주제 2 : 중년 이후 건강을 위협하는 심장병과 부정맥(고려대 안암병원 원장 김영훈)

2014. 05. 30. 제49차 워크숍(틀, 안과 밖: 새로운 소통의 모색 2)

주제 1 : 한국 현대시 해석의 공백들(국어국문학과 교수 이창민)

주제 2 : 지속 가능한 삶을 위한 이론적, 실천적 과제들(경영학부 교수 강수돌)

2014. 04. 28. 제4회 명사 초청 강연

주제 : 김중만의 사진관(館), 사진관(觀)(사진작가 김중만)

2014. 03. 21. 제48차 워크숍(틀, 안과 밖: 새로운 소통의 모색 1)

주제 1 : 삼봉 정도전의 시문과 삶(한문학과 교수 심경호)

주제 2 : 새틀 짜기와 정치적 리더십: 정도전과 안철수(정치외교학과 교수 박홍규)

2014. 01. 16. 제47차 겨울 워크숍

주제 1 : 일본, 왜 한국과 다른가?(한국사학과 교수 조명철)

주제 2 : 2014년 연구 활동 계획 논의

2013. 12. 13. 제46차 워크숍(학문융합시대의 소통과 문화 4)

주제 1 : 의(Medicine)는 인문학이다(의과대학 교수 한희진)

주제 2 : 성, 몸과 마음이 나누는 대화(의과대학 교수 김해균)

2013. 11. 22. 창립6주년 기념 제5회 심포지엄

주제 1 : 정치와 예술 속 유머와 웃음(한국예술종합학교 교수 박재동)

주제 2 : 한국 대중 서사와 웃음의 문제(민족문화연구원 HK교수 박유희)

주제 3 : 뇌, 웃음, 그리고 소통(의과대학 교수 박정율)

주제 4 : 유머와 웃음의 즐거움: 정신분석학적 관점에서(명지전문대 교수 이유섭)

2013. 10. 30. 제45차 워크숍(학문융합시대의 소통과 문화 3)

주제 1 : 시장 경제와 경제 주체 간 소통(미래성장연구소 석좌교수 김동수)

주제 2 : 빅데이터 시대의 정보와 삶(융합소프트웨어 전문대학원 교수 백두권)

2013. 09. 26. 제44차 워크숍(학문융합시대의 소통과 문화 2)

주제 1 : 분쟁과 소통, 그리고 재판 이야기(법학전문대학원 교수 정영환)

주제 2 : Global Communication vs. Internal Communication (식품공학과 교수 우건조)

2013. 07. 19. 제43차 여름 워크숍

주제 1 : 중요 민속문화재의 현실(강릉 선교장 관장 이강백)

주제 2 : 2013년 심포지엄 기획 논의

2013. 05. 31. 제3회 명사 초청 강연

주제 1 : 푸리에의 정념인력과 만유인력(전 문화부 장관 이어령)

주제 2 : 한류의 현장: 문화와 산업 간의 소통(전 문화체육관광부 장관 최광식)

2013. 04. 19. 제42차 워크숍(학문융합시대의 소통과 문화 2)

주제 1 : Climate Paradox: 기후의 반란(지구환경과학과 교수 이미혜)

주제 2 : 안철수 민란: 민주주의와 민본주의의 융합(정치외교학과 교수 박홍규)

2013. 03. 29. 제41차 워크숍(학문융합시대의 소통과 문화 1)

주제 1 : 인지신경과학 연구 소개(심리학과 교수 남기춘)

주제 2 : 물리학과 의학의 만남: 무질서를 넘어서(물리학과 교수 최원식)

2013. 01. 25. 제40차 겨울 워크숍

주제 1 : 창극의 전통과 새로운 무대(국어국문학과 교수 유영대)

주제 2: 2013년 연구 활동 계획 논의

2012. 12. 14. 제39차 워크숍(삶의 질에 관한 학제간 연구 4)

주제 1 : 신경교육학, 뇌과학이 교육에 대해 말할 수 있는 것들(교육학과 교수 김성일)

주제 2 : 핀란드 교육, 한국과 무엇이 다른가(핀란드연구소 대표 정도상)

2012. 11. 22. 창립5주년 기념 제4회 심포지엄

주제 1 : SNS: 우리 사회를 이해하는 수단인가? 사생활 침해의 도구인가?
(다음소프트 부소장 송영길, 광운대 법학과 교수 권헌영)

주제 2 : 민주주의 이해하기: 정치 리더십과 시민참여 관점 간의 대화
(정치외교학과 교수 박홍규, 행정학과 교수 김선혁)

주제 3 : 우울증의 세계: 몸이 말하는 질병? 사회가 만들어낸 질병?
(심리학과 교수 한성열, 의과대 교수 이민수)

2012. 10. 26. 제2회 명사 초청 강연

주제 : 언캐니 밸리: 로봇디자인과 학문의 융합(동양대 교양학부 교수 진중권)

2012. 09. 21. 제38차 워크숍(삶의 질에 관한 학제간 연구 3)

주제 1 : 뇌, 자유의지, 생명윤리(심리학과 교수 최준식)

주제 2 : 한국 인체자원은행 현황과 바이오뱅크 운영에서의 소통
(계명대 교수 권건영)

2012. 07. 12. 제37차 여름 워크숍

주제 1 : 《홍루몽》의 소통 세계(중어중문학과 교수 최용철)

주제 2 : 심포지엄 기획 논의

2012. 06. 01. 제36차 워크숍(삶의 질에 관한 학제간 연구 2)

주제 1 : SNS에서의 법적 쟁점(법학전문대학원 교수 이대희)

주제 2 : 소셜네트워크 시대 사이버보안을 위한 기술, 법, 심리학의 융합
(정보통신대 교수 이희조)

2012. 05. 03. 제1회 명사 초청 강연

주제 : 한류3.0시대의 문화정책: 전통과 현대의 창조적 융화
(문화체육관광부 장관 최광식)

2012. 03. 30. 제35차 워크숍(삶의 질에 관한 학제간 연구 1)

주제 1 : 과학과 예술의 맛과 멋 그리고 향기(물리학과 교수 심광숙)

주제 2 : 우리나라 학교폭력을 어떻게 이해할 것인가(사회학과 교수 김준호)

2011. 12. 16. 제34차 겨울 워크숍

주제 1 : 화쟁론과 수사학(불어불문학과 교수 전성기)

주제 2 : 색채를 통해 바라본 한국미의 정체성(디자인조형학부 교수 정종미)

주제 3 : 통일 환경과 통일 이후의 삶, 그리고 민족종교(사회학과 교수 손장권)

주제 4 : 줄기세포 연구: 과대광고 혹은 희망에 관하여(의공학과 교수 박용두)

2011. 12. 16. 제33차 워크숍(자연과의 소통을 위한 학제간 연구 5)

주제 1 : 영미 시에 나타난 자연과 삶(영어교육과 교수 어도선)

주제 2 : 상대성 이론 속의 절대성(물리학과 교수 이정일)

2011. 11. 25. 창립4주년 기념 제3회 심포지엄

주제 1 : 과학기술의 힘, 과거, 현재, 미래를 말하다
(과학기술인공제회 이사장 조청원)

주제 2 : 인문학문과 자연학문, 힘의 상극관계(서울대 명예교수 조동일)

주제 3 : ICT 진화와 스마트시대(KT 사장 표현명)

주제 4 : 인문학과 과학기술, 그 융합적 사고의 힘(포스텍 석좌교수 이진우)

주제 5 : 스마트-소셜 시대 권력의 미래, 미래의 권력(서강대 정외과 교수 류석진)

2011.10. 28. 제32차 특별 워크숍

주제 1 : 한국인의 질병인식과 위험소통(서울대 보건사회학과 교수 조병희)

주제 2 : 위험소통과 언론의 역할(중앙일보 식의약품 전문기자 박태균)

2011. 09.30. 제31차 워크숍(자연과의 소통을 위한 학제간 연구 4)

주제 1 : 자연을 품은 삶, 한국의 정원문화를 말하다(환경생태학부 교수 심우경)

주제 2 : 동양 시가에 나타난 자연, 인생을 묻다(국어국문학과 교수 이형대)

2011. 07. 01. 제30차 여름 워크숍

주제 1 : 촉각의 문화 융합학(의학과 교수 안덕선)

주제 2 : '더불어 살기' 위한 파동적 수사학(불어불문학과 교수 전성기)

2011. 05. 27. 제29차 워크숍(자연과의 소통을 위한 학제간 연구 3)

주제 1 : 원자력, 대안 없는 대안인가(전 한국원자력연구소장 장인순)

주제 2 : 방사선의 인체 영향: 원전사고, 우리는 안전한가(의학과 교수 최재걸)

2011. 04. 29. 제28차 워크숍(자연과의 소통을 위한 학제간 연구 2)

주제 1 : 동일본 대지진과 한반도의 지진 위험성(지구환경과학과 교수 이진한)

주제 2 : 화산활동의 기원과 예측(연세대 지구시스템공학과 교수 권성택)

2011. 03. 25. 제27차 워크숍(자연과의 소통을 위한 학제간 연구 1)

주제 1 : 구제역에 관한 오해와 진실(서울대 수의대 교수 이영순)

주제 2 : Risk Communication의 관점에서 본 구제역(의학과 교수 최재욱)

2011. 01. 14. 제26차 겨울 워크숍(평창 알펜시아리조트)

주제 1 : 긴장의 한반도와 남북관계(북한학과 교수 유호열)

주제 2 : 미라의 CSI(의학과 교수 김한겸)

2010. 12. 16. 제25차 워크숍(아름다움에 관한 학제간 연구 6)

주제 1 : 아름다움과 정치(정치외교학과 교수 박홍규)

주제 2 : 박물관이 살아있다(한국사학과 교수 최광식)

2010. 11. 24. 창립3주년 기념 제2회 심포지엄

주제 1 : 삶을 위한 죽음, 죽음을 위한 삶(이화여대 석좌교수 정진홍)

주제 2 : 죽음을 어떻게 정의할 것인가(한림대 철학과 교수 오진탁)

주제 3 : 의료인의 관점에서 본 바람직한 죽음의 과정(아산병원 교수 고윤석)

주제 4 : 생명, 탄생과 소멸의 신비와 과학(한양대 명예교수 조효남)

2010. 10. 29. 제24차 워크숍(아름다움에 관한 학제간 연구 5)

주제 1 : 20세기 수학에서 보는 아름다움(수학과 교수 김영욱)

주제 2 : 아름다움과 누드(조형학부 교수 백윤수)

2010. 09. 30. 제23차 워크숍(아름다움에 관한 학제간 연구 4)

주제 1 : 자본주의 신체 미학과 자아 정체성(철학과 교수 이승환)

주제 2 : 정(情)의 미학(경영학과 교수 이두희)

2010. 07. 02. 제22차 여름 워크숍(속초 신용보증기금 인재개발원)

주제 1 : 융복합 연구의 현황과 전망(수학과 교수 위인숙)

주제 2 : 학문의 길, 삶의 길(의학과 교수 이은숙, 임춘학)

2010. 05. 28. 제21차 워크숍(아름다움에 관한 학제간 연구 3)

주제 1 : 영화와 아름다움: 아름다움의 문화정치학(미디어학부 교수 허철)

주제 2 : 건축, 그 살내음의 미학(건축학과 교수 김현섭)

2010. 04. 23. 제20차 워크숍(아름다움에 관한 학제간 연구 2)

주제 1 : 문학과 아름다움(국어교육과 교수 이남호)

주제 2 : 의학적 아름다움: 비너스의 눈물(의학교 교수 안덕선)

2010. 03. 26. 제19차 워크숍(아름다움에 관한 학제간 연구 1)

주제 1 : 아름다움의 심리사회학적 권력(심리학과 교수 성영신)

주제 2 : 법의 정의와 아름다움의 관계(법학전문대학원 교수 이상돈)

2010. 01. 29~31. 제18차 겨울 워크숍(수안보 파크호텔)

주제 1 : 학문소통연구회 초창기 회고(이과대 교수 최광식)

주제 2 : 소통연 2009년 워크숍 요약과 평가(국어국문학과 교수 신지영)

주제 3 : 학문소통과 문과대학 文以會(서어서문학과 이재학)

주제 4 : 사회과학 내 학제간 소통, 통섭, 융합(정치외교학과 임혁백)

주제 5 : 소통 현황과 발전 방향(반도체물리학과 교수 양형진)

주제 6 : 2010년 사업 계획 및 운영 방안(불어불문학과 전성기)

2009. 11. 27. 제17차 워크숍

주제 1 : 전공교육 어떻게 할 것인가?(교육학과 교수 박인우)

주제 2 : 융합시대의 공학교육(화공생명공학과 교수 양대륙)

2009. 10. 30. 제16차 워크숍

주제 1 : 교수학습 관점에서 본 고대 영어강의의 실태와 과제
(식품자원경제학과 교수 한두봉)

주제 2 : 교육 주체별 입장에서 본 영어교육의 승승 전략
(컴퓨터통신공학부 교수 인호)

2009. 09. 25. 제15차 워크숍

주제 1 : 교양교육 실효성 제고를 위한 학문간 소통 방안
(법학전문대학원 교수 김선택)

주제 2 : 교양교육 어떻게 할 것인가?(철학과 교수 임홍빈)

2009. 05. 22. 제14차 워크숍

주제 : 타르코프스키 〈희생〉의 한 장면에 대한 분석(불어불문학과 교수 황현산)

2009. 04. 24. 제13차 워크숍

주제 1 : 기후변화와 녹색성장의 경제정책적 이해(식품자원경제학과 교수 조용성)

주제 2 : 기후변하의 과학적 이해(지구환경과학과 교수 이미혜)

2009. 03. 27. 제12차 워크숍

주제 1 : 서비스 경영의 주요 이슈와 연구 과제(경영학과 교수 박광태)

주제 2 : Social Networks and Organizations(경영학과 교수 배종훈)

2009. 01. 09~10. 제11차 겨울 워크숍(아산 고암리 민속마을)

주제 1 : 소통의 구조와 역할 그리고 현 상황(반도체물리학과 교수 양형진)

주제 2 : 2007~08년 활동 결산과 2009년 사업 계획(불어불문학과 교수 이영훈)

2008. 12. 19. 제10차 워크숍

주제 : Quanta of Solace(화학과 교수 최동식)

2008. 11. 28. 제9차 워크숍

주제 1 : Your Brain Tells What You Really Want(심리학과 교수 성영신)

주제 2 : 유방암, 여성의 자아실현의 표현인가(의학과 교수 이은숙)

2008. 10. 24. 제8차 워크숍

주제 1 : 디지털 포렌식: 디지털 증거의 법적 허용성(정보경영대학원장 임종인)

주제 2 : 쇠고기와 기름의 공통점(법학과 교수 박경신)

2008. 09. 19. 창립1주년 제1회 심포지엄

주제 1 : 고전문헌에 숨은 DNA와 인문학적 자유(비엔나대학 연구원 강성용)

주제 2 : 한미 쇠고기 협상: 소통과 불통 사이의 곡예(법학과 교수 박노형)

주제 3 : 과학기술과 사회와의 소통(과학기술대학 초빙교수 정진익)

2008. 05. 22. 제7차 워크숍

주제 1 : Virus Hepatitis, Pandemic Flu(생명과학부 교수 박정서)

주제 2 : 한국의 근대문화: 사회적 평등을 향한 노력(한국사학과 교수 조광)

2008. 04. 25. 제6차 워크숍

주제 1 : 영어의 헤게모니에 대한 언어생태학적 고찰(언어학과 교수 김성도)

주제 2 : 의사와 의사소통(의학과 교수 선경)

2008. 03. 28. 제5차 워크숍

주제 1 : 민족종교의 지혜와 천도교(사회학과 교수 손장권)

주제 2 : 한국 민주주의와 사법부의 좌표(정치외교학과 교수 최장집)

2008. 01. 28~29. 제4차 겨울 워크숍(충북 단양 대명콘도)

주제 1 : 학문소통연구회의 활동 경과 및 현황(화학과 교수 최동식)

주제 2 : 학문소통연구회 사업 계획 및 발전 방향(산업경영공학부 교수 최인찬)

2007. 12. 21. 제3차 워크숍

주제 1 : 현대 과학의 성과와 연기론(반도체물리학과 교수 양형진)

주제 2 : 한국 정치에서의 소통(정치외교학과 교수 임혁백)

주제 3 : 지혜과학의 미래(심리학과 교수 남기춘)

2007. 11. 23. 제2차 워크숍

주제 1 : 두 문화의 극복: 과학기술학 연구 사례(사회학과 교수 김문조)

주제 2 : 학문소통의 목적, 내용, 방법에 관한 일고(교육학과 교수 홍후조)

주제 3 : 유비쿼터스와 보건의료: U-HEALTH(의학과 교수 박길홍)

2007. 10. 12. 창립식 및 제1차 워크숍

주제 1 : 인간중심의 제품혁신 연구센터(기계공학과 교수 채수원)

주제 2 : 탐구의 수사학 혹은 수사학적 탐구(불어불문학과 교수 전성기)

주제 3 : 혁명과 근대화의 사회열역학적 논의(화학과 교수 최동식)

2007 여름 학문소통연구회 창립 준비를 위한 모임(세 차례)

김성일 고려대학교 심리학과 졸업. 미국 유타주립대학교 석·박사. 현재 고려대학교 교육학과 교수.

김준호 고려대학교 사회학과 졸업. 고려대학교 사회학 석사. 미국 아이오와 대학교 사회학 박사. 현재 고려대학교 사회학과 명예교수.

김해준 고려대학교 의학과 졸업. 서울대학교 보건학 석사. 고려대학교 의학 박사. 현재 고려대 의과대 예방의학교실 교수.

박유희 고려대학교 국어국문학과 졸업. 고려대학교 국어국문학과 석·박사(현대문학 전공). 현재 고려대학교 미디어문예창작학과 교수.

심광숙 고려대학교 물리학과 졸업, 고려대학교 물리학과 이학 석사. 프랑스 스트라스부르 제1대학교 이학박사(원자핵물리학 전공). 현재 고려대학교 물리학과 명예교수.

박홍규 고려대학교 정치외교학과 졸업. 일본 도쿄 대학교 정치학 석·박사. 현재 고려대학교 정치외교학과 교수.

백두권 고려대학교 수학과 졸업. 고려대학교 산업공학과 석사. 미국 웨인주립대학교 석·박사(컴퓨터과학 전공). 현재 고려대학교 컴퓨터학과 교수.

유영대 고려대학교 국어국문학과 졸업, 고려대학교 국어국문학과 석·박사. 고려대학교 인문대학 국어국문학과 교수.

전성기 고려대학교 불어불문학과 졸업. 프랑스 폴 발레리 대학교 언어학과 학·석사. 프랑스 리옹 제2대학교 언어학 박사. 현재 고려대학교 불어불문학과 명예교수.

최용철 고려대학교 중어중문학과 졸업. 국립 타이완 대학교 중국문학과 석·박사. 현재 고려대학교 중어중문학과 교수. 민족문화연구원 원장.

소통 2

초판발행 1쇄 2014년 12월 1일

지은이 고려대학교 학문소통연구회

펴낸곳 **고려대학교출판부**

www.kupress.com
kupress@korea.ac.kr
136-701 서울특별시 성북구 안암로 145
02-3290-4230, 4232
Fax 923-6311

찍은곳 한국컴퓨터인쇄정보

ISBN 978-89-7641-865-4 93040

값 18,000원

* 잘못 만들어진 책은 바꿔드립니다.